価値創造経営の
コーポレート・ガバナンス

青木 崇

税務経理協会

はしがき

　今日，経済・市場・経営のグローバル化が進展する中で経営者は持続可能な発展を目的とする価値創造経営（value creation management）とそのリーダーシップが求められている。地球環境問題が深刻化し，環境問題への取り組みをはじめ，国や地域の文化を尊重した経営は欠かすことができなくなっている。このような経営環境において経営者は経済・社会・環境に配慮した経営を行っていく必要がある。経済・社会・環境に配慮した経営とは持続可能な発展を鍵概念とする価値観，経営観を実践していくことである。

　経営者は自社のあるべき姿を構想し，確固たる経営理念に基づく価値観から経営ビジョンや長期経営計画を構想する必要がある。経営理念を経営者と従業員が共有し，同じ方向で経営を行っていくためのコーポレート・ガバナンスを確立する必要がある。経営者は自社の意識改革と企業体質を変革し，持続可能な発展を目指す責任ある経営を行っていくことが必要である。

　このことから経営者は持続可能な発展を目的とする価値創造経営の経営理念を明確化し，企業の内外に積極的にコミットメントし，明確な経営ビジョンと経営目標を打ち立て，長期経営計画に基づいて経営実践を行っていくことが求められてくる。

　本研究では価値創造経営に着目し，価値創造経営をベースとした経営理念を実践していくためのコーポレート・ガバナンスに焦点をあてて，経営者の個人学習，組織学習を通じて，経営者と従業員が同じ方向を向いて責任ある経営を行っていくための実践的条件について考察している。こうした理由には経営者から見た価値創造経営のコーポレート・ガバナンスに関する研究がほとんどみられないため，そこに独自の研究を設定し，本研究に取り組むことにしたからである。

　本研究における方法論では価値創造経営の基本前提となる組織間学習からの

研究方法を試みている。組織間学習は組織学習と個人学習から構成されている。本研究では組織学習と個人学習に着目し，経営者から見た価値創造経営のコーポレート・ガバナンスから価値創造経営を目指す経営者の価値観，経営観を従業員が共有，理解し，ベクトルを合わせて企業活動を行っていくためのコーポレート・ガバナンスの枠組みを提示する。

経営者から見た価値創造経営のコーポレート・ガバナンスの枠組みとして，①経営ビジョンと経営目標，②長期経営計画，③経営実践，経営者の事業活動，④ミドル・マネジメント，におよぶ範囲を示している。①では社会に適応した持続可能な発展を目的とする経営理念に価値創造経営を注入し，価値創造経営をベースにした経営理念から経営ビジョンと経営目標が構想される。②では経営者の個人学習によって，長期経営計画が明確化する。③では経営者のリーダーシップによって，経営実践ならびに経営者の事業活動が行われることになる。④では企業の社会的責任活動を取り入れた経営実践がミドル・マネジメントに組織学習を通じて浸透していくという一連の過程を示している。

価値創造経営のコーポレート・ガバナンスは利害関係者（主として，株主）からのガバナンスではなく，経営者が誠実な企業あるいは社会に信頼される企業を目指していこうとする創造的に適応したコーポレート・ガバナンスである。価値創造経営のコーポレート・ガバナンスは経営者の個人学習，組織学習によって，①経営ビジョンと経営目標，②長期経営計画，③経営実践，④ミドル・マネジメントに至るまで，価値創造経営をベースとする経営理念が浸透することによって，経営者と従業員がベクトルを合わせた責任ある経営を行っていくことにある。

本研究では価値創造経営に関する基礎的研究を行ったうえで経営者から見た価値創造経営のコーポレート・ガバナンスの枠組みを提示し，価値創造経営の視点から経営者理念，経営者のリーダーシップ，経営者の戦略的意思決定との関係について考察している。価値創造経営のコーポレート・ガバナンスを形成するコンプライアンス（compliance：法令遵守）と企業の社会的責任（corporate social responsibility：CSR）活動についてはヒアリング調査と事例

研究を通じて，持続可能な経営におけるコーポレート・ガバナンスの形成要因の詳細な検討を行っている。

　コーポレート・ガバナンスに関する研究は，今日では数多の研究成果が蓄積されている。2014年2月26日に公表した金融庁の日本版スチュワードシップ・コード（機関投資家に向けた行動規範）をはじめ，2015年5月1日に施行した改正会社法ではコーポレート・ガバナンスが強化され，新たな機関設計として監査等委員会設置会社（監査役を置かず，社外取締役が過半数を占める監査等委員会が監査の役割を担うシステム）が新設された。これにより，従来型の監査役設置会社，指名委員会等設置会社（以前は委員会設置会社），監査等委員会設置会社の3つがコーポレート・ガバナンス・システムとなった。2015年6月1日から適用された東京証券取引所のコーポレートガバナンス・コード（企業に向けた行動規範）も話題になった。このようにコーポレート・ガバナンスに関連した議論，関心，問題は枚挙に暇がない。確かに企業を取り巻くさまざまな利害関係者との関係を考えたとき，コーポレート・ガバナンスの重要性については言を俟たない。ところが，コーポレート・ガバナンスの研究対象とされるのは主として取締役会の制度比較や制度改革を中心とした研究である。企業不祥事への対処と企業競争力の強化の視点からコーポレート・ガバナンスを論証する研究も少なくない。だが，本来，コーポレート・ガバナンスには企業不祥事の抑止機能も企業競争力の促進機能もない，との指摘がなされている。著者の立場もこれに拠っている。

　本研究では上述における問題意識とその立場から経営者から見た価値創造経営のコーポレート・ガバナンスの枠組みを提示し，価値創造経営をベースとした経営理念とコーポレート・ガバナンスを結びつけた研究設定として展開される。本研究の全体は10章にわたる論述から構成されている。

　第1章「序論」では本研究の概要と構成について展開し，ついで，本研究の目的と集約について論述している。本章は本研究全体に対する序説の役割をしている。

　第2章「コーポレート・ガバナンスと経営者問題―日米企業に焦点をあて

て―」では日米企業における不祥事を通じて，コーポレート・ガバナンスの問題点を明らかにしている。コーポレート・ガバナンスの問題提起に関する先行研究を考察し，コーポレート・ガバナンス形態と企業概念，日米企業のコーポレート・ガバナンス問題，経営者問題について論述し，経営者の創造的・革新的人材育成と実践について提示している。

第3章「コーポレート・ガバナンスの前提条件―コンプライアンスとCSR―」では持続可能な経営のフレームワークとして，コーポレート・ガバナンスの前提条件をなすコンプライアンスとCSRに焦点をあてている。コーポレート・ガバナンス問題の系譜，コーポレート・ガバナンスと経営者問題，コンプライアンス経営，CSRの位置づけや企業行動指針について論述し，企業の持続可能な経営の構築と課題について考察を行っている。

第4章「企業不祥事をめぐる諸問題とコーポレート・ガバナンスの必要性―経営者自己統治に向けた課題―」では企業不祥事への対処に向けたコーポレート・ガバナンスの制度作りよりも経営者自己統治に向けた課題について考察を行っている。経営のプロフェッショナルとしての確固たる経営理念と経営倫理に基づいたリーダーシップを発揮し，経営者自身の自己統治の必要性について論述している。

第5章「企業変革を導く組織間学習の形成とコーポレート・ガバナンスとの共進化―価値創造経営との関連で―」では経営者と従業員が同じ方向で経営を行っていくためのコーポレート・ガバナンスについて組織間学習の観点から考察を行っている。価値創造経営をベースとした経営者の経営理念とリーダーシップ，持続可能な発展を目的とする価値創造経営を実践していくためのコーポレート・ガバナンスの枠組みを提示し，企業変革を導くための経営者の実践的課題について私見を述べている。

第6章「日本の長寿企業から見た経営理念の実践と社会的責任活動の実態」では創業して100年以上の長寿企業といわれる企業の経営理念と社会的責任活動について考察を行っている。持続可能な発展を目指す企業の根底をなす経営者の理念と社会的責任活動の関係，経営理念を従業員と共有し，社会的責任活

はしがき　v

動として経営実践していくための位置づけ，その特徴について論述している。事例として，パナソニック，キヤノン，リコーの経営理念と社会的責任活動について考察を行っている。

　第7章「企業不祥事の事後的対応をめぐる経営者の意思決定―経営者の倫理的価値判断と経営力―」では企業不祥事の要因を解明し，不祥事への対処として重要な経営者の危機管理能力とその倫理的価値判断について検討を行っている。事例として，ジョンソン・エンド・ジョンソン，雪印乳業（現在は雪印メグミルク），雪印食品，パナソニック（当時は松下電器産業）の不祥事の事後的対応をめぐる経営者の意思決定が何を基準に判断されたのかについて論究している。

　第8章「新たな企業の社会的責任と経営者の課題―持続可能な発展と企業価値―」では持続可能な発展と企業価値について考察を行っている。企業の社会的責任の問題提起，持続可能な発展の経緯，EUにおける企業の社会的責任の政策課題，日本におけるCSRへの認識と対応について論点をまとめ，企業価値に向けたCSR実践について考察し，経営者のリーダーシップについて私見を述べている。

　第9章「統合報告書における企業の社会的責任活動の開示方法とその課題」では経営方針・事業戦略・財務情報を中心としたアニュアルレポートと持続可能な発展に向けた取り組みを中心としたCSR報告書を総合的に捉えた統合報告書から見たCSR活動の開示方法について考察を行っている。CSR活動に終わりはなく，公表する統合報告書の開示方法とその評価をめぐっては利害関係者を意識して作成し，過去と比較してCSRの情報量が少ない場合は何が足りないかを考え，アクセスビリティにおいて活用しにくい点があれば，その乖離を解消することについて私見を述べている。

　第10章「結論―価値創造経営のコーポレート・ガバナンス―」では価値創造経営のコーポレート・ガバナンスに関する研究について展開してきた本研究の要約を示し，本研究で得られた知見を論述している。本研究の含意と今後の課題について従来のコーポレート・ガバナンス研究の意義と本研究の含意を検討

し，今後の研究課題に関して展望している。

　事例研究の知見からはつぎの5点があげられる。①創業以来の理念あるいは哲学を時代に適応させ，新たな価値観として経営理念を策定していること，②その経営理念を経営者と従業員が共有し，同じ方向でベクトルを合わせて経営を行っていること，③経営理念をもとに長期経営計画は構想され，経営の機軸になること，④その経営の中に企業の社会的責任活動が組み込まれていること，⑤創造的適応したコーポレート・ガバナンスにより，社内の意識と企業体質が変革，改善し，経営力の源泉となる経営革新を創発し，収益性に結びつけていることである。

　経営者の理念に基づく知識創造が絶えず行われ，それが組織化し，共有していくことによって価値創造経営は確立するのである。パナソニック，キヤノン，リコーなどの事例からは経営環境における経営者のリーダーシップのあり方を示唆している。このことは日本企業の経営者の役割と経営革新との有効性があることを読みとることができる。経営革新の源泉が経営者個人の理念に基づくものであるならば，経営者個人の人間性がきわめて重要になる。経営者個人の理念と経営革新の分析には多様な視点と研究方法が必要であることが指摘できる。今後の研究課題としてはそのような課題を中心として，研究を深めていきたい。

謝　辞

　本研究を進めるにあたり，東洋大学大学院経営学研究科経営学専攻博士後期課程から主指導教授を快くお引き受けていただきました松行康夫先生に対しまして，衷心より御礼申し上げます。私が松行先生の研究室にはじめて入室する際，松行先生は笑顔で迎え入れていただき，学問を追究する姿勢，研究者としてのマナー，心得などにつきまして，懇切丁寧なご指導を頂戴いたしました。学会誌などへの素稿段階において，松行先生からはいつも幅広い経営学的見地からの貴重なコメントを賜りました。ときに厳しく，そして心ある親身のご指

導は常に勇気づけられ，学問の本質と前向きに物事を考えていく姿勢をご教授していただきました．

　2006年3月，松行康夫先生ならびに松行彬子先生とともに英国ケンブリッジ大学ニューホールカレッジ内にある研究施設「嘉悦ケンブリッジ教育文化センター」(The Kaetsu Educational and Cultural Centre, Cambridge) をはじめ，JETRO London，ケンブリッジ大学ジャッジ経営大学院（Judge business school, University of Cambridge），セント・ジョーンス・イノベーション・センター（St. John's Innovation Center）などにご同行させていただき，研究者たちとの意見交換，ヒアリング調査を行う貴重な機会に恵まれました．松行康夫先生ならびに松行彬子先生に対しまして重ねて御礼申し上げます．

　博士後期課程の副指導教授である小椋康宏先生，中村久人先生にも大変お世話になりました．小椋先生からは関連する学会やさまざまな機会において，本研究における貴重なコメントとご指導を頂戴いたしました．価値創造経営との関連では小椋先生のご専門である経営財務論からの視点で経営力，対境理論，企業価値などのご教授を賜りました．中村先生からはコーポレート・ガバナンスとの関連において，貴重なご助言とご指導を頂戴いたしました．東洋大学大学院経営学研究科の先生方からは詳細にわたり丁寧な説明を賜り，心より感謝の意を表する次第です．

　東洋大学経営学部のゼミナールから博士前期課程まで主指導教授であった平田光弘先生からは経営学への探究に対して論理的に考える力と内在的に批判する力とを親身なご指導を通じてご教授いただきました．平田先生との出会いは経営学部1年次に経営学総論（当時）を受講したときに遡ります．そこではドイツ経営学の学説研究から始まり，アメリカ経営学，そして日本の経営学について問題意識をもちながら学問的意義を考えることができたと思います．私の学問への探究心とその姿勢は平田先生の教えから培ったものです．本当に平田先生には筆舌に尽くせないほどの学恩を受けました．ありがとうございます．

　私にはもう一人忘れられない先生がおります．

　学位論文の提出に至るまで公私にわたっていつも温かい言葉で激励していた

だいた故飯冨延久先生には感謝の言葉しか見つかりません。東洋大学白山キャンパスの近くの喫茶店で飯冨先生と待ち合わせをしていると，先生は右手をあげながら笑顔で話されていたことを今でも鮮明に覚えております。先生からの心に響く激励の言葉は私の金言として心の中に残っております。

　私は多くの先生方から数多の質の高い学問的示唆と心温まるご支援を賜りましたことを，ここに記して，深甚なる謝意を表する次第であります。

　本書の出版にあたりましては愛知淑徳大学の出版助成を受けました。本書の上梓を快くお引き受けいただきました株式会社税務経理協会の峯村英治様のご厚意に深謝の微意を表します。

　最後になりましたが，私のことをいつも温かく見守り，支えてくれる父正史と母節子にこの場を借りて，心から感謝の気持ちを込めて御礼申し上げます。

春の到来を感じる愛知淑徳大学長久手キャンパスにて

青木　崇

目　　次

はしがき
目　　次
図表目次

第1章　序　　　論 …………………………………………………… 3
1　はじめに ……………………………………………………………… 3
2　価値創造経営の基礎考察 …………………………………………… 4
3　価値創造経営を目指す経営者の経営理念とリーダーシップ …… 6
　(1)　価値創造経営における経営者の経営理念 ……………………… 6
　(2)　知識コミュニティにおける対話とその実践 …………………… 7
　(3)　経営者のリーダーシップとその資質 …………………………… 8
4　価値創造経営のコーポレート・ガバナンス ……………………… 9
　(1)　コーポレート・ガバナンスと経営者問題 ……………………… 9
　(2)　創造的適応によるコーポレート・ガバナンス ………………… 10
　(3)　経営者から見た価値創造経営のコーポレート・ガバナンスの
　　　　枠組み …………………………………………………………… 14
　(4)　価値創造経営のコーポレート・ガバナンスの仮説設定 ……… 15
5　おわりに ……………………………………………………………… 16
注・参考文献 …………………………………………………………… 17

第2章　コーポレート・ガバナンスと経営者問題
　　　　　―日米企業に焦点をあてて― ……………………………… 21
1　はじめに ……………………………………………………………… 21
2　コーポレート・ガバナンスの問題提起 …………………………… 22
　(1)　コーポレート・ガバナンス問題の所在と背景 ………………… 22

(2) コーポレート・ガバナンスの本質と目的 …………………… 24
3　コーポレート・ガバナンスの形態 ……………………………… 27
　(1) コーポレート・ガバナンス形態と企業概念 ………………… 27
　(2) 英米型コーポレート・ガバナンス …………………………… 29
　(3) 欧州大陸型コーポレート・ガバナンス ……………………… 31
　(4) 日本型コーポレート・ガバナンス …………………………… 32
4　日本型コーポレート・ガバナンスの問題点 …………………… 34
　(1) 日本企業におけるコーポレート・ガバナンス問題 ………… 34
　(2) 日本企業における責任と所有の問題 ………………………… 36
　(3) 日本企業におけるコーポレート・ガバナンスの選択と実践 …… 37
　(4) 日本企業における経営者実践 ………………………………… 39
5　米国型コーポレート・ガバナンスの問題点 …………………… 40
　(1) 米国企業におけるコーポレート・ガバナンス問題 ………… 40
　(2) 米国企業の不祥事と経営者問題 ……………………………… 41
　(3) 米国企業の経営者問題と機関投資家 ………………………… 42
6　お わ り に ………………………………………………………… 44
注 ……………………………………………………………………… 45
参 考 文 献 …………………………………………………………… 47

第3章　コーポレート・ガバナンスの前提条件
―コンプライアンスとCSR― …………………………………… 51
1　は じ め に ………………………………………………………… 51
2　コーポレート・ガバナンスの問題提起 ………………………… 52
　(1) コーポレート・ガバナンス問題の系譜 ……………………… 52
　(2) コーポレート・ガバナンスと経営者問題の論拠 …………… 53
3　コンプライアンスとは何か ……………………………………… 55
　(1) コンプライアンスの目的 ……………………………………… 55
　(2) コンプライアンスの定義 ……………………………………… 56

(3) 日本企業におけるコンプライアンス経営の実践…………………58
　4　CSRとは何か……………………………………………………60
　　(1) CSRの問題提起……………………………………………………60
　　(2) 日本におけるCSRの問題提起……………………………………61
　　(3) CSRの定義と位置づけ……………………………………………63
　　(4) CSRに関する企業行動指針………………………………………64
　5　持続可能な経営フレームワークの構築と課題…………………66
　　(1) 持続可能な経営フレームワークの構築…………………………66
　　(2) 企業の持続可能な経営の課題……………………………………67
　6　お わ り に………………………………………………………68
　注……………………………………………………………………………69
　参 考 文 献………………………………………………………………71

第4章　企業不祥事をめぐる諸問題と
　　　　　コーポレート・ガバナンスの必要性
　　　　　―経営者自己統治に向けた課題―………………………75

　1　は じ め に………………………………………………………75
　2　1960年代後半以降の企業不祥事の特徴とその要因……………76
　　(1) 企業不祥事の影響…………………………………………………76
　　(2) 企業不祥事の要因…………………………………………………77
　　(3) 1960年代後半以降の企業不祥事…………………………………78
　　(4) 2000年代の企業不祥事の特徴……………………………………79
　3　企業不祥事の抑止・防止に向けた企業倫理と企業の社会性……81
　　(1) 企業不祥事の抑止・防止に向けた企業倫理……………………81
　　(2) 企業不祥事の抑止・防止に向けた企業の社会性………………82
　　(3) 企業不祥事の抑止・防止に向けた経営者の役割………………84
　4　企業不祥事の防止策と経営者の役割……………………………85
　　(1) 経営者のリーダーシップと資質と育成…………………………85

(2) 経営者の役割と課題……………………………………88
　5　コーポレート・ガバナンスの必要性と経営者自己統治………89
　　(1) コーポレート・ガバナンスに対する期待とその論調……………89
　　(2) 経営者自己統治の課題…………………………………90
　6　おわりに………………………………………………91
　注…………………………………………………………92
　参考文献…………………………………………………93

第5章　企業変革を導く組織間学習の形成と コーポレート・ガバナンスとの共進化 ―価値創造経営との関連で―……………95

　1　はじめに………………………………………………95
　2　企業変革を導く組織間学習の形成……………………………96
　　(1) 価値創造経営の基本前提………………………………96
　　(2) 知識コミュニティと知識イノベーション………………………98
　　(3) 企業価値との関連………………………………………100
　3　価値創造経営を目指す経営者の経営理念とリーダーシップ……102
　　(1) 価値創造経営における経営者の経営理念………………………102
　　(2) 知識コミュニティにおける対話とその実践………………………103
　　(3) 経営者のリーダーシップと倫理観の高揚………………………105
　4　価値創造経営のコーポレート・ガバナンス………………………106
　　(1) コーポレート・ガバナンスと経営者問題………………………106
　　(2) 環境適応によるコーポレート・ガバナンス……………………107
　　(3) 価値創造経営のコーポレート・ガバナンスの枠組み……………108
　5　おわりに………………………………………………110
　注…………………………………………………………112
　参考文献…………………………………………………113

第6章 日本の長寿企業から見た経営理念の実践と社会的責任活動の実態 …………………………………… 117
1 はじめに………………………………………………………… 117
2 長寿企業から見た経営者の経営理念とその社会的責任………… 119
  (1) 日本の長寿企業の特徴…………………………………… 119
  (2) 経営者の経営理念………………………………………… 121
  (3) 経営者の社会的責任に対する理念とリーダーシップ…… 123
3 日本企業の経営理念と社会的責任活動………………………… 125
  (1) パナソニックの経営理念と社会的責任活動…………… 125
  (2) キヤノンの企業理念と社会的責任活動………………… 128
  (3) リコーの経営理念と社会的責任活動…………………… 130
  (4) 小　　括………………………………………………… 132
4 経営者の育成に向けた課題……………………………………… 132
5 おわりに………………………………………………………… 133
注………………………………………………………………………… 134
参考文献………………………………………………………………… 136

第7章 企業不祥事の事後的対応をめぐる経営者の意思決定—経営者の倫理的価値判断と経営力— ………… 139
1 はじめに………………………………………………………… 139
2 企業不祥事の要因と防止策……………………………………… 140
  (1) 日本監査役協会による企業不祥事の発生原因…………… 140
  (2) 経営者の問題意識と企業不祥事の防止策……………… 141
3 企業不祥事の事後的対応をめぐる経営者の意思決定………… 143
  (1) ジョンソン・エンド・ジョンソンの不祥事と事後的対応… 143
  (2) 雪印乳業，雪印食品の不祥事と事後的対応…………… 144
  (3) パナソニックの不祥事と事後的対応…………………… 145
  (4) 企業不祥事の事後的対応と企業行動…………………… 146

4　経営者の倫理的価値判断 ································· 147
　　(1)　コンプライアンスと経営者の倫理的価値判断 ············· 147
　　(2)　経営者の倫理的価値判断の課題 ······················· 149
　5　お わ り に ··· 150
　注 ··· 151
　参 考 文 献 ··· 152

第8章　新たな企業の社会的責任と経営者の課題
―持続可能な発展と企業価値― ························· 153
　1　は じ め に ··· 153
　2　企業の社会的責任の鍵概念 ····························· 154
　　(1)　企業と社会の持続可能な発展を求める背景 ·············· 154
　　(2)　EUにおける持続可能な発展の政策課題 ················ 157
　　(3)　EU諸国における政府主導による取り組み ··············· 158
　3　日本における企業の社会的責任への認識と対応 ············ 159
　　(1)　企業の社会的責任をめぐる論点 ······················· 159
　　(2)　経済団体における企業の社会的責任への提言 ············ 160
　4　企業価値に向けたCSR実践 ····························· 163
　　(1)　CSR実践における経営者のリーダーシップ ·············· 163
　　(2)　CSR実践における情報開示 ··························· 165
　　(3)　企業価値に向けたCSR実践の意義 ····················· 167
　5　お わ り に ··· 168
　注 ··· 169
　参 考 文 献 ··· 170

第9章　統合報告書における企業の社会的責任活動の
開示方法とその課題 ································· 173
　1　は じ め に ··· 173

2　統合報告書の特徴 ………………………………………… 175
　　3　企業価値に向けたCSR活動 …………………………… 179
　　4　中長期的な企業価値に向けた策定とその実施 ………… 181
　　5　統合報告書から見た武田薬品工業の社会的責任活動の開
　　　　示方法 ……………………………………………………… 182
　　6　武田薬品工業の社会的責任活動の参照規範について … 183
　　7　おわりに …………………………………………………… 187
　　注 ………………………………………………………………… 189
　　参 考 文 献 ……………………………………………………… 190

第10章　結　　　論
―価値創造経営のコーポレート・ガバナンス― ……… 193
　　1　本研究結果の考察 ………………………………………… 193
　　2　本研究結果の含意 ………………………………………… 197
　　3　今後の研究課題 …………………………………………… 200

主要参考文献抄録 ………………………………………………… 203
索　　　引 ………………………………………………………… 219

図表目次

第1章 序　　論…………………………………………………3
　図1-1　経営者から見た価値創造経営のコーポレート・ガバナンス
　　　　　の枠組みと全体像……………………………………………5
　図1-2　日本企業の従来型の監査役設置会社………………………11
　図1-3　指名委員会等設置会社（日立製作所の経営機構）………12
　図1-4　監査等委員会設置会社（安川電機の経営機構）…………13

第2章　コーポレート・ガバナンスと経営者問題
　　　　　―日米企業に焦点をあてて―……………………………21
　図2-1　コーポレート・ガバナンスの問題提起……………………23
　図2-2　コーポレート・ガバナンスの広義と狭義の範囲…………24
　図2-3　コーポレート・ガバナンスの本質と定義…………………26
　表2-1　コーポレート・ガバナンス形態の分類……………………28
　表2-2　企業概念における比較………………………………………29
　図2-4　ドイツ企業の経営機構………………………………………31
　図2-5　日本企業の従来型の経営機構………………………………33
　表2-3　日本企業の経営行動の影……………………………………35
　図2-6　米国企業の経営機構…………………………………………41

第3章　コーポレート・ガバナンスの前提条件
　　　　　―コンプライアンスとCSR―……………………………51
　表3-1　コーポレート・ガバナンス問題をめぐる議論……………53
　図3-1　企業行動規範の位置づけ……………………………………59
　図3-2　コンプライアンス経営のサイクル…………………………60
　図3-3　CSRの研究系譜………………………………………………61

表 3 - 2　1960年代後半以降の日本企業の不祥事 ……………………… 62

第 4 章　企業不祥事をめぐる諸問題と
　　　　　コーポレート・ガバナンスの必要性
　　　　　―経営者自己統治に向けた課題― …………………… 75
　図 4 - 1　企業不祥事発生後の経営者の対応 ……………………… 80
　表 4 - 1　企業倫理の課題事項 ……………………………………… 82
　図 4 - 2　トップリーダーの能力 …………………………………… 86

第 5 章　企業変革を導く組織間学習の形成と
　　　　　コーポレート・ガバナンスとの共進化
　　　　　―価値創造経営との関連で― …………………………… 95
　表 5 - 1　企業変革に至る知識移転のフェーズとその要件 ……… 96
　表 5 - 2　知識プロセスの構成要素 ………………………………… 97
　図 5 - 1　組織間学習のプロセスと知識コミュニティ …………… 98
　図 5 - 2　価値創造経営の枠組み ………………………………… 100
　図 5 - 3　経営者から見た価値創造経営のコーポレート・ガバナンス
　　　　　の枠組み ……………………………………………… 109

第 6 章　日本の長寿企業から見た経営理念の実践と
　　　　　社会的責任活動の実態 ………………………………… 117
　図 6 - 1　CSRの構造―CSRと企業価値向上の両立― ………… 118
　表 6 - 1　長寿企業の訓え―長寿企業における変革・革新（イノベー
　　　　　ション）活動―調査結果概要 ………………………… 120
　表 6 - 2　心学発展の時代背景 …………………………………… 122
　図 6 - 2　パナソニックにおける社会的責任活動の目的 ……… 126
　表 6 - 3　4人の経営者の経営理念と共生形成の過程 ………… 129
　図 6 - 3　リコーグループCSR憲章と行動規範制定のプロセス ……… 131

第 7 章　企業不祥事の事後的対応をめぐる経営者の
　　　　意思決定―経営者の倫理的価値判断と経営力―………… 139

第 8 章　新たな企業の社会的責任と経営者の課題
　　　　―持続可能な発展と企業価値―……………………………… 153
　　表 8 - 1　国際会議における企業と社会の持続可能な発展の経緯……… 155
　　表 8 - 2　経済同友会における CSR 提言活動の変遷………………………… 161

第 9 章　統合報告書における企業の社会的責任活動の
　　　　開示方法とその課題……………………………………………… 173
　　表 9 - 1　主なディスクロージャーツールの特徴……………………………… 174
　　図 9 - 1　統合報告の全体像……………………………………………… 176
　　表 9 - 2　海外における非財務情報開示規制の動向……………………… 177
　　図 9 - 2　武田薬品工業のCSRと持続可能性の関係……………………… 183
　　図 9 - 3　武田薬品工業のCSR活動の参照規範……………………………… 184
　　表 9 - 3　代表的なCSRに関する企業行動指針の系譜……………………… 185

第10章　結　　　論
　　　　―価値創造経営のコーポレート・ガバナンス―………… 193

価値創造経営の
コーポレート・ガバナンス

青木　崇

第1章　序　　論

1　はじめに

　グローバル化で錯綜した今日では経営者がやみくもに行動し，目先の価値判断や情報だけで意思決定をしてしまうことがある。こうした意思決定は自らが掲げる経営理念に対して実行しているものとするならば，従業員も経営理念を共有し，経営者と同じ方向で実行しているかが問われてくる。このことはどんなに優れた経営者でも私利私欲を従業員に押しつけるようでは，経営は続かないことを意味している。今日，改めて問われているのは経営者が責任ある経営を行っているかどうかである。
　企業は経済的役割を担うと同時に社会性，公益性，公共性を有した社会的存在である。企業は社会の一員として，企業活動を行っていくうえでの社会的責任が問われている。しかしながら，どこまでが社会的責任なのかは企業によって異なってくる。市場経済社会では，企業は常に社会性よりも収益性が優先される。だが，収益性のみを追求する経営では長続きはしないことが指摘できる。
　経営者は社会に適応した持続可能な発展を目的とする価値創造経営（value creation management）に基づく経営理念を従業員と共有し，実践していくことが求められる。価値創造経営をベースにした経営理念こそが企業の生かすべき最高規範であり，実践すべき行動規範として位置づけられる。そのような認識から経営者は経営理念の体現者として，価値創造経営に基づく経営理念を従業員と共有していくためのコーポレート・ガバナンスを行っていく必要がある。具体的には価値創造経営に基づく経営理念を明確化した経営ビジョンと経営目標から長期経営計画が構想され，それを経営実践として行っていくことである。
　日本企業の中には自社の強みといえる独自の社会的価値を明確にもち，実践

している企業がある。こうした共通点には，①自社のあるべき姿を構想し，確固たる経営理念に基づく価値観から経営ビジョンや長期経営計画を決めていること，②それに則したコーポレート・ガバナンスを確立し，経営者が戦略的意思決定を行っていること，③自社の意識改革と企業体質が変革し，経営理念に基づく価値観を経営者と従業員が共有し，同じ方向で経営を行っていること，である。

本章ではこうした問題意識から社会に適応した持続可能な発展を目的とする価値創造経営のコーポレート・ガバナンスに着目し，価値創造経営に関する基礎考察を行ったうえで，経営者から見た価値創造経営のコーポレート・ガバナンスの枠組みとその全体像について考察する。

2　価値創造経営の基礎考察

ここでは価値創造経営の基本前提となる企業間における知識移転，組織間学習について詳しくみていくことにする。知識移転，組織間学習は価値創造経営の鍵概念であり，知識移転，組織間学習を行っていくことによって企業変革（corporate transformation）を導く価値創造経営の基本前提になる[1]。

組織間学習は組織学習から構成され，組織学習は個人学習から構成されるという重層構造をもっている。組織間学習では異質なパートナー間で信頼関係を基礎として知識が相互浸透し，自らの「内的モデル」を再考・改新しようとする可能性が強い[2]。企業の競争力は異質・信頼・協力の関係を基盤とする人と人との相互作用によって生成される知識創発（knowledge emergence）が知識イノベーションを創出させるとともに最終的に企業変革のイネーブラーとなることを示している[3]。

組織間学習をする組織主体は2つ以上の複数の組織体である。当該組織体が通常，ほかの異質な組織体から学習することが組織間学習を意味している[4]。組織間学習には組織学習が包摂され，情報や知識が組織体間で相互交流し，新たに知識を形成，記憶することを意味している。その結果，当該組織体自体が

変化するだけでなく，各組織体から情報，知識が環境に提供され，環境自体も変化するという積極的，能動的な行為の存在が指摘できる[5]。

　価値創造経営の基本前提には組織間学習の概念が重要な役割を果たしている。組織間学習は情報や知識が組織間で移動し，それらを受け入れて，組織内で組織学習が行われる。組織体と組織体が知識連鎖（knowledge link）を通して相互浸透すると解釈できる[6]。専門的知識を共有するために自発的に集まった共同体である知識コミュニティ（knowledge community）が形成される。知識コミュニティでは知識移転が行われ，同時に異質で高質な知が相互間の対立を克服して知識イノベーション（knowledge innovation）を生成させる場でもある。そのような場では内省的な思索，対話，実践というスパイラル・アップが繰り返されて，価値創造の経営が行われることになる。

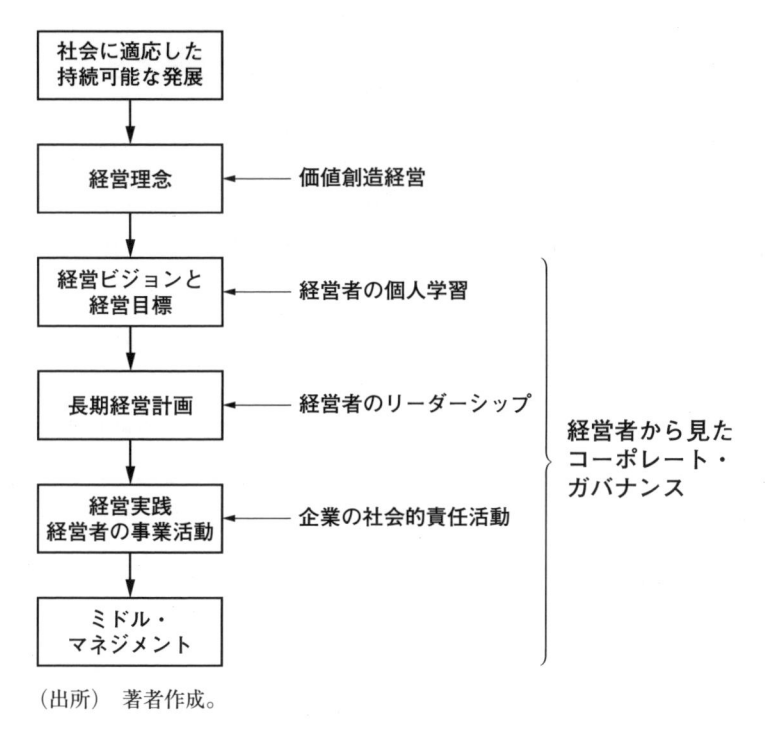

（出所）著者作成。

図1-1　経営者から見た価値創造経営のコーポレート・ガバナンスの枠組みと全体像

本章における価値創造経営とは組織間学習を構成する組織学習ならびに個人学習に着目し，その組織学習，個人学習によって，異質あるいは新たな価値観を経営者と従業員が共有，理解し，ベクトルを合わせて企業活動を行っていくことである。具体的には，図1－1のように，社会に適応した持続可能な発展を目的とする経営理念に価値創造経営を注入し，価値創造経営をベースにした経営理念から経営ビジョンと経営目標が構想される。経営ビジョンと経営目標は経営者の個人学習によって長期経営計画が明確化する。長期経営計画は経営者のリーダーシップによって経営実践となり，経営者の事業活動が行われることになる。経営実践には企業の社会的責任活動を取り入れた経営実践であり，経営実践がミドル・マネジメントに組織学習を通じて浸透していくという一連の過程をフローチャートに示したものである。

3　価値創造経営を目指す経営者の経営理念とリーダーシップ

(1)　価値創造経営における経営者の経営理念

　一般に経営理念とは経営者が企業運営についていだく信条・哲学・経営観を指すといってよい。それは経営哲学，経営信条，経営思想，行動理念，指導原理などの名称で呼ばれている。ここでは価値創造経営に基づく経営者の経営理念とする。

　経営者がいだく自らの経営理念は構成員が共有し，実行しなければ意味をなさない。経営理念が企業のベクトルとして反映しなければならないことを表している。構成員は経営者と同じ経営理念を共有し，同じ方向を向いているかが重要になってくる。そのためには経営者が明確な経営理念をもっていることが前提になる。その意味において，京セラの名誉会長である稲盛和夫はその経営理念に対し，だれもが共感する普遍性のあるものでなければならない，と説いている。どんなに優れた経営者でも私利私欲を従業員に押しつけるようでは，経営は続かないであろう，と。どんなに成長した企業でも経営者の経営理念に

利己が強すぎたら，あっという間に崩壊するおそれがある，と指摘している。

経営者とひとくちにいっても，ここでは取締役（directors），執行役（員）（officers）を意味している。経営者の経営理念は社内のベクトルを示しているといってよい。経営者の経営理念を企業全体に浸透させ，構成員が共有できるかどうかにかかわってくる。経営者の役割には経営を監督する立場，経営を執行する立場がある。しかしながら，経営者はそうした立場にかかわらず，従業員に何が正しくて，何が悪いのかを示し，その経営理念を共有することが重要である。従業員が経営理念を共有しなければ，どんな制度も機能しないことを意味している。経営理念が従業員一人ひとりに浸透することによって，従業員が経営者の考えと同じ方向で経営に携わることが重要である。そのためには企業活動の根幹となる経営理念が必要であり，経営理念に沿ってだれもが納得する仕組みを形成することが経営者に求められる重要課題である。

(2) 知識コミュニティにおける対話とその実践

近年，思いもよらない悪質な企業不祥事が頻発し，社会からの信頼を失い，破綻に追い込まれる企業が跡を絶たないでいる。不祥事の原因には経営者の倫理観の欠如，従業員の不正などがみられるが，不祥事そのものは多種多様である。違法経営ではないからといって，経営者自身に倫理観や道徳観が欠落していたら意味がない。

今日，新しい経営者によるリーダーシップが求められていることが指摘されている。松行・松行（2004a）は価値創造経営の観点から，「新しい経営者に必要とされているのは，地球環境，情報化，生命倫理，民族・宗教・文化的対立など，非決定的な状況空間にあって，速やかで適切な価値判断と意思決定をしていく能力である[7]」と指摘している。このような課題を解決していくためにはその本質を的確に把握し，洞察をする価値判断が求められている。そのような複雑な経営課題を解決するために経営者は深い思索や分析に基づいた実践こそが求められている。異質の価値観をもった人たちがダイナミックな文脈を共有する場である知識コミュニティを通じて，プラトン的対話による思考を積み

重ねて，信頼に基づく協力をしていく必要がある，と指摘している[8]。

このように経営者が実行力を伴ったリーダーシップを発揮することは経営の方向性を決めるうえできわめて重要な役割である。経営者の私利私欲を従業員に押しつけるのではなく，経営者の知識，価値観と組織全体が相互に作用しあうことが重要である。稲盛和夫は幼少期から西郷隆盛の思想に触れ，『南洲翁遺訓』[9]に大きな影響を受け，人の上に立つ者が身につけるべき思想や人間としての考え方，生き方の基礎を学んでいる。稲盛和夫は自らが従業員に説こうとしているフィロソフィの原点がここにあるとして，1966年，社長就任を機に，西郷隆盛が信条にしていた「敬天愛人」を京セラの社是として定めている。これが人間として正しいことを正しいままに追求する姿勢を説いた「京セラフィロソフィ」の原点である。「京セラフィロソフィ」を経営者と従業員とが共有し，同じ方向で経営を行っていくことが知識コミュニティにおける対話とその実践である。

(3) 経営者のリーダーシップとその資質

前項において，経営者が実行力を伴ったリーダーシップを発揮することは経営の方向性を決めるうえできわめて重要な役割である，と述べた。経営者のリーダーシップについて，清水（2000）は，①トップリーダーが企業家的態度で将来構想の構築・経営理念の明確化を行うときは洞察力，ビジョン，決断力などの能力が必要であり，②管理者的態度で執行管理を行うときは人間的魅力，相手の立場にたってものを考える能力，品性・運が必要であることを示している。しかしながら，トップリーダーに対し，これらが絶対的なものではない，と清水（2000）は言及している。

トップリーダーとしても業種，形態，規模などによっては能力の要素が異なってくる。経営者の絶対的条件を示しているのではなく，さまざまな能力をもった経営者が考えられることを意味している。例えば，経営者は幅広い経営知識や人間的魅力が不可欠としても，会計や財務，技術にも精通した能力が求められてくる。経営者の資質としては経営のセンスが必要となれば，いかにし

て習得すべきなのかが浮き彫りになってくる。そのためには人の何倍もの努力や労力が求められる。

経営者のパフォーマンスはその人のもった人間性や知性のほかにリーダーシップを発揮するための経営者としての資質がきわめて重要になってくる。具体的な資質としては創造性，先見性，ビジョン，判断力，経営のセンス，情熱，謙虚さなどが備わっているような人物が求められよう[10]。そのうえで経営者はプロフェッショナリズムに裏打ちされたリーダーシップの涵養とそれを発揮するコーポレート・ガバナンスが重要になってくる。

経営者のリーダーシップによって経営ビジョンから長期経営計画が構想され，経営実践として実行される。しかしながら，そのようなリーダーシップの決め手になるのは経営者の資質である。倫理観や道徳観は知識や理屈で知っていても習い性となって自身の性格，人間性にまで浸透しなければ意味がない。昨今のコーポレート・ガバナンスに関する議論は経営者の倫理観，人間性に起因した不祥事と無関係ではないように思われる。つぎでは価値創造経営における経営者のコーポレート・ガバナンスとその枠組みについて検討していきたい。

4 価値創造経営のコーポレート・ガバナンス

(1) コーポレート・ガバナンスと経営者問題

日本におけるコーポレート・ガバナンスに関する研究は1990年代から一段と広まり，法律，会計，経済，金融，証券，財務などの分野でいち早く論じられるようになった。コーポレート・ガバナンスに関する議論は主として取締役会，執行役員，監査役会，内部統制についての指摘がなされてきた。近年では悪質な不祥事が跡を絶たないことから不祥事の抑止・防止の観点から論じられることがある[11]。

さまざまなコーポレート・ガバナンス研究の中からコーポレート・ガバナンス問題は経営者問題にほかならない，との指摘がなされてきた[12]。経営者に焦点をあてる理由には，第1に，経営の意思決定を執行する経営者に対する監

視・牽制の強化が迫られていることである。第2に，経営者のアカウンタビリティやディスクロージャーなどの観点からさまざまな利害関係者に対して，経営の透明性が強く求められていることである。第3に，企業不祥事の抑止・防止や企業競争力の強化といった観点からコーポレート・ガバナンスの構築と実践は経営者のリーダーシップで決まる，ということである。第4に，コーポレート・ガバナンスは経営者の最高意思決定機関であるため，経営者自身の意識改革や資質や努力が必要であり，コーポレート・ガバナンスの構築と実践におけるリーダーシップが問われている，の4つがあげられる。

　コーポレート・ガバナンスと経営者問題の深層には経営者のリーダーシップで経営におけるコーポレート・ガバナンスの構築と実践が決まるため，コーポレート・ガバナンスに対する経営者の真摯な態度が問われてくることが指摘できる。現代企業の価値創造経営におけるコーポレート・ガバナンスを考える場合，経営者の経営理念を中心とした戦略的意思決定が経営を左右するといってもよい。価値創造経営を目指す経営者は創造的に適応（creative adaptation）したコーポレート・ガバナンスを構築する必要がある。

(2) 創造的適応によるコーポレート・ガバナンス

　今日，日本企業の大半は，図1－2のように，従来型の監査役設置会社を採用している。2014年7月24日現在，日本監査役協会によると委員会設置会社（現在は指名委員会等設置会社）に移行した企業は90社であり，委員会設置会社から監査役設置会社に再移行した企業は63社である[13]。これまでトヨタ自動車，キヤノン，新日鐵住金などは従来型の監査役設置会社において社外取締役を1名も選任していなかった。ところが，コーポレート・ガバナンスの強化策として社外取締役の設置を求める声が高まってきたことを受け，2013年6月にトヨタ自動車は社外取締役を3名選任した。社外取締役の採用に慎重とみられていたキヤノンは2014年3月に社外取締役を2名選任し，新日鐵住金は2014年6月に社外取締役を2名選任した。

　経営の効率化，意思決定の迅速化でいえば，トヨタ自動車は2003年6月に58

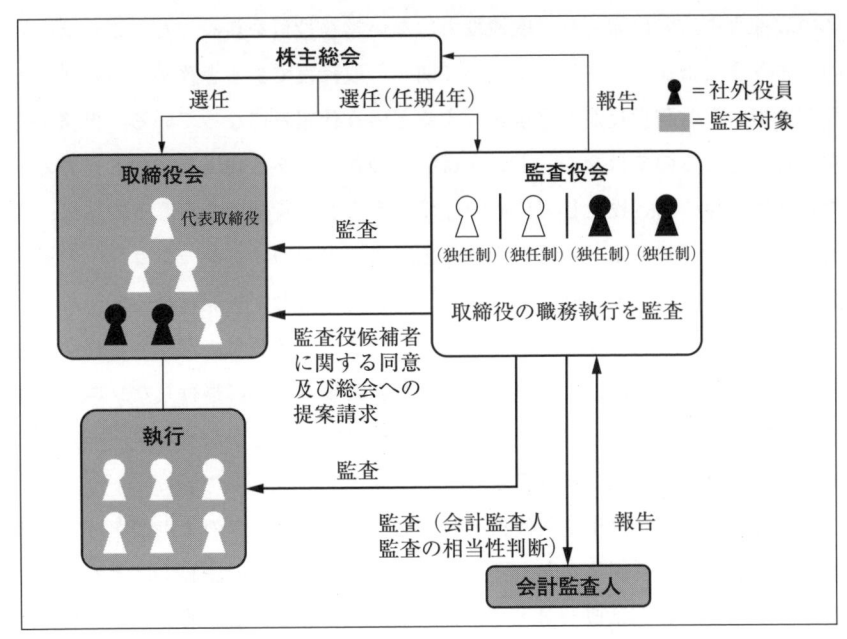

《監査役制度》監査役は株主から直接選任され，監査の主体と客体が峻別されている。
1. 監査役会の半数以上を社外監査役としなければならない。
2. 常勤監査役を1名以上選任しなければならない。
3. 取締役・会計参与・使用人等との兼任が禁止。
4. 独任制である。
《主な監査役の権限》監査の実務を実践する→"自らが自らの権限で監査を行う人"（独任制）
1. 取締役の職務の執行の監査（会社法381条1項）
2. 取締役に対する事業報告請求権，会社業務・財産状況調査権（会社法381条2項）
3. 子会社調査権（会社法381条3項）
4. 取締役会への出席義務及び意見陳述義務（会社法383条1項）
5. 取締役会の招集請求権及び招集権（会社法383条2項，3項）
6. 取締役の違法行為差止請求権（会社法385条1項）
7. 取締役と会社間の訴訟代表権（会社法第386条）
8. 取締役等の責任一部免除に関する議案等の同意権（会社法425条3項1号，426条2項，427条3項）
9. 被告取締役側への会社の補助参加に対する同意権（会社法849条3項）
《主な監査役会の権限》
1. 監査役の選任に関する議案同意権，議題提案権，議案提出請求権（会社法343条）
2. 会計監査人の解任権，選任・解任・不再任に関する議案の決定権（会社法340条，344条）
3. 取締役から報告を受ける権限（会社法357条）
4. 会計監査人から報告を受ける権限（会社法397条1項，3項）
5. 会計監査人の報酬等に対する同意権（会社法399条1項，2項）
（出所）　日本監査役協会のホームページより。

図1－2　日本企業の従来型の監査役設置会社

名の取締役を27名に減らし，取締役ではない常務役員を新設した。これは全社のさまざまな機能のオペレーションに関し，取締役である専務が最高責任者の役割を担い，常務役員が実務を遂行するという仕組みになっている。専務を経営に特化させるのではなく，トヨタ自動車の強みである現場重視の考え方の下で経営と現場の繋ぎ役として位置づけていることが特徴である。その結果，現場意見の全社経営戦略への反映や経営意思決定事項のオペレーションへの迅速な展開を通じて，現場に直結した意思決定をすることが可能になっている。

社外取締役の導入によって多様な価値判断に基づき意思決定できる経営体制を整えられるのであれば，2004年6月に委員会設置会社に移行したソニー，東芝をはじめ，オリンパスは3名の社外取締役がいたにもかかわらず，経営者の長年の粉飾決算を見逃し続けてきた。

持続可能な発展を目指す現代企業の共通点としてはつぎの4点があげられる。①長期安定的な企業価値の向上に邁進すること，②内外の法およびその精神を遵守し，公正な企業活動を通じて，「社会から信頼される企業」となること，

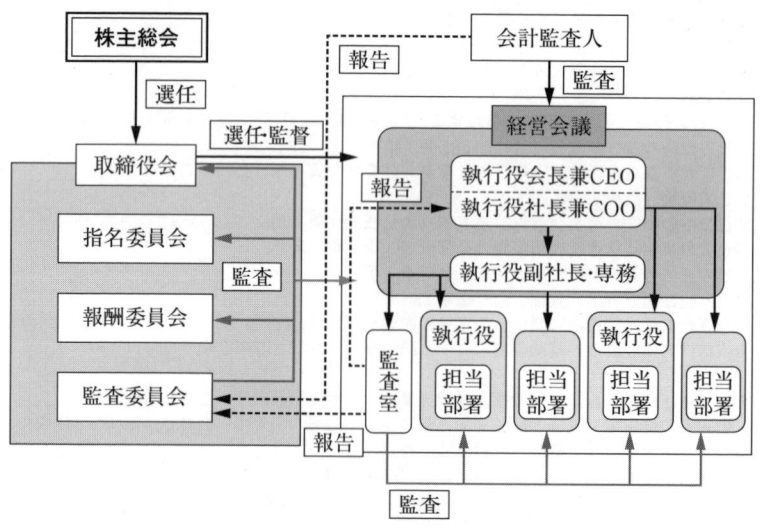

（出所）東京証券取引所のコーポレート・ガバナンス情報サービスより。

図1-3　指名委員会等設置会社（日立製作所の経営機構）

③その実現のためにはさまざまな利害関係者と良好な関係を築き，長期安定的な成長を遂げていくこと，④そのためのさまざまな施策を講じて，コーポレート・ガバナンスの充実を図っていくことである。

　監査役設置会社，指名委員会等設置会社（図1－3参照），監査等委員会設置会社（図1－4参照）のコーポレート・ガバナンス・システムはいずれも弱点がある。ハード面（経営機構）だけを強調してもそのガバナンスを戦略的に使いこなせる経営者が必要である。その企業が創造的に適応した独自のコーポレート・ガバナンスを構築し，実行していくことができる経営者であることが求められる。創造的に適応したコーポレート・ガバナンスは自らをコントロールできる経営者の経営理念を中心とした価値観や経営観を実践していくためのコーポレート・ガバナンスを構築していくことが重要である。

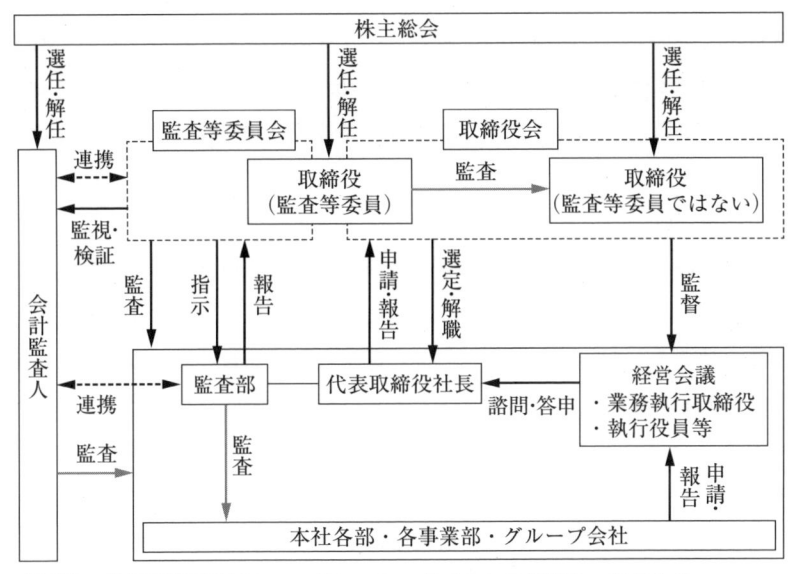

（出所）東京証券取引所のコーポレート・ガバナンス情報サービスより。

図1－4　監査等委員会設置会社（安川電機の経営機構）

(3) 経営者から見た価値創造経営のコーポレート・ガバナンスの枠組み

ここでは，図1-1を用いて，価値創造経営のコーポレート・ガバナンスの枠組みについて詳しくみていくことにする。経営者から見たコーポレート・ガバナンスでは，①経営ビジョンと経営目標，②長期経営計画，③経営実践，経営者の事業活動，④ミドル・マネジメントにおよぶ範囲を示している。①では社会に適応した持続可能な発展を目的とする経営理念に価値創造経営を注入し，価値創造経営をベースにした経営理念から経営ビジョンと経営目標が構想される。②では経営者の個人学習によって長期経営計画が明確化する。③では経営者のリーダーシップによって経営実践となり，経営者の事業活動が行われることになる。④では企業の社会的責任活動を取り入れた経営実践がミドル・マネジメントに組織学習を通じて浸透していくという一連の過程をフローチャートに示したものである。

価値創造経営のコーポレート・ガバナンスでは利害関係者（主として，株主）からのガバナンスではなく，経営者が誠実な企業あるいは社会に信頼される企業を目指していくための創造的に適応したコーポレート・ガバナンスである。価値創造経営のコーポレート・ガバナンスは経営者の個人学習，組織学習によって，持続可能な発展における価値観，経営観を経営者と従業員が理解，共有し，ベクトルを合わせて企業活動を行っていくモデルである。

価値創造経営のコーポレート・ガバナンスは価値創造経営をベースにした経営理念から経営ビジョンと経営目標を明確化し，長期経営計画を経営実践に結びつけていることが特徴である。こうした一連の過程では経営理念から経営者の事業活動をミドル・マネジメントまで責任をもって行っていることである。企業は順応的に適応したコーポレート・ガバナンスではなく，経営者自らが社会に適応した持続可能な発展を目的とする創造的に適応した価値創造経営のコーポレート・ガバナンスを構築して，経営者のリーダーシップによって経営者と従業員がベクトルを合わせて企業活動を行っていくことが特徴である。

(4) 価値創造経営のコーポレート・ガバナンスの仮説設定

価値創造経営のコーポレート・ガバナンスの枠組みから以下の3つの仮説を提示することにしたい。

仮説1　明確な経営理念を企業全体で実践していくためには経営理念を受け継ぐ経営者の個人学習によって，組織学習が行われ，企業が一体となって，新たな価値観，経営観を共有することができる。

仮説2　新たな価値観，経営観を共有した従業員は経営者と同じような立場から責任ある経営を行っていくことができる。

仮説3　経営者は価値創造経営をベースとした経営理念を企業全体に浸透させ，経営実践を行うことによって結果的には収益性に結びつけることができる。

3つの仮説設定からつぎの3点を導出することができる。①経営者は自社のあるべき姿を構想し，確固たる経営理念から経営ビジョンや長期経営計画を決める必要がある。②経営理念に基づく価値観を経営者と従業員が共有し，同じ方向で経営を行っていくためには創造的に適応したコーポレート・ガバナンスを確立する必要がある。③経営者の個人学習，組織学習によって，従業員の意識と企業体質を変革し，経営者と従業員が責任ある経営を行っていくことが必要である。

経済・市場・経営のグローバル化が進展する中で地球環境問題が深刻化し，環境問題への取り組みをはじめ，国や地域の文化を尊重した経営は欠かすことができなくなっている。このような経営環境において，経営者は経済・社会・環境に配慮した経営を行っていくことが求められている。経済・社会・環境に配慮した経営とは持続可能な発展を鍵概念とする価値観，経営観を実践していくことである。経営者は持続可能な発展を目的とする価値創造経営をベースとする経営理念とそれを実行するリーダーシップが求められている。経営者は価値創造経営をベースとする経営理念から明確な経営ビジョンと経営目標を打ち立て，長期経営計画に基づいて経営実践を行っていく必要性を指摘することができる。

5 おわりに

　本章では経営者から見た価値創造経営のコーポレート・ガバナンスの枠組みから価値創造経営をベースとする経営理念を経営者と従業員が共有していく一連の過程を提示した。価値創造経営のコーポレート・ガバナンスでは経営者の価値観，経営観を組織内で学習することによって知識創造の場が生成し，それが知識コミュニティを形成する。知識コミュニティにおける対話と実践から経営者と従業員は価値観を共有，理解していくことを確認した。経営者と従業員は同じような責任感と立場からベクトルを合わせて企業活動を行っていくことができる。

　価値創造経営を目指す経営者によって企業全体が異質あるいは新たな価値観を共有したかたちで利害関係者を意識した企業活動を行うことができる。しかしながら，利害関係者を意識するといっても，さまざまな利害関係者との調整 (power balance) を同時に行うことではない。利害関係者との調整を同時に行うことは本質的に無理であろうと考えている。経営者は利害関係者からの期待や要請を考慮した経営，対境関係を意識した経営を行っていく必要がある。

　現代企業では経営者が目先の価値判断や情報だけで意思決定をしてしまうことがある。欧米の資本主義的な発想で行き過ぎた利益第一主義の経営を行っていることがある。こうした認識から近年では経営者の倫理観，道徳観が欠落し，人間性に起因した不祥事が頻発していることが指摘できる。

　今日では新しい経営者によるリーダーシップが求められている。そうした経営者によるリーダーシップでは価値創造経営をベースとした経営理念を実践していくためのコーポレート・ガバナンスを構築する必要がある。経営者の個人学習，組織学習を通じて，経営者と従業員が同じ方向を向いて責任ある経営を行っていくことができる。その結果，価値創造経営をベースとする経営理念を経営者と従業員が一体となって共有し，実践していくことが新たなイノベーションの発展につながり，それが企業競争力の源泉につながるのである。

注

1) 松行・松行（2004a）p. 2.
2) 松行・松行（2004a）p. 71.
3) 松行・松行（2004a）pp. 28-29.
4) 松行・松行（2004a）p. 65.
5) 松行・松行（2004a）pp. 26-27.
6) 組織間学習の理論について，詳しくは，松行・松行（2002），松行・松行（2004a）pp. 51-75を参照されたい。
7) 松行・松行（2004a）p. 1.
8) 松行・松行（2004a）pp. 1-2.
9) 南洲翁とは西郷隆盛のことである。『南洲翁遺訓』とは西郷隆盛の教えを朽ちさせてはならない，西郷隆盛の遺訓を世に広めたいとの考えから1890年1月，山形県鶴岡の旧庄内藩の有志によって出版された。「敬天愛人」は『南洲翁遺訓』の第24か条に出てくる言葉である。
10) 経済同友会（2007）によれば，現代の経営者にとって重要な資質として，①高い倫理観と価値観，②優れた判断力，③勇気ある決断力，④構想力・先見性・感性，⑤適応力，の5つをあげている。
11) 本来，コーポレート・ガバナンスには企業不祥事の抑止機能も企業競争力の促進機能もない，との指摘がなされている。著者もこれに拠っている。
12) 主なコーポレート・ガバナンス研究については，つぎを参照されたい。出見世（1997），菊池・平田編著（2000），伊丹（2000），吉森（2001），勝部（2004），菊澤（2004），飫冨・辛島・小林・柴垣・出見世・平田（2006），佐久間編著（2007），平田（2008）
13) 委員会設置会社の内訳は一部上場が46社，二部上場が3社，その他の上場（ジャスダック，マザーズ，ヘラクレス，セントレックス）が31社，非上場が31社の合計90社である。

参考文献

青木　崇（2004）「コーポレート・ガバナンスと経営者問題―日米企業に焦点をあてて―」日本経営教育学会編『企業経営のフロンティア―経営教育研究7―』学文社，49-78頁.

青木　崇（2005a）「コーポレート・ガバナンスの前提条件―コンプライアンスとCSR―」日本経営教育学会編『MOTと21世紀の経営課題―経営教育研究8―』学文社，205-230頁.

青木　崇（2005b）「EUにおける企業経営の特質とコーポレート・ガバナンスの諸問題」『現代社会研究』東洋大学現代社会総合研究所，第2号，51-58頁.

青木　崇（2005c）「現代の経営者問題をめぐるコーポレート・ガバナンス論とその関連学問分野」『東洋大学大学院紀要第41集』東洋大学大学院，187-214頁.

青木　崇（2006a）「企業の社会的責任と経営者の課題」日本経営学会編『日本型経営

の動向と課題―経営学論集第76集―』千倉書房，272-273頁．
青木　崇（2006b）「CSRに関する企業行動指針とCSRへの取り組み―企業独自のCSR指針策定と企業実践への課題―」『経営行動研究年報』経営行動研究学会，第15号，57-62頁．
青木　崇（2006c）「日本企業におけるコンプライアンス経営の実践と経営者の課題―日本監査役協会の社長アンケートを中心として―」『現代社会研究』東洋大学現代社会総合研究所，第3号，51-58頁．
青木　崇（2006d）「企業経営におけるCSRの実践とその課題―松下電器産業とリコーの企業実践を中心として―」『東洋大学大学院紀要第42集』東洋大学大学院，255-281頁．
青木　崇（2007a）「企業独自のCSRに関する行動指針とCSR実践―NECと富士通の事例を中心として―」『現代社会研究』東洋大学現代社会総合研究所，第4号，75-84頁．
青木　崇（2007b）「国際機関のCSRに関する企業行動指針」『イノベーション・マネジメント』法政大学イノベーション・マネジメント研究センター，No.4，105-124頁．
青木　崇（2007c）「経営者哲学と企業の社会的責任―日立製作所と東芝の企業実践を中心として―」『東洋大学大学院紀要第43集』東洋大学大学院，225-246頁．
稲盛和夫（2006）『敬天愛人―私の経営を支えたもの―』PHP研究所．
稲盛和夫（2007）『人生の王道―西郷南洲の教えに学ぶ―』日経BP社．
飫冨順久・辛島　睦・小林和子・柴垣和夫・出見世信之・平田光弘（2006）『コーポレート・ガバナンスとCSR』中央経済社．
勝部伸夫（2004）『コーポレート・ガバナンス論序説―会社支配論からコーポレート・ガバナンス論へ―』文眞堂．
菊澤研宗（2004）『比較コーポレート・ガバナンス論―組織の経済学アプローチ―』有斐閣．
菊池敏夫（2002）「企業統治と企業行動―欧米の問題状況が示唆するもの―」『経済集志』日本大学経済学研究会，第72巻第2号，75-82頁．
菊池敏夫・平田光弘編著（2000）『企業統治の国際比較』文眞堂．
経済同友会（2007）『経営者のあるべき姿とは―確固たる倫理観に立脚したプロフェッショナリズムとリーダーシップ―』経済同友会．
佐久間信夫編著（2007）『コーポレート・ガバナンスの国際比較』税務経理協会．
清水龍瑩（2000）「優れたトップリーダーの能力」『三田商学研究』慶應義塾大学商学会，第42巻第6号，31-57頁．
出見世信之（1997）『企業統治問題の経営学的研究―説明責任関係からの考察―』文眞堂．
中村瑞穂編著（2003）『企業倫理と企業統治―国際比較―』文眞堂．
平田光弘（2001b）「21世紀の企業経営におけるコーポレート・ガバナンス研究の課題―コーポレート・ガバナンス論の体系化に向けて―」『経営論集』東洋大学経営学部，第53号，23-40頁．

平田光弘（2006a）「新たな企業競争力の創成を目指す日本の経営者の三つの課題」『経営力創成研究』東洋大学経営力創成研究センター，第2号，59-71頁．
平田光弘（2008）『経営者自己統治論―社会に信頼される企業の形成―』中央経済社．
松行彬子（2000）『国際戦略的提携―組織間関係と企業変革を中心として―』中央経済社．
松行康夫（2006）『進化経営学―生命プロセスの認識―』白桃書房．
松行康夫・北原貞輔（1997）『経営思想の発展―経営管理を中心として―』勁草書房．
松行康夫・松行彬子（2002）『組織間学習論―知識創発のマネジメント―』白桃書房．
松行康夫・松行彬子（2004a）『価値創造経営論―知識イノベーションと知識コミュニティ―』税務経理協会．
松行康夫・松行彬子（2004b）『公共経営学―市民・行政・企業のパートナーシップ―』丸善．
吉森　賢（2001）『日米欧の企業経営―企業統治と経営者―』放送大学教育振興会．

第2章　コーポレート・ガバナンスと経営者問題
―日米企業に焦点をあてて―

1　はじめに

　1990年代から英国企業をはじめとする先進諸国で企業不祥事が頻発したことで企業経営のあり方に関してコーポレート・ガバナンスが今日においても活発に議論されている。日本企業の1990年代は失われた10年といわれていて，1990年1月の日経平均株価の下落を契機に，今日における企業収益力の低迷さを露にしている。これに加えて，企業不祥事が跡を絶たずにいて，今なお企業収益力と企業不祥事に対処するためのコーポレート・ガバナンス構築が模索されている。しかし，実際にはコーポレート・ガバナンス構築よりもむしろ経営者自身の問題であることが指摘されている。コーポレート・ガバナンス構築を善くも悪くもするのは経営者自身であることが指摘できる。

　21世紀の企業経営における最も重要な議論にコーポレート・ガバナンス問題がある。日本企業以外にも米国企業においては1990年代の好景気が21世紀に入ると悲劇の幕開けへと変わった。エネルギー企業のエンロン，通信企業のワールドコムといった米国経済の好景気を象徴する企業が起こした粉飾決算はその後の米国経済への不信感と米国型コーポレート・ガバナンスへの目にみえない問題構造を浮き彫りにした。

　本章はこうした日米企業における不祥事を通じて，コーポレート・ガバナンスの問題点を明らかにすることを目的とする。まず，コーポレート・ガバナンスの問題提起に関する先行研究を考察し，ついで，コーポレート・ガバナンス形態と企業概念を論じ，日米企業のコーポレート・ガバナンス問題を解明し，それらが経営者問題に帰着することを論じて，最後に経営者の創造的・革新的人材育成と実践について提示する。

2 コーポレート・ガバナンスの問題提起

(1) コーポレート・ガバナンス問題の所在と背景

　ガバナンス（governance）という術語は政治学・行政学において国家統治を示す術語として古くから使われている。経営学においてはアダム・スミス（Adam Smith）の『国富論』において企業経営者の行動に対して警告を指摘していた。バーリ＝ミーンズ（A. A. Berle and G. C. Means）の『近代株式会社と私有財産』は所有と経営が分離しつつあることを指摘した。バーナード（C. I. Barnard）やサイモン（Herbert A. Simon）らの古典にもみられるが、コーポレート・ガバナンス（corporate governance）という術語で最初にみられるのはウィリアムソン（Oliver E. Williamson）の『資本主義の経済制度』であろう[1]。

　コーポレート・ガバナンスには所有と経営が分離したことを焦点に経営学以外にも経済学，会計学，法律学など独自の角度からの接近が展開されている。経営学に関しては，図2－1に表されるように，第一に，「企業はだれのもので，だれのために経営されるべきか」と，第二に，「だれの立場でだれが経営者を監視・牽制するのか」といった古くて新しい問題提起がある[2]。

　第一の主体に関しては，1）企業の所有者はだれか，2）企業の利益の享受者はだれか，の二つに分けることが確認できる。1）は，①形式上の所有者は，日本の会社法では株主である，②しかし，実質上の所有者は株主とは限らないといえる。2）は，①企業の利益は株主中心でよいのか，②株主だけでなく，企業は利害関係者との利害調整を考慮に入れる必要がある，といえる。

　第二の主体に関しては，1）経営者を監視・牽制するのはだれか，2）だれの立場で経営者を監視・牽制するのが望ましいのか，に分けることができる。1）では，①取締役会，監査役（会）である，②委員会設置会社（現在は指名委員会等設置会社）では監査委員会がそれにあたる。2）は，①社外取締役もしくは社外監査役が経営者を監視・牽制するのか，②利害関係者を取締役会に

```
┌─────────────────────────────────────┐
│    経営学におけるコーポレート・      │
│    ガバナンスの二つの問題提起        │
│         平田（2001b）p.32           │
└─────────────────────────────────────┘

┌──────────────────────────┬──────────────────────────┐
│ 第一の問題提起           │ 第二の問題提起           │
│ 企業はだれのもので，だれ │ だれの立場でだれが経営者 │
│ のために経営されるべきか。│ を監視・牽制するのか。   │
├──────────────────────────┼──────────────────────────┤
│ 第一の主体に関して       │ 第二の主体に関して       │
│ 1）企業の所有者はだれか。│ 1）経営者を監視・牽制する│
│ 2）企業の利益の享受者はだ│   のはだれか。           │
│   れか。                 │ 2）だれの立場で経営者を監│
│                          │   視・牽制するのが望まし │
│                          │   いのか。               │
└──────────────────────────┴──────────────────────────┘

┌──────────────────────────┬──────────────────────────┐
│ 1）に関して              │ 1）に関して              │
│ ①形式上の所有者は株主で  │ ①取締役会，監査役(会)であ│
│   ある。                 │   る。                   │
│ ②しかし，実質上の所有者は│ ②指名委員会等設置会社では│
│   株主とは限らない。     │   監査委員会である。     │
│ 2）に関して              │ 2）に関して              │
│ ①企業の利益は株主中心で良│ ①社外取締役もしくは社外監│
│   いのか。               │   査役が経営者を監視・牽 │
│ ②株主だけでなく，企業は利│   制するのか。           │
│   害関係者との利害調整を │ ②利害関係者を取締役会に参│
│   考慮に入れる必要がある。│   加させることで経営者を │
│                          │   監視・牽制するのか。   │
└──────────────────────────┴──────────────────────────┘
```

（出所）著者作成。

図2－1　コーポレート・ガバナンスの問題提起

参加させることで経営者を監視・牽制するのか，ということができよう。

　コーポレート・ガバナンスは1980年代後半から1990年代初頭にかけての英国企業における大型倒産と不祥事が起こり，1990年初頭からは市場経済先進国における企業不祥事が頻発したことで企業不祥事の対処をめぐるコーポレート・ガバナンスの広義の意味として，現在も活発に議論されている。21世紀に入りコーポレート・ガバナンスは市場経済移行国，発展途上国にも広がり，世界的にコーポレート・ガバナンスをめぐる議論が繰り広げられてきている[3]。

　特に市場経済先進国におけるコーポレート・ガバナンス議論の発端は企業不祥事が頻発したからである。また，企業収益力の低迷に伴い企業業績が悪化して，企業競争力に関する議論が起きたからである。こうした背景を受けて，コーポレート・ガバナンス議論が展開されていった。コーポレート・ガバナン

図2-2 コーポレート・ガバナンスの広義と狭義の範囲

(出所)著者作成。

ス問題における目的が2つあることが確認できる。1つは企業の不祥事とコーポレート・ガバナンス問題であり、もう1つは企業競争力とコーポレート・ガバナンス問題である[4]。それを図示したのが、図2-2であり、これらの問題がなぜ起こったのかを考察することがコーポレート・ガバナンス問題を解決するうえで重要な手掛かりとなるであろうと予想される。

このように、コーポレート・ガバナンスにおける問題には、①企業の所有者はだれか、②企業の利益の享受者はだれか、③だれの立場で経営者を監視・牽制するのか、といった根底となる重要問題があり、企業不祥事を未然に抑止する機能構築と企業競争力を促進する機能構築が議論になっているといってよいであろう。

(2) コーポレート・ガバナンスの本質と目的

コーポレート・ガバナンスは一般に企業統治と訳されることが多いが、この訳語に定まったわけではなく、法律学では企業協治、企業共治と訳すときがある[5]。コーポレート・ガバナンスの定義や解釈は論者によってさまざまであり、

コーポレート・ガバナンスの領域は企業のみならず，NPO，NGO，政府，地方自治体などにも広がっており，組織体そのものにかかわっているといってよいであろう。本章では株式会社企業に限定して論をすすめることにする。

コーポレート・ガバナンス問題が各国において登場した時代的背景に違いはあるが，共通する問題点は多いとみられる。コーポレート・ガバナンスに共通する問題点を改善し解決するためにはコーポレート・ガバナンス問題の本質をどこに置くかで問題が異なり，取り組むべき解決策も異なる。コーポレート・ガバナンス問題の本質と目的に焦点をあてる必要がある。

そこで，コーポレート・ガバナンスの本質について，触れておきたい。平田(2001b)は，「コーポレート・ガバナンス問題は，つまるところ，経営者問題にほかならない[6]」と指摘している。「コーポレート・ガバナンス論は，経営者論，企業論のまさに中核をなす実践的理論であり，ここにコーポレート・ガバナンス論を構築する学問的意義がある[7]」とも述べている。

日本のコーポレート・ガバナンスのあり方に関して，菊池(1994)は，「①経営者の執行活動に対する監視および監査機能をいかにして強化するか，②経営者の執行活動，業績，これらに対する監視の機能に関するディスクロージャーを，いかに強化ないし拡大するか[8]」と指摘するように，意思決定機構の革新として社外取締役の導入や証券取引所のコーポレート・ガバナンスに対する役割[9]，企業行動の自己規制力を提唱している[10]。

コーポレート・ガバナンスの目的に関して，吉森(2001)は，「①経営者はだれの利益のために経営すべきか（企業概念），②経営者をだれが，いかに監視すべきか（経営監視），③経営者の動機づけをいかにすべきか（企業家精神）[11]」として，その3つの問いに対する答えを定義としている。

その他に，1992年に公表された英国の『キャドバリー委員会報告書[12]』においては企業統治と取締役会が規定されている[13]。それによると，「企業統治とは，会社（企業）が指揮され，統制（管理）されるシステムである。取締役は，みずからの会社（企業）の企業統治に責任を負う（下線は著者による）[14]。」と定義づけている。

統治に関して，厚東（1997a）は，「統治とは錯綜し対立する利害状況において政策決定することが統治・ガバナンスなのである[15]」として，利害関係者との利害調整における判断と全体としての利害調整，チェック・アンド・バランスのシステムをどのようにして構築するのか，と指摘している[16]。

これらを概観すると第1の目的として，コーポレート・ガバナンスの本質は経営者問題であり，経営者に対する監視・牽制する組織的構築が求められてい

コーポレート・ガバナンスの本質と意義	コーポレート・ガバナンスの目的
コーポレート・ガバナンス問題は，つまるところ，経営者問題にほかならない。 平田(2001b)p.34 コーポレート・ガバナンス論は，経営者論，企業論のまさに中核をなす実践的理論であり，ここにコーポレート・ガバナンス論を構築する学問的意義がある。 平田(2001b)p.34	① 経営者はだれの利益のために経営すべきか（企業概念）， ② 経営者をだれが，いかに監視すべきか（経営監視）， ③ 経営者の動機づけをいかにすべきか（企業家精神）。 吉森(2001)p.11
コーポレート・ガバナンスのあり方	コーポレート・ガバナンスの意味
① 経営者の執行活動に対する監視および監査機能をいかにして強化するか， ② 経営者の執行活動，業績，これらに対する監視の機能に関するディスクロージャーを，いかに強化ないし拡大するか。 菊池(1994)p.9	統治とは錯綜し対立する利害状況において政策決定することが統治・ガバナンスなのである。 利害関係者との利害調整における判断と全体としての利害調整，チェック・アンド・バランスのシステムをどのようにして構築するのかということにつきるであろう。 厚東(1997a)pp.214-220
キャドバリー委員会報告書の定義	コーポレート・ガバナンス構築の目的
企業統治とは，会社（企業）が指揮され，統制（管理）されるシステムである。取締役は，みずからの会社（企業）の企業統治に責任を負う（下線は著者による）。 日本コーポレート・ガバナンス・フォーラム編著(2001b)p.262	第一に，企業不祥事を未然に抑止し，利害関係者との利害調整を考慮することである。その上で，第二に，健全で透明性の高い経営を遂行することで企業競争力を強化し，企業価値を高めていくことである。 青木(2004)

コーポレート・ガバナンスの主軸を経営者に置くことで，経営者問題に関する経営学上の解決策が検討される。すなわち，経営者による経営機構の組織的構築を通じて，企業不祥事の抑止力と企業競争力の強化とが有効に促進されうるといえよう。

（出所）著者作成。

図2-3 コーポレート・ガバナンスの本質と定義

ることである。その前提にはコーポレート・ガバナンスの広義の意味として，企業不祥事に対処するための解決策が議論されていることである。つぎに，利害関係者に対してディスクロージャーの強化と利害調整を考慮することがいえる。そのうえで健全で透明性の高い経営を遂行することで企業競争力を強化し，企業価値を高めていくことが第2の目的であるといえよう。

　図2－3において，コーポレート・ガバナンスの本質，意義，あり方，目的などをみることができる。コーポレート・ガバナンス論は関連諸学にかかわっており，学際的な研究が必要であり，コーポレート・ガバナンスに関する統一的な定義や概念など，いまだ一致していないことがいえる[17]。しかし，コーポレート・ガバナンス問題の主軸を経営者に置くことで経営者問題に関する経営学上の解決策が検討される。また，その目的を経営活動全般に求めることができよう。すなわち，経営者が経営機構における組織的構築を通じることで企業不祥事の抑止力と企業競争力の強化が有効に促進されうるといえるからである。

3　コーポレート・ガバナンスの形態

(1)　コーポレート・ガバナンス形態と企業概念

　コーポレート・ガバナンス形態については英米型コーポレート・ガバナンス，欧州大陸型コーポレート・ガバナンス，日本型コーポレート・ガバナンスの三つに分類することができる[18]。これを概観すると，表2－1としてまとめることができる。主にコーポレート・ガバナンス形態の分類ではコーポレート・ガバナンス・タイプ，統治・経営制度と資本構造，経営機構の特徴の三つに分けることができる。

　各国において，コーポレート・ガバナンス形態が異なる理由としては，第1に，その国の経済体制，社会環境，文化，歴史，風習などの違いにより企業風土が異なっていて，そのため，第2に，その国の企業法制度が異なっているからといえよう。したがって，各国の企業風土，企業法制度に適合したコーポレート・ガバナンス形態がありうるからである。それに伴い，コーポレート・

表2-1　コーポレート・ガバナンス形態の分類

コーポレート・ガバナンス・タイプ	統治・経営制度と資本構造	経営機構の特徴
英米型コーポレート・ガバナンス	一元一層制 (Board of directors) 利害関係者 (機関投資家)	①所有と経営の分離したバーリ＝ミーンズ型の構造であること。 ②経営機構の機関として監査役（会）が存在しないこと。 ③利害関係者である機関投資家の力が強大であること。 ④取締役会の過半数が社外取締役で占められていること。 ⑤取締役会内の監査・報酬・指名委員会は社外取締役が委員長として経営機構における機能と役割を果たしていること。
欧州大陸型コーポレート・ガバナンス	一元二層制 (Aufsichtsrat) （ドイツの場合[注1]） メインバンク	①バーリ＝ミーンズ型ではなく，所有と支配が一致している。 ②欧州の企業は所有者型の経営形態であることを意味している。 ③ドイツは監査役会の下に執行役会があり，構成員は監査役会が選任・監督する。監督機関と業務執行機関の分離があげられる。
日本型コーポレート・ガバナンス	二元一層制 メインバンクから移行	2006年5月1日施行の会社法で大会社は監査役設置会社，委員会設置会社を選択[注2]。

注1　欧州大陸における統治・経営制度は必ずしも一元二層制ではない。イタリア・スペイン・ポルトガルなどは英米型の一元一層制を認めている。
注2　2015年5月1日に施行した改正会社法では監査役設置会社，指名委員会等設置会社，監査等委員会設置会社の3つの機関設計を選択することになった。
（出所）　著者作成。

　ガバナンスの構造や特徴なども各国のコーポレート・ガバナンス形態によって異なっているといえよう。
　コーポレート・ガバナンスへの関心が高まっている背景には各国における企

表2−2　企業概念における比較

	企業概念	利益の主体
英　米	一元的企業概念	株主利益中心（主に機関投資家）
欧州大陸	二元的企業概念	株主利益と同時に従業員の利益も考慮
日　本	多元的企業概念	従業員中心とその他の利害関係者の利益にも配慮

（出所）　著者作成。

業概念が異なっていることがある。表2−2に表されるように，英米，欧州大陸，日本の企業概念と利益の主体に差異をみることができる。

英米国の企業概念は株主利益中心の一元的企業概念を有している[19]。最近の米国の企業概念は企業を株主のみのものでなく，利害関係者の統合組織とすることに置いている[20]。

欧州大陸の企業概念では株主の利益と同時に従業員の利益も考慮に入れる二元的企業概念を有している[21]。それは株主と従業員の利害調整に主体を置いている。

日本の企業概念は従業員の利益とその他の利害関係者の利益にも配慮するという多元的企業概念があてはまる[22]。日本の企業概念の利点としては経営者と従業員との長期的な利害調整の一致と経営者の自由度が大きいことであり，欠点としては経営者の地位の永続化と経営者に対する経営監視機能の弱体化，収益力の低下があげられる[23]。

このように，コーポレート・ガバナンス形態は3つに分類することができる。その中で各国における企業概念には違いがみられる。共通点としては利害関係者の存在を企業が無視できなくなってきていることである。このことはコーポレート・ガバナンス形態において利害関係者の存在が重要な意味を成している証左であるといえよう。以下では，三つの形態について考察したい。

(2)　英米型コーポレート・ガバナンス

先進国におけるコーポレート・ガバナンス問題の先端を切ったのが1980年代

後半から1990年代初頭にかけての英国での大型企業の倒産と不祥事である。英国での企業不祥事が多発した原因は経営者の高慢経営を制御できなかったこと，企業業績の低下や倒産が相次ぐ中でのストック・オプションによる高額報酬を得ていたこと，それに対してアカウンタビリティーが不透明だったことであり，国民から批判されたことである[24]。

　そこで，こうした事態を受けとめて英国国内でコーポレート・ガバナンス問題に関する議論と解決策が取り上げられた。1991年にキャドバリー委員会（Cadbury Committee）が設置されたのを契機にコーポレート・ガバナンス原則が誕生した。1992年に同委員会は公開性，誠実性，アカウンタビリティーに重点を置いた原則を『キャドバリー委員会報告書』において公表した[25]。

　こうした背景の中でキャドバリー委員会報告書は世界中のコーポレート・ガバナンス原則策定の先駆けとなった[26]。

　米国では2001年から2002年にかけて，経営者を中心とする企業会計不信，粉飾決算などの企業不祥事が多発し，その後の米国経済への不信感と米国型コーポレート・ガバナンスへの目にみえない問題構造を浮き彫りにした。また，それに対する米国政府やSEC（証券取引委員会）をはじめとする法的処置は日本の対応と比べて遥かに迅速だったことがあげられる。

　英米型コーポレート・ガバナンスの特徴は，①所有と経営の分離したバーリ＝ミーンズ型の構造であること，②経営機構の機関として監査役（会）が存在しないこと，③利害関係者である機関投資家の力が強大であることである[27]。④取締役会の過半数が社外取締役で占められていること，⑤取締役会内の監査・報酬・指名委員会は社外取締役が委員長として経営機構における機能と役割を果たしていることである。ところが，実質的には社外取締役の機能，独立性といったものはなかったことが2001年から2002年にかけて起きたエンロンとワールドコムの事件で明らかになった。

　英米企業に対する資本供給構造についてはドイツや日本のように銀行に依存しているのではなく，むしろ資本市場として，特に機関投資家の資金に依存している[28]。この点において，企業と機関投資家との関係がコーポレート・ガバ

(3) 欧州大陸型コーポレート・ガバナンス

　欧州大陸型コーポレート・ガバナンスの統治・経営制度は一元二層制といわれているが，必ずしも一元二層制ではないといえる。なぜなら，欧州大陸企業において，一元一層制を認めている国があるからである。各国によっては一元一層制か一元二層制のどちらかを選択することができる[29]。欧州大陸企業すべてが一元二層制を採用しているのではないため，ここでは一元二層制の代表としてドイツのコーポレート・ガバナンス形態をみていくことにする。

　ドイツ企業の経営機構を表したのが，図2－4である。ドイツでは株主総会において監査役を選任する。監査役会（Aufsichtsrat）は執行役と執行役会会長を選任することが株式法（Aktiengesetz）で定められている。経営監督機関である監査役会と業務執行機関である執行役会（Vorstand）が分離し，兼任も禁止されていて，監査役会に権限があることが特徴的である。ドイツではこのように機関の分化と権限の分配が法律上，厳密に規定されている[30]。また，会社形態や資本，従業員数により法律の適用が異なり，例えば，1976年の共同

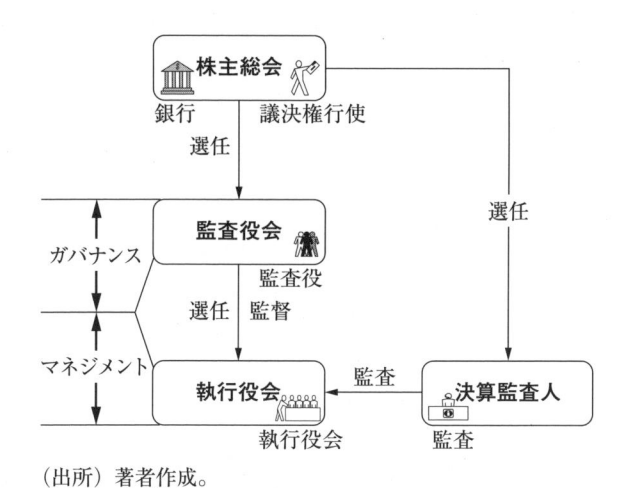

（出所）著者作成。

図2－4　ドイツ企業の経営機構

決定法（Mitbestimmungsgesetz）は監査役会（20人）に株主（10人）以外に従業員（6人），労働組合（3人），管理職員（1人）からの経営参加が特徴である。

　この共同決定法は従業員2000人以上の大会社の監査役会において，労働者側と資本側が半数によって構成されている。ただし，鉱山・石炭産業にはモンタン共同決定法（Montan-Mitbestimmungsgesetz）が適用される。モンタンとはラテン語で鉱山の意味である。モンタン共同決定法では，監査役会は労働者側と資本側のそれぞれ同数の監査役に中立の監査役1人から構成される。従業員500人以上2000人未満の中会社では経営体制法（Betriebsverfassungsgesetz）が適用されて，監査役会のメンバー三分の一が労働者側から構成されるように規定されている[31]。

　だが，共同決定法ははじめから資本側優位のシステムになっている。それは監査役会のメンバーの内訳をみると労働者側は従業員，労働組合，管理職員となっていて，管理職員とは部長，課長クラスであり，まず，そこにおいて対等とはいえないことである。監査役会議長は必ず資本側から選任され，監査役会での議決が同数の場合，監査役会議長だけは2回の投票権が与えられている。そのため，共同決定法では必然的に資本側が勝るルールになっている。

　ドイツの統治・経営制度において，その組織的構造にはかつての企業不祥事の要因になりうる影がある。それはドイツでは企業の持株比率が高い銀行によるモニタリング機能の歪みと監査役会の逆機能ともいうべき執行役会の権限とがはるかに強い構造であることが指摘されている。何もドイツだけが逆の組織的構造をしているわけではないが，今日のドイツの経営機構の現実はそうである。その証拠に，今，ドイツでは大会社の経営者に対する訴訟が跡を絶たないでいる。

(4) 日本型コーポレート・ガバナンス

　日本型コーポレート・ガバナンス・システムに関して一つ確認しておきたいことがある。それは経営機構における経営制度である。それについて，図2-

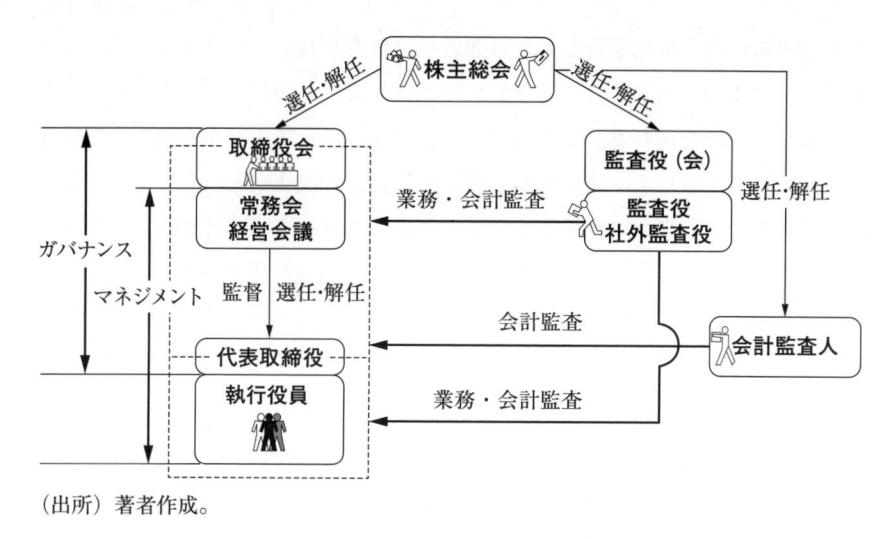

図2-5　日本企業の従来型の経営機構

5を参照して触れておきたい。それによると，平田（2003b）は，「日本企業の統治・経営制度は二元一層制のほうがよいではなかろうか[32]」と指摘している。それは英米国のボード・システムを一層制，ドイツにみられるそれを二層制，日本は一層制という誤解が生じることから，より厳密にいって取締役会と監査役（会）において取締役会から代表取締役が選任されるとの意味で二元一層制としている。

　日本の場合，2002年の改正商法により，コーポレート・ガバナンス構築における経営機構の幅が広がったことがいえる。2003年4月1日施行により，米国型コーポレート・ガバナンスが導入されたからである。それ以前の日本型コーポレート・ガバナンスの特徴といえば，図示した図2-5によると，①取締役の人数が多かったこと，②企業経営が非効率的であったこと，③取締役は内部出身者が多く，社外取締役がほとんど選任されなかったこと，④社長（会長）に人事権が集中していたこと，⑤取締役会，監査役（会）が機能しなかったこと，⑥株主総会も形骸化していたこと，などがあげられる。

　日本企業の所有構造は特に銀行や取引先といった法人としての機関所有が特

徴といえる。資本供給構造としては銀行への依存が高かったことである。ところが，バブル経済崩壊後は企業収益力の低迷により，銀行への依存度が低下した。また，反社会的行為，企業倫理の欠落により，企業不祥事を招き，日本型コーポレート・ガバナンスの見直しが要因で商法大改正へと結びついた。その機運に向かわせた理由には株主が経営から疎外されてきた経緯がある。株主としての権利が弱く，十分に株主等の利害関係者の利益が確保されていなかったことがあげられる。経営者の経営責任に対して責任追及はあるものの経営者側の責任におけるあいまいさが拭いきれていないのが現状である。

　日本企業におけるコーポレート・ガバナンスへの取り組みは，まだはじまったばかりであるといえよう。委員会設置会社へ移行した大会社においても今後の企業経営において威力を発揮するかは模索中であると予想される。そのため，企業経営の中核をなす経営者のコーポレート・ガバナンスへの取り組みと姿勢が試される。それ故に，日本企業のコーポレート・ガバナンス構築は暗中模索の中において，その経営活動を遂行するのが経営者であるということが指摘できる。以下の4および5では，具体的に日米企業のコーポレート・ガバナンス問題は何であったのかを明らかにしたい。

4　日本型コーポレート・ガバナンスの問題点

(1)　日本企業におけるコーポレート・ガバナンス問題

　日本企業については1980年代の安定成長期により企業業績がよかったことがいえる。ところが，1990年代のバブル経済崩壊後には多くの企業不祥事が顕在化した。日本企業の不祥事について1960年代後半からの経営行動を年代ごとに詳細に検討すると，表2－3としてまとめることができる。1960年代後半以降と1990年代にかけてのそれとは不祥事の内容が異なっていることがわかる。

　日本企業における不祥事は1990年代から経緯を見ることができ，バブル経済崩壊後は企業不祥事が追い風のように跡を絶たずに頻繁に起きたことが今日における企業収益力の低迷さを露にしている。特に企業のみならず，銀行，証券

表2－3　日本企業の経営行動の影

年代	主な内容
1960年代後半～第1次石油危機	経営行動の過程で事後的または副次的に発生し，反社会的行為になった。
第1次石油危機後	最初から反社会的行為と知りつつ，意図的に引き起こされ，経営行動の倫理性が問われた。
1990年代にかけて	その行為の悪質さから，経営行動の倫理性を激しく糾弾されるのがほとんどである。
2000年代初頭にかけて	バブル経済崩壊後のその行為の悪質さは変わっていない。

(出所)　平田（2002a）2頁をもとにして，著者作成。

会社，省官庁などによる贈収賄，総会屋への利益供与，癒着，損失補填，不正融資，インサイダー取引などといったきわめて反社会的な汚職事件が日本経済にインパクトを与えたことが指摘できる。

　企業行動の背景には企業経営の脆弱さ，企業業績の低迷，経営破綻，経営全体の見直しなどがあり，主な要因として経営者に対する問題があり，経営者とコーポレート・ガバナンスとの深い問題を引き起こしたといえる。

　経営行動の実態の裏には経営者としての資質と倫理観の欠如が浮き彫りとなった。経営者の企業経営にかかわる自覚と意識が問題視され，企業倫理にかかわる問題意識が欠落していたことである。こうしたことで企業の経営行動と経営者が歪んだ経営実態を描いてしまったこととその企業の経営行動における経営者への経営責任を深く追及するかたちでコーポレート・ガバナンス問題に関する議論がふたたび登場したのである。

　日本企業の不祥事とコーポレート・ガバナンス問題の関連は1960年代後半まで遡ることができる[33]。ここでは高度経済成長期に伴う国内の産業開発として，産業公害，環境破壊といった環境的不祥事が発生した。こうした経営行動は意図的に行われたとは言い難い反面，社会全体に及ぼす影響力と企業倫理が問われる結果となった。ここに企業は経済的・社会的組織体であり，企業のもつ公器としての社会性，公益性，公共性を認識することができる[34]。こうした観点

から企業の不祥事に対処すべき課題として，コーポレート・ガバナンス問題が議論されてきた所以がある。

一方，コーポレート・ガバナンス問題と関連して経営者問題がクローズ・アップされた。ところが，こうした経営者問題に関して，経営者の自覚と責任判断の希薄さが指摘できる。企業経営に関する全体の経営行動は経営者で決まる。なぜなら，経営者は企業の代表であり，経営行動における意思決定を握っており，企業存続のための経営理念を受け継ぐ使命感があるからである。しかしながら，そうした使命感をも脱ぎ捨てたかのように経営者の経営責任に対する無責任さが批判されている。

これには二つの理由があげられる。第1に，経営者自身のワンマン経営色が濃く，経営者に権力が一極集中していることである。第2に，そのため組織構造における役割と責任の分離が不明確であり，不祥事が起きたときにそれを覆い隠そうとする傾向がある，といえる。

企業不祥事にはすべてではないが経営者が関係していることがわかる。ときに日本企業における不祥事は米国のそれとは異なる部分があるが，いずれ日本企業も米国で起きたような不祥事が頻繁に起こらないとも限らない。コーポレート・ガバナンスの構造上において目にみえない意識が企業全体のみならず，大規模な不祥事へと導いた場合，そこには大きな欠点と限界があることを必要以上に迫られるであろう。こうしたとき，コーポレート・ガバナンスがどこまで抑止力として機能するかはすべて経営者次第であるといえるのである。

(2) 日本企業における責任と所有の問題

つぎに責任の主体に関して，それが責任と企業の所有者に関係していて，責任における明確な主体があいまいであると指摘できる。本来，企業が不祥事を起こした場合，企業の責任者である経営者がその責任をとるべきである。しかし，実際には閉鎖的な組織や官僚的な組織構造により，なかなか経営者だけに責任の主体があるとはいえない風潮がある。なぜなら，株主に関しては会社法で有限責任とされている。法人の株式所有による場合にも法人には責任能力は問

われないとされている。したがって，その責任を経営者に求めることができるが，ことをうやむやにして責任の主体をはっきりさせないのが特徴である。

バブル経済崩壊後に多発した企業不祥事に対して待望論のようにして登場したのがコーポレート・ガバナンスである[35]。そのため，日本企業におけるコーポレート・ガバナンスは企業不祥事に対処する方法論であると同時に，それにだれもがその方法論に対して疑問をいだかずにいたことである[36]。経営者の経営責任については責任の主体があいまいであることを残す点で日本企業のコーポレート・ガバナンスにおける責任と所有が交錯する問題点であり，不明確なところである。

企業不祥事で経営者に経営責任を求めることでは株主代表訴訟制度があげられる。この制度について，平田（2000）によれば，株主代表訴訟とは，「個々の株主が会社に代わって会社のために取締役の責任を追及することが認められている[37]」と指摘している。

だが，これで企業不祥事がなくなったとはいえない。そもそも株主代表訴訟制度の改正には1990年代における不祥事の頻発が引き金になって，進められた背景がある。しかし，21世紀に入り，依然，企業不祥事はとどまることがない。経営者に対する監視・牽制の観点からいえば，確かに株主代表訴訟制度は必要な法的手段である。だが，それは経営者の責任に対しての法的な解決策であり，企業経営における本質の解決には至っていない。もっといえば，不祥事を未然に抑止するには法的手段だけでは限界がある。そのため，さらなる抑止力の過程が不可欠である。そこではその抑止力として利害関係者を中心とする監視・牽制づくりに関する考察をより詳細に論じる必要があると考えられる。

(3) 日本企業におけるコーポレート・ガバナンスの選択と実践

日本企業におけるコーポレート・ガバナンスへの対応はどうであろうか。日本企業にとって，2003年4月1日施行の改正商法はタイミングの悪かったことなのかどうかは別として，昨今の企業不祥事を受けて，新しく導入された形態が英米型コーポレート・ガバナンスである。主にコーポレート・ガバナンスを

軸とした経営機構における抜本的改正は1950年以来のことである。これにより，大会社は従来型の監査役設置会社，重要財産委員会，委員会等設置会社の三つの選択により，新たなガバナンス・システムを構築し得ることとなった[38]。

　企業におけるコーポレート・ガバナンス構築は将来に対して重要な課題である。確かに米国型コーポレート・ガバナンスが世界標準モデルとして認識されつつある。日本企業の不祥事を受けて，従来型のコーポレート・ガバナンスに限界があるのではないか，という声がある。果たして，そうなのであろうか。他にもっと目にみえない大きな原因があるのではなかろうか。なぜなら，企業不祥事を客観的に防止しうるのではないかという観点だけで米国型コーポレート・ガバナンスを導入した観がある。米国型のシステムを導入しただけで日本企業の風土に適したコーポレート・ガバナンス構築とは言い難いところがある。日本企業にはそれぞれの企業風土に適合した企業独自のコーポレート・ガバナンス機構が求められる。それを遂行するのが経営者であり，そのためには経営者の意識改革と革新的育成，そして経営者能力[39]が企業経営のガバナンス構築に大きな影響と鍵を示唆している。

　果たして，米国型コーポレート・ガバナンスはそれ以前と比べて，実効性があるのだろうか。この問に答えるにはまだ時間が早すぎるが，気がかりなことが一つある。それは委員会等設置会社の導入についてである。この委員会等設置会社は米国型コーポレート・ガバナンスの特徴を模範していることがいえる。これに移行した場合は報酬・指名・監査の三つの委員会と1人以上の執行役を設置する義務があり，従来型の監査役は廃止し，重要財産委員会の設置もできない。報酬・指名・監査の三つの委員会は取締役会の構成員であり，うち過半数を社外取締役から選任しなければならない。日本監査役協会（2003年10月1日当時）によれば，委員会等設置会社に移行した大会社は69社（大会社全体の1％未満），重要財産委員会に移行した大会社は本田技研工業1社（現在は監査役設置会社）のみであった。

　委員会等設置会社の概観について触れたが，移行した大会社でいえば，ソニー，東芝，三菱電機，日立製作所，オリックス，イオン，HOYA，野村ホー

ルディングス，りそなホールディングス，コニカミノルタなどである。従来型の監査役設置会社は大多数の大会社が維持している。特に依然として，トヨタ自動車，パナソニック，キヤノンなどは監査役でも十分に監査機能ができるとして，独自流の経営機構を導入し実践している。トヨタ自動車については2013年6月にはじめて社外取締役を3名選任するまでは高い収益力を上げていて，健全な効率経営化を遂行している。

　このように，従来型の監査役設置会社においても企業独自で経営機構を推進して取り組んでいる企業がある。一方で委員会等設置会社に移行した企業ではソニー流経営機構や日立流経営機構として，それぞれの経営機構での相違がみられる。社外取締役をめぐっては公平性，独自性などが問われる。特に日本企業において社外取締役の選任をめぐっては米国のそれと比べて，客観的な独立性が低いと指摘されている。企業は独自の経営環境や企業風土に適合したコーポレート・ガバナンスの組織構造を目指す必要がある。だが，それには組織構造面でのハードづくりだけでは限界がある。そのため，それを克服し解決し得るのが経営者のソフトづくり（創造的・革新的経営者や従業員の育成）を中心とする経営革新が必要である。それにより，はじめて長期的で合理的な洗練されたコーポレート・ガバナンスの組織構造が実効性をもつのである。

(4)　日本企業における経営者実践

　コーポレート・ガバナンス構築の目的は企業不祥事を未然に抑止し，利害関係者との利害調整を考慮し，健全で透明性の高い経営を遂行することで企業競争力を強化し，企業価値を高めていくことである。そのためにはコーポレート・ガバナンス構築に関する議論に終着はない。企業にとって適格なコーポレート・ガバナンス構築を遂行するにはその独自の企業風土に適合したコーポレート・ガバナンス構築が求められる。その最適なコーポレート・ガバナンス構築を実践するのが経営者の任務である。

　どんなに優秀なコーポレート・ガバナンス構築であろうとその機能の効果を十分に発揮させるのは経営者の創造性，実行力，リーダーシップ，使命感，企

業倫理観，法令遵守等にかかわっていることを忘れてはならない。経営者自身の問題を抜きにしてはコーポレート・ガバナンス構築の展開はあり得ないと考えられる。

　こうして経営者の意識改革と人材育成により，企業独自のコーポレート・ガバナンスが遂行され機能することではじめて企業不祥事の抑止力と企業競争力の強化を組織構造において，克服し，解決の道を歩めることができる。だが，経営者が何もせずに変わらずにいるだけでは絵に描いた餅であり，コーポレート・ガバナンスは機能しない。経営者としての人間的魅力，信頼感，リーダーとしての資質を発揮し，そのうえで企業経営を実践していくことが重要である。そのためには経営者の創造的・革新的人材のソフトづくりが期待されるところである[40]。今後は経営者に重点を置いたコーポレート・ガバナンス構築をより詳細に考察していく必要がある。

5　米国型コーポレート・ガバナンスの問題点

(1)　米国企業におけるコーポレート・ガバナンス問題

　米国企業における不祥事は2001年から2002年にかけて，米国全土を揺るがすほどの事件にまで広がった。エンロン，ワールドコムにおける不正会計が米国政府をはじめ，議会，金融業界などに大きな波紋を投げかけたからである。これまでの1990年代の好景気とは裏腹に米国企業への強い不信感とそれまで称賛されてきた米国型コーポレート・ガバナンスにも暗い影が潜んでいた。

　米国型コーポレート・ガバナンスの特徴は，図2−6に表されるように，①取締役会での社外取締役が過半数を占めていること，②監査役がいないことであり，会計監査人としての監査法人・公認会計士と社外取締役で構成する監査委員会が取締役会を監査することである。監査委員会はあくまで株主の代理人として，株主の利益を考慮することに専念している。③株主総会において，取締役が選任されるのは日本の経営機構と共通であるが，経営機構の組織構造の仕組みは異なっている。④外部の声として，機関投資家による圧力が日本より

5　米国型コーポレート・ガバナンスの問題点　41

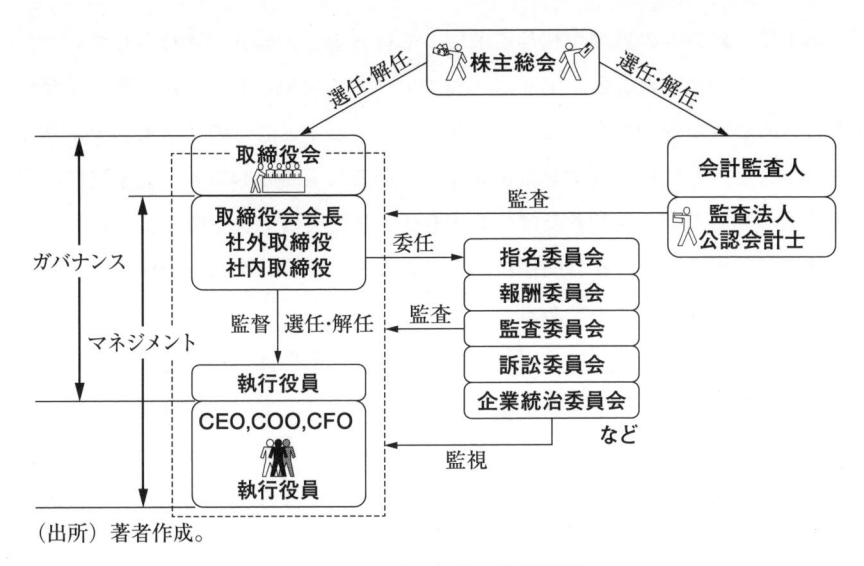

図2－6　米国企業の経営機構

断然強く，企業経営に対する厳しい監視と緊張感が違うこともいえる。

(2) 米国企業の不祥事と経営者問題

　1990年代の米国経済は景気回復とIT（情報通信技術）産業発展の勢いでITバブルの到来であった。しかし，そのITバブル崩壊後に起きた企業不祥事は米国型コーポレート・ガバナンスが決して完全ではなく，そこには目にみえない影が潜んでいた。これらの不祥事の要因については，①米国型コーポレート・ガバナンスのチェックが機能していなかったこと，②それは経営者による独断と企業倫理の欠如が過大だったこと，③そのため，私利私欲の経営により機関投資家，株主などの利害関係者や市場全体への信頼喪失による反社会的行為があげられる。

　米国型コーポレート・ガバナンスが機能していなかったことについては取締役会，社外取締役，会計監査などにおいて独立した立場ではなかった。このようなことに陥ったのにはいくつかの理由があげられる。

第1に，経営者の過剰な利益追求による行き過ぎた経営が遂行されていたために不祥事が起きたこと，第2に，利益追求する姿勢はあったが，それが経営者自らの私腹を肥やすためのストック・オプションとしてのインセンティブであったこと，第3に，企業業績が低迷しているにもかかわらず，従業員には自社株式を勧めたが，経営者だけは株式を売り抜けて甘い汁を吸っていたこと，第4に，監査法人との癒着関係にあったことや株価操作や市場全体へのインパクトが波紋を呼んだことである。

これらの要因として，コーポレート・ガバナンス問題における重要な課題は経営者問題であるといっても差し支えないであろう。その経営者をだれが，いかにして監視・牽制すべきなのかが問われている。米国の場合においては政府の早急な法的処置，SEC，NYSE（ニューヨーク証券取引所），ナスダックなどの上場規制のチェックが光っている。そのため，米国型コーポレート・ガバナンスは修正を加えるようにして，米国の国情と企業風土に浸透し，適応していると考えられる。

このように米国企業の不祥事は経営者をいかに監視・牽制の充実をはかれるかが重要課題である。そのため，今後は経営者に対して緊張感を与える環境として，市場からの経営者チェック，機関投資家の圧力といった外部の声を反映できるコーポレート・ガバナンス・システムの構築，経営者改革と人材育成を強化すべきであろう。そうすることでよりよいコーポレート・ガバナンス構築の確立が実行され，コーポレート・ガバナンス上における問題解決への糸口に繋がるのではないかと考えられる。そこでは，具体的に経営者改革と育成についての詳細を考察する必要がある。

(3) 米国企業の経営者問題と機関投資家

今日，コーポレート・ガバナンスをめぐっては世界的に活発に議論がなされてきたと述べた。コーポレート・ガバナンス議論は1990年代初頭，欧米から欧州大陸，日本，東南アジア，ラテンアメリカへと広まっていった[41]。

その背景には経済のグローバル化に伴い，株式市場において機関投資家の台

頭が目立ち，厳しい眼で企業経営を監視するようになったからである。特に機関投資家は相次ぐ企業不祥事に対して，外部からの圧力として物言う機関投資家へと変わってきた。こうした背景には1974年のエリサ法や1988年のエーボン・レターなどの法的整備と議決権行使の権限が機関投資家を後押ししていることがいえよう。

　米国においては経営者と利害関係者との中で特に機関投資家の存在がきわめて大きい。1990年代初頭にはIBM，GM，コダック，ウェスティングハウス・エレクトリック，アメリカン・エキスプレスなどのCEO（最高経営責任者）が業績不振で辞任に追い込まれたのも機関投資家による圧力といわれている。機関投資家の台頭により，企業は機関投資家の存在を意識して，利害調整をすることが今後の企業経営における生命線であるといえる。

　近年，コーポレート・ガバナンスの実践における重点は企業不祥事とガバナンスから企業競争力とガバナンスへと問題が移ってきている[42]。そうした状況の中で外部からのモニタリングチェックとして，機関投資家の影響力が企業競争力を促進している。企業は利害関係者との関係を調和していくことが不可欠になったことがいえる。こうした背景にはイギリスの3委員会報告書[43]，1999年のOECD（経済協力開発機構）の『OECDコーポレート・ガバナンス原則[44]』，2000年の『インターナショナル・コーポレート・ガバナンス・ネットワーク（ICGN）原則[45]』などの経営者，機関投資家，市場監督機関が一体となって企業のコーポレート・ガバナンス原則に取り組んでいるからである[46]。

　つぎに経営者問題のコンプライアンス（compliance：法令遵守）と企業倫理の問題がある。企業全体が倫理なき組織体に染まっては，後戻りはできない。経営とは組織の問題でもある。その組織構造の中でコーポレート・ガバナンスを形成するのが人間である。その人間がミッションを掲げ，ベクトルとしての進むべき方向を示唆していく。そうした組織体の中ではコンプライアンス経営，企業倫理の確立，経営理念が首尾一貫していなければならない。経営者が間違った方向へ走ったときには経営者に代わる経営機構の構築が求められる。経営者をガバナンスする環境と組織構造や経営者の積極的なコーポレート・ガバ

ナンスへの取り組みが将来の経営機構を構築する土台になることが確認できる。

6 おわりに

　本章ではコーポレート・ガバナンスをめぐる議論と背景に関する考察を行い，1990年代の先進諸国での企業不祥事が頻発したことに端を発しているコーポレート・ガバナンス問題の所在について整理し，コーポレート・ガバナンスの本質は経営者問題であると論述してきた。ついで，コーポレート・ガバナンス形態について英米型，大陸欧州型，日本型の3つに分類し，企業概念と照らし合わせ，企業経営機構の類型および特徴を明らかにした。日米企業の不祥事を通じて，その主な要因として経営者問題があげられ，経営者が企業独自のコーポレート・ガバナンス構築を実践することで企業不祥事の抑止力と企業競争力の強化が有効に機能しうることで企業価値が高まるのであると確認してきた。

　コーポレート・ガバナンス問題は経営者問題であることから経営者の創造的・革新的人材育成が不可欠であり，経営者のコーポレート・ガバナンスへの積極的な取り組みと実践が企業全体に浸透し，よき方向へと舵取りができるかが問題になる。コーポレート・ガバナンス構築を確立するためには経営者の役割や働きかけなどが重要であり，そこでの真価が経営者に問われるであろう。

　コーポレート・ガバナンス構築を確立させるには経営者がコーポレート・ガバナンス構築を遂行する実行者となって，企業全体の士気を上げることで磨ぎ澄まされた組織構築がはじめて有効性を発揮しうるといえよう。経営者をさまざまな立場の利害関係者が公平に監視・牽制することで緊張感ある対話・協働づくりを目指し，コーポレート・ガバナンスにおける利害関係者との利害調整を行う必要がある。

　だが，決してコーポレート・ガバナンスは希望の光ではない[47]。企業不祥事が多発する中でひときわ期待論としてコーポレート・ガバナンスが主として企業経営機構に有効性があると，だれもが疑問を抱かずにいることである。コーポレート・ガバナンスは人間の心のなかまではチェックすることができない。

人間の心をチェックできるのは人間である。その人間が経営する組織構造の中に確かにコーポレート・ガバナンスは必要である。しかし，コーポレート・ガバナンスの弱点を無視して，光のスポットだけを求めるのでは構造は変わらない。株式市場が低迷している今こそ，経営者の資質と力量を見極め，経営者をガバナンスする機能の構築が改めて問われている。

今後のコーポレート・ガバナンスの研究課題に関して，著者は経営者問題を念頭に置いて，コーポレート・ガバナンスを確立させるには何が望ましいかを検討する必要がある。そのためには経営者としての社長に焦点をあてて，企業経営の実践に関して継続して研究を行っていく必要がある。コーポレート・ガバナンスは経営者が中心となって，企業不祥事の抑止力としての健全経営化と企業競争力を促進する効率経営化を目指した組織的構築を実践することで洗練された合理的で継続性のある企業経営における革新的なコーポレート・ガバナンス・システムの構築がはじめて実行可能になるのではないかと指摘し，論を閉じることにしたい。

注

1) 菊池敏夫（1997）「欧米企業の現状と問題点—先進諸国間で異なる当面の課題—」『マネジメントトレンド』Vol. 2, No. 1, 経営研究所，p. 58.
2) 平田光弘（2001b）「21世紀の企業経営におけるコーポレート・ガバナンス研究の課題—コーポレート・ガバナンス論の体系化に向けて—」『経営論集』第53号，東洋大学経営学部，p. 32.
3) 平田光弘（2000）「1990年代の日本における企業統治改革の基盤作りと提言」『経営論集』第51号，東洋大学経営学部，p. 81.
4) 同上，p. 81.
5) 平田光弘（1999a）「英国におけるコーポレート・ガバナンス改革の実践」『経営論集』第49号，東洋大学経営学部，p. 225.
6) 平田光弘（2001b），前掲書，p. 34.
7) 平田光弘（2001b），前掲書，p. 34.
8) 菊池敏夫（1994）「コーポレート・ガバナンスの検討—国際的視点から—」『経営行動』Vol. 9, No. 3, 日本生産教育協会経営行動研究所，p. 7.
9) 菊池敏夫（1999b）「コーポレート・ガバナンスにおける日本的条件の探求」

経営行動研究学会編『経営行動研究年報』経営行動研究学会，第8号，pp. 7-10.
10) 菊池敏夫（2002）「企業統治と企業行動―欧米の問題状況が示唆するもの―」『経済集志』第72巻第2号，日本大学経済学研究会，pp. 75-82.
11) 吉森 賢（2001）『日米欧の企業経営―企業統治と経営者―』放送大学教育振興会，p. 11.
12) Cadbury report（1992）, *Report of the Committee on the Financial Aspects of Corporate Governance*, Gee and Co. Ltd.
13) 同上，p. 15.
14) 日本コーポレート・ガバナンス・フォーラム編著（2001b）『コーポレート・ガバナンス―英国の企業改革―』商事法務研究会，p. 262.
15) 厚東偉介（1997a）「企業の『所有・支配・経営』と『コーポレート・ガバナンス』」日本経営学会編『現代経営学の課題』経営学論集第67集，千倉書房，p. 219.
16) 同上，pp. 214-220.
17) 詳しくは，平田光弘（2001b）pp. 23-39を参照のこと。
18) 菊池敏夫（1997），前掲書，pp. 58-70.
19) 詳しくは，吉森 賢（1997）p. 65，菊池敏夫・平田光弘（2000）p. 3を参照のこと。
20) 菊池敏夫（1995）『現代企業のガバナンス構造』『経営論集』第43巻第1号，明治大学経営学研究所，p. 115.
21) 吉森 賢（1997）「企業統治―欧米の教訓―」『マネジメントトレンド』Vol. 2, No. 1, 経営研究所，p. 65.
22) 同上，p. 65.
23) 同上，p. 65.
24) 平田光弘（1999b）「EUおよび英国におけるコーポレート・ガバナンスの実践」『経営哲学の実践』森山書店，pp. 107-136.
25) 詳しくは，出見世伸之（1997）pp. 125-160を参照のこと。
26) 小島大徳（2002b）『コーポレート・ガバナンス原則の体系化』東洋大学大学院，p. 2.
27) 菊池敏夫（1994），前掲書，p. 2.
28) 菊池敏夫（1995），前掲書，pp. 115-126.
29) 論者によっては統治・経営制度の採用の見解が異なるため，本章では，European Commission Internal Market Directorate General（2002a）に依拠している。それによると，一元一層制か一元二層制のどちらかを選択できる国はベルギー，フィンランド，フランス，ギリシア，イタリア，ポルトガルの6か国である。フランスの場合は1966年以降からどちらかを選択することができ，前者を多く採用しているのが特徴である。
30) 海道ノブチカ（2003）「ドイツのコーポレート・ガバナンス改革」『商學論究』第50巻第3号，關西学院大学商学研究會，p. 2.

31) 佐久間信夫 (2001)「ドイツの企業間関係と企業統治」『明大商学論叢』第83巻第2号, 明治大学商学研究所, p. 38.
32) 平田光弘 (2003b)「日本における取締役会改革」『経営論集』第58号, 東洋大学経営学部, pp. 159-161.
33) 平田光弘 (2002a)「日米企業の不祥事とコーポレート・ガバナンス」『経営論集』第57号, 東洋大学経営学部, pp. 1-15.
34) 詳しくは, 山城 章 (1973) p. 194, 飫冨順之 (1999) pp. 19-30を参照のこと.
35) 平田光弘 (2002a), 前掲書, p. 3.
36) 平田光弘 (2002a), 前掲書, p. 1.
37) 平田光弘 (2000), 前掲書, p. 87.
38) 2015年5月1日に施行した改正会社法では監査役設置会社, 指名委員会等設置会社, 監査等委員会設置会社の3つの機関設計を選択することになった。2015年6月の株主総会ではこれまで社外取締役を置いてこなかった企業が監査等委員会設置会社へ移行するケースが多く見られた。
39) 清水龍瑩 (1983)『経営者能力論』千倉書房, p. 67.
40) 平田光弘 (2002a), 前掲書, p. 14.
41) 山崎明美・今出達也 (1999)「コーポレート・ガバナンスの潮流」『SRIC Report』Vol. 4, No. 2, 大和総合研究所, 3月号, p. 24.
42) 平田光弘 (2002a), 前掲書, p. 4.
43) Cadbury Report (1992), Greenbury Report (1995), Hampel Report (1997)
44) OECD (1999), *OECD Principles of Corporate Governance*, Organisation for Economic Co-operation and Development.
45) ICGN (2000), *Statement on Global Implementation of ICGN Share Voting Principles*, International Corporate Governance Network.
46) 小島大徳 (2003a)「コーポレート・ガバナンス原則と企業の実践―企業独自原則の策定を目指して―」日本経営学会編『日本経営学会誌』第9号, 千倉書房, p. 31.
47) 平田光弘 (2001c)「新世紀の日本における企業統治の光と影」『新世紀における経営行動の分析と展望―その光と影と―』経営行動研究学会第11回全国大会要旨集, p. 90.

参考文献
邦語文献

青木 崇 (2004)「コーポレート・ガバナンスと経営者問題―日米企業に焦点をあてて―」日本経営教育学会編『企業経営のフロンティア―経営教育研究7―』学文社, 49-78頁.

飫冨順久 (1999)「企業の社会性とその方向」『現代の経営行動―課題と方向―』同友館, 19-30頁.

海道ノブチカ (2003)「ドイツのコーポレート・ガバナンス改革」『商學論究』關西学

院大学商学研究會,50巻,3号,1-15頁.
菊池敏夫(1994)「コーポレート・ガバナンスの検討─国際的視点から─」『経営行動』日本生産教育協会経営行動研究所,Vol. 9, No. 3, 2-8頁.
菊池敏夫(1995)『現代企業のガバナンス構造」『経営論集』明治大学経営学研究所,43巻,1号,115-126頁.
菊池敏夫(1997)「欧米企業の現状と問題点─先進諸国間で異なる当面の課題─」『マネジメントトレンド』経営研究所,Vol. 2, No. 1, 58-63頁.
菊池敏夫(1999b)「コーポレート・ガバナンスにおける日本的条件の探求」経営行動研究学会編『経営行動研究年報』経営行動研究学会,第8号,7-10頁.
菊池敏夫(2002)「企業統治と企業行動─欧米の問題状況が示唆するもの─」『経済集志』日本大学経済学研究会,72巻,2号,75-82頁.
菊池敏夫・平田光弘編著(2000)『企業統治の国際比較』文眞堂.
菊池敏夫編著(1999a)『現代の経営行動─課題と方向─』同友館.
厚東偉介(1997a)「企業の『所有・支配・経営』と『コーポレート・ガバナンス』」日本経営学会編『現代経営学の課題』経営学論集第67集,千倉書房,214-220頁.
小島大徳(2002b)『コーポレート・ガバナンス原則の体系化』東洋大学大学院,1-15頁.
小島大徳(2003a)「コーポレート・ガバナンス原則と企業の実践─企業独自原則の策定を目指して─」日本経営学会編『日本経営学会誌』第9号,千倉書房,26-40頁.
佐久間信夫(2001)「ドイツの企業間関係と企業統治」『明大商学論叢』明治大学商学研究所,83巻,2号,33-53頁.
清水龍瑩(1983)『経営者能力論』千倉書房.
出見世信之(1997)『企業統治問題の経営学的研究─説明責任関係からの考察─』文眞堂.
日本コーポレート・ガバナンス・フォーラム編著(2001b)『コーポレート・ガバナンス─英国の企業改革─』商事法務研究会.
平田光弘(1982)『わが国株式会社の支配』千倉書房.
平田光弘(1999a)「英国におけるコーポレート・ガバナンス改革の実践」『経営論集』東洋大学経営学部,49号,225-240頁.
平田光弘(1999b)「EUおよび英国におけるコーポレート・ガバナンスの実践」『経営哲学の実践』森山書店,107-136頁.
平田光弘(2000)「1990年代の日本における企業統治改革の基盤作りと提言」『経営論集』東洋大学経営学部,51号,81-106頁.
平田光弘(2001a)「OECDのコーポレート・ガバナンス原則─デジューレ・スタンダード─」『経営研究所論集』東洋大学経営研究所,24号,277-292頁.
平田光弘(2001b)「21世紀の企業経営におけるコーポレート・ガバナンス研究の課題─コーポレート・ガバナンス論の体系化に向けて─」『経営論集』東洋大学経営学部,53号,23-40頁.
平田光弘(2001c)「新世紀の日本における企業統治の光と影」『新世紀における経営

行動の分析と展望―その光と影と―』経営行動研究学会第11回全国大会要旨集，87-90頁．
平田光弘（2002a）「日米企業の不祥事とコーポレート・ガバナンス」『経営論集』東洋大学経営学部，57号，1-15頁．
平田光弘（2003b）「日本における取締役会改革」『経営論集』東洋大学経営学部，58号，159-178頁．
山崎明美・今出達也編著（1999）「コーポレート・ガバナンスの潮流」『SRIC Report』大和総合研究所，Vol. 4，No. 2，3月号，20-28頁．
山城　章（1973）『経営学原理』白桃書房．
吉森　賢（1997）「企業統治―欧米の教訓―」『マネジメントトレンド』経営研究所，Vol. 2，No. 1，64-70頁．
吉森　賢（2001）『日米欧の企業経営―企業統治と経営者―』放送大学教育振興会．

外国語文献

Cadbury Report (1992), *Report of the Committee on the Financial Aspects of Corporate Governance,* Gee and Co. Ltd.
European Commission Internal Market Directorate General (2002a), *Comparative Study of Corporate Governance Codes relevant to the European Union and its Member States,* Weil, Gotshal & Manges LLP.
European Commission Internal Market Directorate General (2002b), *Discussion Of Individual Corporate Governance Codes Relevant To The European Union And Its Member States,* Weil, Gotshal & Manges LLP.
Greenbury Report (1995), *Report of a Study Group chaired by Sir Richard Greenbury,* Gee and Co. Ltd.
Gregory, Holly J. (2002), *Comparative Matrix Of Corporate Governance Codes Relevant To The European Union And Its Member States,* Weil, Gotshal & Manges LLP.
Hampel Report (1997), *Committee on Corporate Governance,* Gee and Co. Ltd.
Hirata, Mitsuhiro (2001), "How Can We Formulate a Theory of Corporate Governance?", *Keieironshu,* Toyo University, No. 54, pp. 37-44.
ICGN (2000), *Statement on Global Implementation of ICGN Share Voting Principles,* International Corporate Governance Network.
Jeroen Weimer and Joost C. Papr (1999), "A Taxonomy of Systems of Corporate Governance", *Corporate Governance: An International Review,* Vol. 7, No. 2, pp. 152-166.
OECD (1999), *OECD Principles of Corporate Governance,* Organisation for Economic Co-operation and Development.

第3章　コーポレート・ガバナンスの前提条件
―コンプライアンスとCSR―

1　はじめに

　21世紀の企業はどのような役割を期待されているのであろうか。このことは21世紀の企業が地球社会の一員として，地球社会の持続可能な発展に寄与することが期待されているといえよう[1]。また，企業と社会の持続可能な発展とは何であろうか。企業が持続可能な経営を行っていくということであるならば，それは企業の持続可能な経営システムの構築を目指す必要があると考えられる。

　そのためには持続可能な経営を形成するフレームワークを構築する必要があろう。そのため，企業経営において，その中核的役割を担うコーポレート・ガバナンスを中心とし，その前提条件をなすコンプライアンス（compliance：法令遵守）とCSR（corporate social responsibility：企業の社会的責任）に着目し，企業の持続可能な経営の形成に向けて，フレームワークを検討する必要があると考えられる。

　本章では持続可能な経営のフレームワークとしてコーポレート・ガバナンスの前提条件をなすコンプライアンスとCSRに焦点をあてて，企業における今後のコーポレート・ガバナンスに関する研究の土台をつくることを目的として若干の考察を行いたい。具体的にはコーポレート・ガバナンス問題の系譜を明らかにし，コーポレート・ガバナンスと経営者問題との深層を解明する。コンプライアンスでは企業の違法経営から遵法経営へと向かわせる必要性を明らかにすることでコンプライアンス経営とのかかわりを論じ，CSRの位置づけや企業行動指針について企業は積極的にCSRに取り組むことへの必要性を論じることで企業の持続可能な経営の構築と課題とについて考察を行い，今後の研究課題を提示することにしたい。

2 コーポレート・ガバナンスの問題提起

(1) コーポレート・ガバナンス問題の系譜

　経済のグローバル化が進展する中でコーポレート・ガバナンス問題は1980年代後半から英国をはじめとする先進諸国での企業不祥事[2]が頻発したことを背景にしている。そこでは主に企業不祥事への対処について活発に議論がなされてきた。それにより，英国では社外取締役の導入や取締役会会長とCEOとの分離などを中心とした取締役会を主とする改革が進んでいる。特に英国流の自主性を尊重した法規制では企業に遵守勧告を行うという方針をとっている。

　日本でのコーポレート・ガバナンス問題はバブル経済崩壊後にふたたび活発に議論と研究が行われている。コーポレート・ガバナンスの問題は取締役会，執行役員，監査役会のあり方，とりわけ内部統制について指摘されている。近年では日本企業におけるきわめて悪質ともいえる企業不祥事が跡を絶たないでいる。このため，企業はこの不祥事問題の解決を迫られている。

　コーポレート・ガバナンスに関する内外の研究は1990年代から一段と広まり，法律，会計，経済，金融，証券，財務などの分野でいち早く論じられるようになった[3]。コーポレート・ガバナンス研究は今日においては数多くの成果が蓄積されている。

　コーポレート・ガバナンス問題がどのような系譜を辿って問題とされてきたのかについて詳しくみていくことにする。コーポレート・ガバナンスの問題提起について，平田（2001b）は，「コーポレート・ガバナンスは，1つには，企業と利害関係者（stakeholders）との関係を意味し，企業は誰のもので，誰のために運営されるかという問題を提起する。それは，2つには，経営者による企業運営を監視し牽制する仕組みを意味し，経営者の企業運営に対する監視・牽制は誰の立場からなされるべきかという問題を提起する[4]」と指摘している。

　このような意味で論じられるようになった背景には，「所有と経営が人格的に分離した大企業において，株主が経営から疎外され，株主の利益が十分に保

表3-1　コーポレート・ガバナンス問題をめぐる議論

企業不祥事への対処をめぐる議論	企業競争力の強化をめぐる議論
企業不祥事の再発を防止するには，経営監視・牽制の仕組みはどうあるべきかが問われている。換言すれば，違法経営の遵法（適法）経営化が模索されているのである。	企業競争力を高めるにはいかなる経営意思決定の仕組みといかなる経営監視・牽制の仕組みとが望ましいかが論じられている。そこでは非効率経営の効率経営化が模索されているのである。

近年の議論の重点は企業不祥事とガバナンス（コンプライアンス問題）から企業競争力とガバナンス問題（狭義のガバナンス問題）へ次第に移りつつある。

（出所）平田(2000)81-83頁を参考にして，著者作成。

護されてこなかったことが1つの発端であり，もう1つの発端は，企業はさまざまな利害関係者を含む社会的存在であり，利害関係者の影響力の調和を考慮に入れた検討が不可欠になったことである[5]」と指摘している。このように，今日のコーポレート・ガバナンスをめぐる議論と研究は21世紀の企業経営における最重要課題の一つになりつつあるといってよい。

　コーポレート・ガバナンス問題は1990年代において，経済のグローバル化で激変する経営環境の中で先進諸国での企業不祥事をはじめ，市場経済移行国，発展途上国にも広がりをみせている[6]。先進諸国では多発した企業不祥事への対処を探る議論がなされ，主に経営監視・牽制の仕組みに関して，違法経営から遵法経営化が模索されてきた。また，企業競争力の強化をめぐる議論があり，どのような経営意思決定の仕組みと経営監視・牽制の仕組みが望ましいかが論じられ，主に非効率経営の効率経営化が模索されてきた。近年ではコーポレート・ガバナンス問題は企業不祥事とガバナンス（コンプライアンス問題）から企業競争力とガバナンス問題（狭義のガバナンス問題）へ次第に重点が置かれつつある。それを図示したのが，表3-1である。

(2)　コーポレート・ガバナンスと経営者問題の論拠

　さまざまなコーポレート・ガバナンス問題の中からコーポレート・ガバナンス問題は経営者問題にほかならない，との指摘がなされてきた。ここではコー

ポレート・ガバナンスと経営者問題に着目し，コーポレート・ガバナンスの本質，あり方，目的といった観点からコーポレート・ガバナンス問題は経営者問題に帰着する論拠について検討する。

コーポレート・ガバナンスの本質と理論構築の意義について触れておきたい。平田（2001b）は，「コーポレート・ガバナンス問題は，つまるところ，経営者問題にほかならない[7]」と指摘している。「コーポレート・ガバナンス論は，経営者論，企業論のまさに中核をなす実践的理論であり，ここにコーポレート・ガバナンス論を構築する学問的意義がある[8]」と指摘している。

日本のコーポレート・ガバナンスのあり方について，菊池（1994）は，「①経営者の執行活動に対する監視および監査機能をいかにして強化するか，②経営者の執行活動，業績，これらに対する監視の機能に関するディスクロージャーを，いかに強化ないし拡大するか[9]」と指摘するように意思決定機構の革新として社外取締役の導入や証券取引所のコーポレート・ガバナンスに対する役割[10]，企業行動の自己規制力を提唱している[11]。

コーポレート・ガバナンスの目的について，吉森（2001）は，「①経営者はだれの利益のために経営すべきか（企業概念），②経営者をだれが，いかに監視すべきか（経営監視），③経営者の動機づけをいかにすべきか（企業家精神）[12]」として，その3つの問いに対する答えを定義としている。

コーポレート・ガバナンス構築の目的について，青木（2004）は，「第1に，企業不祥事を未然に抑止し，利害関係者との利害調整を考慮することである。そのうえで，第2に，健全で透明性の高い経営を遂行することで企業競争力を強化し，企業価値を高めていくことである[13]」と定義している。

これらを概観すると，第1に，コーポレート・ガバナンス問題の対象は経営者に焦点をあてていることである。第2に，企業経営の意思決定を執行する経営者に対する監視・牽制の強化が迫られていることである。第3に，経営者のアカウンタビリティやディスクロージャーなどの観点からさまざまな利害関係者に対して，経営の透明性が強く求められていることである。このことは企業を取り巻く利害関係者との利害調整の重要性を浮き彫りにしている。第4に，

企業不祥事の抑止・防止や企業競争力の強化といった観点からコーポレート・ガバナンスの構築と実践は経営者のリーダーシップで決まるということである。このことは経営者の企業理念，企業倫理，コンプライアンス，CSR，コーポレート・ガバナンスに対する考え方や取り組み方に関係している。第5に，経営者自身の意識改革と努力が必要であり，企業経営におけるコーポレート・ガバナンスの構築と実践におけるリーダーシップが問われていると考えられる。

したがって，コーポレート・ガバナンスと経営者問題の深層には主として経営者自身のリーダーシップで企業経営におけるコーポレート・ガバナンスの構築と実践が決まるため，今後のコーポレート・ガバナンスに対する経営者の積極的な取り組みの態度がますます問われてくる。

さらにいえば，経営者はコーポレート・ガバナンスの構築と実践について，その前提条件であるコンプライアンスとCSRの理念をベースにしたリーダーシップにあると指摘することができる。これらを含めたうえで経営者はコーポレート・ガバナンスのフレームワークを形成し，コーポレート・ガバナンスの構築と実践を行っていくことが求められる。それがコーポレート・ガバナンスの構築と実践を通じることではじめて企業不祥事を抑止・防止し，企業競争力を強化し，企業価値が向上し，持続可能な経営の形成につながると考えられる。以下の3および4では，具体的にコーポレート・ガバナンスの前提条件をなすコンプライアンスとCSRについて考察していきたい。

3 コンプライアンスとは何か

(1) コンプライアンスの目的

コンプライアンスとは一般に法令遵守と訳されることが多い。ただし，企業がさまざまな法律を遵守するだけでは意味がない。コンプライアンスの核心とは社会の公器たるべき企業の存在価値が社会の倫理や価値観と整合しているかどうかが問われるのである[14]，と指摘されている[15]。このため，企業は経済的・社会的組織体であり，企業のもつ公器としての社会性・公益性・公共性を

確認することができる[16]。こうした観点から企業不祥事への対処に向けて，コンプライアンスの目的と意義が確認できるといえよう。

コンプライアンスはコーポレート・ガバナンスとの問題領域について，1）広義のガバナンスと，2）狭義のガバナンス，の主な二つのうち，前者の領域であるといえよう。1）については，①目的は企業不祥事への対処であり，②重点はコンプライアンス問題である。2）については，①目的は企業競争力の強化であり，②重点は経営機構改革である，ということができる。

コンプライアンスが求められる要因としては企業不祥事が頻発したことであり，そのため企業は積極的にコンプライアンス経営[17]の強化に取り組む必要がある。特に昨今の悪質な企業不祥事をみる限りでは早急に取り組んで解決することが求められている。

企業はコーポレート・ガバナンスの構築と実践において，その前提条件となるコンプライアンス問題に重点を置く必要がある。このことは経営者が自分本位の利己的経営者にならないための抑止・防止にもなり得ると考えられる。ここに企業の違法経営から遵法経営へと向かわせるコンプライアンスの必要性がある[18]。コンプライアンスの根底には企業倫理があり，さまざまな利害関係者に対して，公正さからくる緊張関係が利害関係者との均衡につながると考えられる。

(2) コンプライアンスの定義[19]

コンプライアンスの定義や目的等について，どのような見解がなされてきたのであろうか。そこで，コンプライアンス経営とは何かについて，触れておきたい。平田（2003）は，「コンプライアンス経営とは，コンプライアンスを基礎にした企業倫理の確立と実践を目指す経営であり，責任ある経営とも誠実かつ公正な経営ともいわれる。コンプライアンス経営は，企業行動憲章（企業行動規範），コンプライアンス体制およびコンプライアンス教育が相互に補完しあうことによって，はじめて実効性あるものとなることができる[20]」と論じている。

髙（2001）は，「『責任ある経営』とは，組織が法令の文言のみならず，その精神まで遵守することを意味する。これを総称して『企業倫理』『コンプライアンス』あるいは『倫理法令遵守』などと呼ぶことにする[21]」と定義している。

コンプライアンス経営の本質について，田中（2005）は，「企業の創業の精神，経営理念などに掲げられている企業使命の実現を目指して，法令や倫理綱領の遵守，社会規範への配慮などに基づく総合的な企業倫理の確立と実践を行うことを基盤にして，高い倫理基準に基づく公正で誠実な企業行動により，企業使命を遂行することを目指している経営[22]」と論じている。

これらの定義から読みとれるように，コンプライアンス経営は，第1に，コンプライアンスを基礎にした企業倫理の確立と実践であり，企業行動規範，コンプライアンス体制，コンプライアンス教育との補完ではじめて実効性があることである。第2に，経営理念などに掲げられている企業使命の実現を目指し，企業倫理の確立と実践を行うことにより，企業使命を遂行することがわかる。

企業はただ法令のみを遵守するだけではなく，企業倫理を根底に置き，社会的な存在としての責任ある経営と行動，誠実かつ公正な経営が常に求められているという認識に立脚して経営活動を行っていく必要がある[23]。

2006年5月1日，会社法が施行（改正会社法は2015年5月1日施行）され，2007年9月30日，金融商品取引法が施行された。この2つの法律はどちらも内部統制システム[24]に関する義務を定めている。会社法は大会社[25]と委員会設置会社（現在は指名委員会等設置会社）の取締役あるいは執行役の職務執行が法令・定款に適合すること等，会社の業務の適正を確保するための体制（内部統制システム）の構築を義務づけている。一方，金融商品取引法は，上場企業は2009年3月決算期以降に財務報告にかかる内部統制の評価と監査が義務づけられることになった。確認書制度として，有価証券報告書等の適正性について経営者の確認を義務づけている。

そのほかにもISO（国際標準化機構）26000をはじめ，コンプライアンス経営の充実を推し進める動向があり，今後のコンプライアンス経営に対して注視する必要がある[26]。

(3) 日本企業におけるコンプライアンス経営の実践

　近年，日本企業においては企業不祥事への対処の一環として，内部告発やその関係部署の設置など，社内におけるコンプライアンス体制の実践をはかっている動きがみられる。だが，それだけでは十分に実効性があるとは言い難い。なぜなら，弁護士の選任や本当に内部に漏れないで処理されるのか，という問題があるからである。まして，それらが企業不祥事の抑止・防止として機能するのかどうかは疑問が残る。

　コンプライアンス経営は，①コンプライアンスを基礎にした企業倫理の確立と実践，②企業行動規範，③コンプライアンス体制，④コンプライアンス教育，の四つを有していると確認した。一つ一つが独立するのではなく，相互に補完しあうことである。だが，経営者が何も意識せずにいたら意味がない。企業が独自に策定する企業行動規範も実践されなければ意味がない。そのため，これを実践するためにはコンプライアンス体制とコンプライアンス教育が必要である。前者は企業不祥事は必ず起きる，との危機意識を前提にして進める必要がある。後者は社員に行動意識を植えつけ，変革し，なぜこのような行動規範を遵守しなければならないかの意味を問う必要がある。後者の目的としては企業価値を高め，社会から信頼され，誠実かつ公正な企業として認知されることが企業競争力の向上，ひいては全社員の豊かな生活基盤の形成につながるということを全社員に浸透させることにある[27]。

　こうしたコンプライアンス教育を通じて，経営者と社員がモニタリングする能力を身につけることで自社の潜在的な不祥事を予見し，不祥事を最小限に抑止・防止することができると考えられる[28]。

　そのためにも第1に，経営者はコンプライアンス経営の徹底と強化を通じて，透明性の高い企業風土を醸成すること，第2に，自社の内部統制や危機管理上の弱点を認識し，対応策を取ること，第3に，内部監査において，監査委員会，および監査役会による内部統制組織の編成がコンプライアンス機能を発揮できるように編成されていることが必要である。

　それでは，企業はどのようにして企業行動規範を策定し，実践すればよいの

3 コンプライアンスとは何か　59

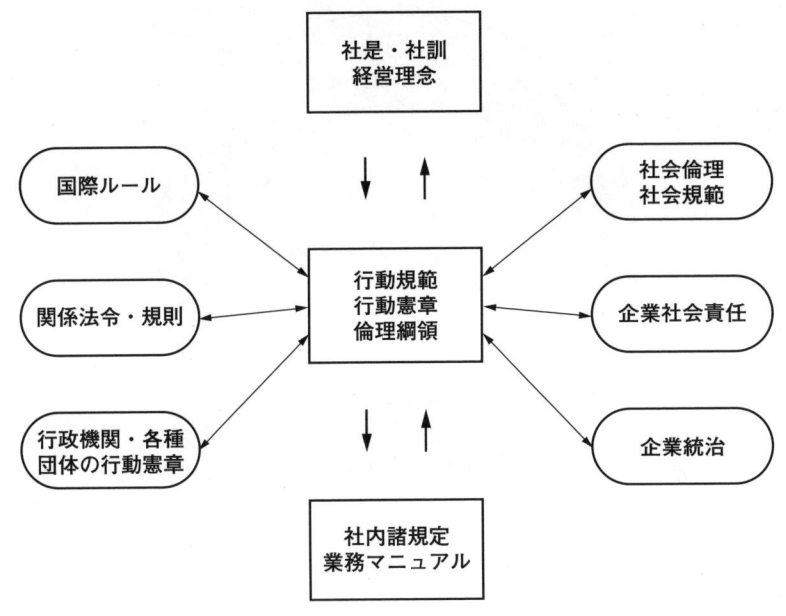

(出所) 平田(2003)115頁。

図3－1　企業行動規範の位置づけ

であろうか。そこで，この企業行動規範の位置づけを図示したのが，図3－1である。それについて，平田（2003）は，「まず，企業風土の状況を把握し，何を遵守するのかを明確にする必要があり，第1に法令，第2に社内の規則・規程，第3に社会の倫理・規範を考慮して，何を遵守するかを明確にする。つぎに，企業の抱える問題を認識し，これを解決するための課題を設定し，何をルール化するかを明確にする必要がある。そのうえで全社員が共有できる価値をイメージできる言葉で具体的に表現していくのである[29]」と企業行動規範の策定と実践について提唱している。このように経営者が中心となって企業行動規範を策定・実践し，コンプライアンス体制・コンプライアンス教育が相互に補完しあうことでコンプライアンス経営の確立がはじめて実効性あるものとなる。これを図示したのが，図3－2である。

したがって，真っ先に経営者自身が積極的にコンプライアンス経営への取り

図3-2 コンプライアンス経営のサイクル

① PLAN 企業行動規範の確立，コンプライアンス体制の整備
② DO トップからの企業行動規範の明示・宣言全社員への周知徹底活動
③ CHECK 遵守事項チェック・監査，違反事項相談受付
④ ACT 違反事項への対処（分析・改善措置等）

コンプライアンス経営

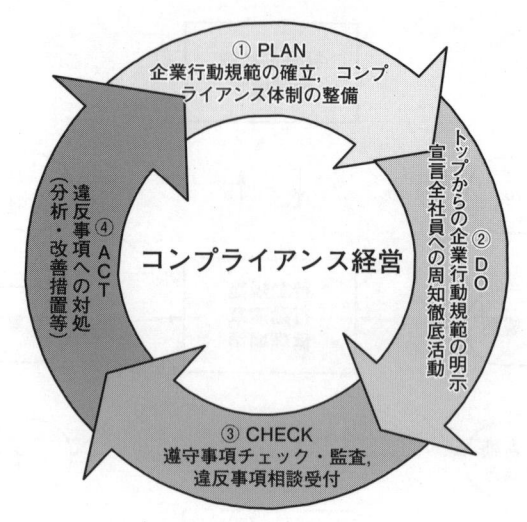

（出所）平田（2003）123頁をもとにして，著者作成。

組みと問題意識を高めなければ，社員にも浸透せず，コンプライアンス経営の実践は難しいであろう。経営者は企業経営における問題点を把握し，早期解決に向けて，邁進する姿勢が要求される。コンプライアンス体制とコンプライアンス教育に積極的に取り組むことがコーポレート・ガバナンスのフレームワークを形成するうえできわめて重要な役割を果たすことになる。

4　CSRとは何か

(1) CSRの問題提起

経営におけるCSRとは何であろうか。経済のグローバル化が進展する中でCSRは企業経営における重要課題の一つになりつつある。これまで企業はCSRについて，どのような役割と責任とを果たしてきたのであろうか。現在，欧米では盛んにCSRに取り組んでいる企業が増えてきている。同時に利害関係者が急速に展開したことで企業と利害関係者との関係は避けては通れない現

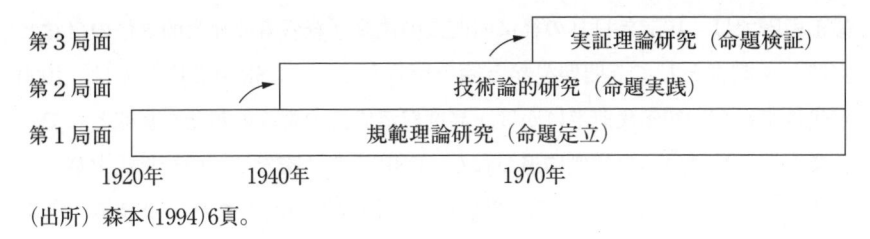

```
第3局面                    ┌→ 実証理論研究（命題検証）
第2局面          ┌→ ┌─────────────────────┐
                   │   技術論的研究（命題実践）   │
第1局面     ┌─────────────────────────────────┐
           │       規範理論研究（命題定立）          │
           └─────────────────────────────────┘
        1920年    1940年        1970年
```

（出所）森本(1994)6頁。

図3－3　CSRの研究系譜

実的な問題となってきている。

　翻って，日本企業におけるCSRの場合はどのような展開をしてきたのであろうか。日本でのCSRに関する認識は決して新しいわけではない。1960年代後半にかけて，企業不祥事の契機によりCSRの研究と実践がなされてきた。だが，2000年代に入った今日でも悪質な企業不祥事が跡を絶たないでいる。日本企業はそのような問題を解決するためにふたたびCSRに関する研究と実践が企業の内外から要請されてきたのである。

　経営学の文献として，おそらく最初に社会責任（social responsibility）の術語を用いてその必要と内容を論じたのはシェルドン（Sheldon, O.）であろう[30]。経営学におけるCSRに関する研究は，図3－3に表されるように，1920年代にはじまり，三つの雁行する局面をとって展開されてきた[31]。

　第1局面は，企業のあり方に関する理論の中でCSRの実践が企業の存続・成長に不可欠として，演繹的・規範的に展開されてきた。第2局面は，1960年代，CSRが現実の課題となると，規範論とは直接のつながりを欠いたまま，具体的な個別手法について技術論的な研究が推進されていった。第3局面は，その後，1970年代にCSRの実践が規範論的理論命題に合致するか否かを検証する実証理論研究が出現した。

(2)　日本におけるCSRの問題提起

　ここでは，日本のCSRに関する問題提起について，詳しくみていくことにする。日本におけるCSRを振り返ると5段階に分類することができる[32]。CSR

第1段階では，1956年11月の経済同友会の決議「経営者の社会的責任の自覚と実践」を契機として，問題提起と論争が行われた。CSR第2段階では，1960年代後半から1970年代前半にかけ，高度経済成長の歪みの頻発を契機として，企業が企業性悪説への対処に追われた。CSR第3段階では，1970年代中葉，石油危機への対応を契機として，企業行動の倫理性が問われた。CSR第4段階では，1980年代以降，経営の国際化を契機として，企業の社会貢献が求められ

表3-2 1960年代後半以降の日本企業の不祥事

年代	主な内容	原因と結果
1960年代後半から第1次石油危機にかけての企業不祥事	産業公害，環境破壊，欠陥・有害商品，誇大広告，不当表示などの企業不祥事	企業活動の過程で事後的に発生し，結果的に反社会的行為になったものが多かった。→古い意味の企業の社会的責任および企業倫理が問われる。
1973年の第1次石油危機後の企業不祥事	投機，買占め，売り惜しみ，便乗値上げ，株価操作，脱税，背任，贈収賄などの企業不祥事	最初から反社会的行為であることを知りながら，意図的に引き起こされたものが多かった。→古い意味の企業の社会的責任および企業倫理が問われる。
1990年代の企業不祥事	価格カルテル，入札談合，贈収賄，業務上過失致死，私文書偽造・行使，不正融資，内部者取引，利益供与，損失補填，粉飾決算などの企業不祥事	最初から反社会的行為であることを知りながら，意図的に引き起こされたものがほとんどだった。→古い意味の企業の社会的責任，企業倫理およびコーポレート・ガバナンスが問われる。
2000年代初頭の企業不祥事	集団食中毒，食肉偽装，自動車の苦情・リコール隠し，原子炉の損傷隠し・点検記録の改竄，防衛装備品の代金水増し請求，有価証券報告書虚偽記載，粉飾決算，消費期限切れ原料使用などの企業不祥事	最初から反社会的行為であることを知りながら，意図的に引き起こされたものがほとんどだった。→新しい企業の社会的責任，企業倫理およびコーポレート・ガバナンスが問われる。

(出所) 平田（2008）77頁。

るようになった。CSR第5段階では，1991年の証券不祥事などを契機として，ふたたび企業倫理が厳しく追求されるようになったことがあげられる。

　1960年代後半以降の日本における企業不祥事については，表3－2に表すことができる。そこでは四つの年代に分類することができる。①1960年代後半から第1次石油危機にかけての企業不祥事，②第1次石油危機後の企業不祥事，③1990年代の企業不祥事，④2000年代初頭の企業不祥事である。1960年代と1990年代の企業不祥事を比較すると不祥事の内容が違っていることが特質である。1990年代からコーポレート・ガバナンスが問われてきている。

(3)　CSRの定義と位置づけ

　CSRの定義とはどのような意味をもつのであろうか。CSRの対象については企業が属する国・地域によって利害関係者が異なるため，いまだ一致した定義はなされていないのが現状である。CSRの定義と問題意識について，森本(1994) は，「CSRとは，企業が自己に対する環境主体の諸期待に応えることを自発的に自己の責任とし，それによって，制度としての自己の存続を万全にすること[33]」と定義づけている。この定義での環境主体とは，具体的には利害関係をもつ人間とその集団である。この定義の核心は企業が利害関係者の期待に応えることがCSRの本質であり，ステークホルダー・アプローチによっていることを示唆している[34]。

　CSRの本質について，谷本 (2004) は，「企業活動のプロセスに社会的公正性や環境への配慮などを組み込み，ステイクホルダー（株主，従業員，顧客，環境，コミュニティなど）に対してアカウンタビリティを果たしていくこと。その結果，経済的・社会的・環境的パフォーマンスの向上を目指すこと[35]」とCSRのもつ意味の本質面を定義づけている。

　欧州委員会におけるCSRの目的については，「企業が社会的・環境的関心をビジネス活動のなかに，またステークホルダーとの関係のなかに，自発的に取り込んでいくこと[36]」としている。「CSRは法律を超える自発的なものであり，持続可能な発展の概念と結びついていること，コアの活動に付加されるもので

はなく，ビジネスのあり方そのものである[37]」とCSRを企業経営の中で明確に捉えている。このことを踏まえたうえで，2003年6月，主要国首脳会議（エビアン・サミット）におけるG8宣言にも取り上げられ，CSRは政府レベルにおいても急速に関心を集めている。

そのため，これらに関連して，企業を財務業績だけでなく，コーポレート・ガバナンスやCSRによって格付けしようとする動きが国内外でみられるようになった。欧州では社会的責任投資（Social Responsibility Investment，以下，「SRI」という）についても積極的であることに反映している。GSIA（Global Sustainable Investment Alliance）によれば，2014年の世界のSRI市場規模（運用資産額）は21兆3580億ドル（およそ2590兆円）であるという。内訳は欧州が13兆6080億ドル（全体の63.7%），米国が6兆5720億ドル（全体の30.8%），アジア（日本は80億ドル）が530億ドル（全体の0.2%）になっている。今後，SRIファンドによる議決権行使や選定基準にしたがって，企業のガバナンス改革やCSRに対する企業の取り組み方が問われてくるであろう。

(4) CSRに関する企業行動指針

現在，CSRに関する報告書および原則等がつぎつぎと策定されている。策定機関は国際機関や各国政府，民間機関，NGOまでもが盛んにCSRの企業行動指針やガイドライン等を策定している。こうした背景には企業と社会が持続可能な発展を果たすといった観点からCSRを企業経営における戦略課題として位置づけているといえよう。

策定機関同士が提携・協働することで時代に合わせたガイドライン等を策定している。こうした表れは利害関係者が急速に展開してきたことであり，企業は利害関係者との関係について避けては通れない問題であることを示唆している。

例えば，グローバル・リポーティング・イニシアティブ（GRI）は，『持続可能性報告のガイドライン』を2000年に発行している。GRIは米国のNGOであるセリーズと国連環境計画が連携して呼びかけて，1997年に設立し，アムステ

ルダムに本部を置いている。多国籍企業に共通的な報告書を作成するため，経済・環境・社会のトリプル・ボトムラインからなるガイドラインの改定版を策定している[38]。GRIへの参加は企業のほかにNGO，コンサルタント，会計士団体，労働団体等であり，すべての組織体を対象としている。このトリプル・ボトムラインの考え方が日欧企業でのサステナビリティ報告書やCSR報告書等の指針となっている。

　国連は，『グローバル・コンパクト』を2000年に発行している。この『グローバル・コンパクト』の内容は人権・労働・環境・腐敗防止の4分野からなる10の原則を掲げている。10番目の原則として，2004年6月24日，グローバル・コンパクト・リーダーズ・サミットにおいて，強要と賄賂を含むあらゆる形態の腐敗を防止するために取り組む（Businesses should work against all forms of corruption, including extortion and bribery）という原則を加えることが決定された[39]。2015年7月現在，世界160か国で13000（そのうち企業が8300）を超える企業・団体が参加している。日本からは2001年2月にキッコーマンが最初に参加して以来，350社がグローバル・コンパクトに参加している[40]。NGO等を含めて，先進国と途上国が積極的に参加していることは注目される。

　このほかにもOECD（経済協力開発機構）による『OECD多国籍企業ガイドライン』や日米欧の経営者がはじめて策定した『コー円卓会議の企業行動指針』などがある。注目すべき点はこれらの指針・ガイドラインには法的拘束力はなく，企業の自主性に任せていることである。これらの指針・ガイドラインは非拘束性と参照可能性の二つの特質を有していることがいえよう。

　冒頭でも触れたが，21世紀の企業はどうあるべきかの問いは日本企業もその例外ではない。CSRは21世紀の企業経営における鍵概念の一つになりつつある今，企業はいかにしてCSRに取り組み，実践していくかが求められている。近年，日本企業においてCSR経営に積極的に取り組もうとする動きが表れはじめている[41]。その一つに企業が発行するCSR報告書等を通して，利害関係者に対して対話や情報開示することで企業によるCSRへの努力がみられる。例をあげれば，リコー，キヤノン，資生堂，オムロン，アサヒビール等はその

好例といえよう。企業独自の企業行動規範を策定し，よりよい企業風土を醸成するためにコーポレート・ガバナンス改革として，コンプライアンス経営，CSR経営に熱心に取り組む傾向が顕著にうかがえる。こうした観点から経営者の役割，主としてコーポレート・ガバナンスの前提条件をなすコンプライアンスとCSRの理念をベースにしたリーダーシップが経営者に課せられた最重要課題の一つではないだろうか。つぎでは企業の持続可能な経営における構築と課題について考察したい。

5　持続可能な経営フレームワークの構築と課題

(1)　持続可能な経営フレームワークの構築

　21世紀の企業はどのような経営を行っていくのであろうか。ここでは企業が持続可能な経営を行うのに際して，どのようにしたらよいのかについて検討する。持続可能な経営フレームワークの形成として，①コーポレート・ガバナンス，②コンプライアンス，③企業倫理，④CSR，の四つがあげられる。これらの四つの特徴と弱点を経営者が認識し，補完して，企業経営を行っていく必要がある。これが持続可能な経営の形成に向けてのフレームワークの構築である。

　持続可能な経営フレームワークの形成と実践を担当するのは経営者である。持続可能な経営の形成と実践を通じることで社会からの信頼と評価が得られ，企業と社会の持続的な発展につながるといえよう。そのためには経営者がこれらの意識を一層高め，社員を先導して，企業全体で取り組んでいく姿勢が重要である。そのことを忘れて，ただ方針や指針を掲げるだけでは社会からの信頼と評価は得られない。

　社会に信頼される企業を確立するために企業はどのようにして社会の期待に応えていく必要があるのであろうか。現在，企業を取り巻く利害関係者が急速に展開してきた欧米では，企業は利害調整を避けては通れない重要課題となっている。エンロンやワールドコム等の企業不祥事[42]が頻発したことで社会と金

融市場は企業に経営の透明性,誠実さをより求めるようになった。このような中で企業は社会と利害関係者との関係を構築していく段階へと来ている。

そのため,経営者は真っ先に社会や利害関係者からの要求・期待を認識する必要がある。それができない経営者は社会から排除されるであろう。そのためには経営者の役割と行動が発揮され,社員に対する働きかけが不可欠である。それには経営者自身の問題意識の高揚とそれに対するリーダーシップとが求められている。その意味において,平田(2002)は,「すぐれた人間教育と倫理観に裏打ちされた革新的経営者や社員を育成することが,いまほど社会的に要請されている時代はないであろう[43]」と指摘している。したがって,経営者次第で企業経営の構築と実践が決まるため,今後の持続可能な経営の形成に向けての経営者の積極的な取り組みと姿勢がますます問われてくる。

(2) 企業の持続可能な経営の課題

持続可能な経営フレームワークを確立するにはコーポレート・ガバナンスを主軸に企業倫理,コンプライアンス,CSRにおける土台づくりを構築することが重要である。持続可能な経営の形成と実践をなす経営者自身の問題意識やイノベーションといった観点から革新的経営者や社員を育成することが求められている。

このことから企業が持続可能な経営の形成を目指すためには経営者の積極的な努力と関心を社員に明確に示さなければならない。今,社会は何を求めているのかや利害関係者は何を期待しているのかなどを把握し,企業活動を遂行していくことが望ましい。

そのため,企業は今一度,さまざまな利害関係者との関係を問い直し,どのような要請・期待等が寄せられているかを知り,コミュニケーション関係を構築し(対話,情報開示,報告),どのようにアカウンタビリティを果たしていくか,といった考え方が重要である[44]。このように企業は国内外における環境や社会的問題の解決において,格段にその責務と役割が大きくなっているのである。

企業は利害関係者に対して，経営の透明性を高め，情報を開示することでアカウンタビリティを確立することが企業の持続可能な経営における第一歩である。昨今の企業不祥事の頻発から考えるとますます企業経営のあり方に着目し，企業と社会の関係について，問いただす必要がある。

　したがって，今後，企業はコーポレート・ガバナンスに主軸を置いて，CSRとコンプライアンスを踏まえて持続可能な経営を形成し実践していくことが求められる。企業は社会とともに発展するのであり，社会の動きや時代の潮流を無視するような企業は存続し得ない。そのことをまず経営者が認識し，経営者が先導に立って，コンプライアンスとCSRの理念をベースにしたリーダーシップを発揮して取り組んでいく必要がある。企業は持続的に社会と利害関係者との良好な関係を着実に構築し，時代の潮流に合わせて積極的に問題意識を高めていくことが必要であろう。それにより，コーポレート・ガバナンスの前提条件であるコンプライアンスとCSRを行っていくことで着実に企業は持続可能な経営を確立することができよう。そうすることではじめて社会に信頼される誠実な企業になり得るのではないだろうか。

6　おわりに

　本章を締め括るにあたり，つぎのように本研究の限界と今後の研究課題について，まとめをしてみたい。本章では，コーポレート・ガバナンスの前提条件においてコンプライアンスとCSRに焦点をあてて，コーポレート・ガバナンスのフレームワークの構築に着目し，それぞれが持続可能な経営の形成と実践するうえで不可欠であることを論述してきた。コンプライアンス経営ではコンプライアンスを基礎にした企業倫理の確立と実践を目指す経営であり，企業行動憲章，コンプライアンス体制，コンプライアンス教育が相互に補完しあうことではじめて実効性あるものとなると確認してきた。CSRでは社会の動きや時代の潮流を認識し，利害関係者に対して，経営の透明性を高め，情報を開示することでアカウンタビリティを確立することが必要であることを確認した。

日本企業においてはCSR報告書等を通じて，21世紀の企業はどうあるべきかの問いに答えようとする動きがみられる。そのことは社会に信頼される企業を目指す表れであると考えられる。

だが，コーポレート・ガバナンス問題として，経営者次第ですべての企業経営の行く末が決まるともいえる。そのことは経営者次第で持続可能な経営の形成と実践において，歪められてしまうおそれがある。どんなに立派な経営理念を掲げていても，そのような経営者ではその実現はきわめて難しくなる[45]。だからこそ，今後，経営者はコーポレート・ガバナンスの前提条件として，コンプライアンスおよびCSRの理念をベースにしたリーダーシップが必要なのである。取締役会，執行役員，監査役会，内部統制組織がコンプライアンス機能を発揮するように編成され，CSRの目標達成が明示されていることなどが課題としてあげられる。執行役員がコンプライアンスとCSRの達成を管理目標として追求していることが必要である。

本章では本研究の限界として，経営者問題および内部統制の内容に関する分析が少なかったことがあげられるが，今後の研究課題としたい。このほかにも本章の研究課題としては事例研究を取り上げることができなかった。企業不祥事の問題について国際比較の観点から詳細に論究することができなかった。経営者の革新的育成が今日強く切望されていることから革新的経営者の育成についてより詳細に考察していく必要があることを痛切に感じている。そのため，つぎの機会では特にこれらの課題に対して研究を深めていきたい。

注
1） 詳しくは，平田（2004）を参照のこと。
2） 企業不祥事の表現について，詳しくは，中村（1998）p. 174, 中村（2003）p. 8を参照のこと。
3） 平田（2001b）p. 23.
4） 平田（2001b）p. 32.
5） 平田（2001b）p. 32.
6） 平田（2000）p. 81.

7） 平田（2001b）p. 34.
8） 平田（2001b）p. 34.
9） 菊池（1994）p. 7.
10） 菊池（1999）pp. 7-10.
11） 菊池（2002）pp. 75-82.
12） 吉森（2001）p. 11.
13） 青木（2004）p. 55.
14） 平田（2003）p. 114.
15） 平田（2003）p. 114.
16） 山城（1973）p. 194，飫冨（1999）pp. 19-30.
17） 詳しくは，平田（2003）を参照のこと．
18） 平田（2003）p. 115.
19） コンプライアンスの定義に関しては，平田（2003）に依拠している．
20） 平田（2003）p. 113.
21） 髙（2001）p. iii.
22） 田中（2005）p. 40.
23） 著者のコンプライアンスの定義は，「企業にとってコンプライアンスとは，法令のみを遵守するだけではなく，社会的な存在としての責任ある経営と行動，誠実かつ公正な経営が常に求められる」と定義して，論を進めていく．
24） 内部統制システムとは，「取締役の職務の執行が法令及び定款に適合することを確保するための体制その他株式会社の業務の適正を確保するために必要なものとして法務省令で定める体制の整備」を株式会社における経営陣の職務としている（会社法348条3項4号，362条4項6号，416条1項1号）．
25） 大会社とは最終事業年度の貸借対照表を基準に資本金が5億円以上あるいは負債が200億円以上の株式会社を指している（会社法2条6号）．
26） ISO26000のほかに，日本経団連の1％クラブ，SRIファンドなどがあり，主に人権・環境面への配慮および法令遵守などに重点を置いていることがいえる．
27） 平田（2003）pp. 118-122.
28） 平田（2003）pp. 121-122.
29） 平田（2003）pp. 118-123.
30） 森本（1994）p. 6.
31） 森本（1994）p. i.
32） 森本（1994）p. 79.
33） 森本（1994）p. 31.
34） 森本（2004）p. 2.
35） 谷本（2004）p. 5.
36） EC（2001）p. 8.
37） EC（2002）p. 5.
38） GRIサステナビリティリポーティングガイドラインは，2002年（第2版），

2006年（第3版），2013年（第4版）を公表している。
39) http://www.unic.or.jp/globalcomp/glo_02.htm　2004年9月30日アクセス。
40) 2004年9月30日時点での日本企業の参加は20社であった。
41) キヤノンではコンプライアンスの推進として，2004年1月，社長を委員長とし，役員・各本部の責任者等で構成される企業倫理委員会を設置した。そこでは遵法・企業倫理を確実に意識する企業風土を醸成し，事業活動の透明性・健全性を高めることを目的としている。年に2回，全役員・社員の意識高揚をねらいとしたコンプライアンス週間による意識づけや環境経営をテーマとする投資家向け説明会や消費者懇談会の実施など，マネジメント体制の充実に向けた施策を積極的に展開している。
42) 近年の企業不祥事について，米国や中国では粉飾決算，内部者取引等の会計不信，日本では食品不信，リコール問題，有価証券報告書虚偽記載等といった違いがみられる。英国では相次ぐ企業倒産の中での経営者に対する高額報酬が問題になり，ドイツでは銀行からの監視・牽制体制の歪みが露出したことで監査役会の形骸化が浮き彫りとなったことなどがあげられる。このほかにも海外の研究論文ではエンロンとワールドコムについて，Titard, Pierre L., Braun, Robert L. & Meyer, Michael J. (2004) やJohn Kiernan (2004) などがある。
43) 平田（2002）p. 14.
44) 谷本（2002）p. 291.
45) 平田（2002）p. 13.

参 考 文 献
邦 語 文 献

青木　崇（2004）「コーポレート・ガバナンスと経営者問題―日米企業に焦点をあてて―」日本経営教育学会編『企業経営のフロンティア―経営教育研究7―』学文社，49–78頁.

青木　崇（2005a）「EUにおける企業経営の特質とコーポレート・ガバナンスの諸問題」『現代社会研究』東洋大学現代社会総合研究所，第2号，51-58頁.

青木　崇（2005b）「現代の経営者問題をめぐるコーポレート・ガバナンス論とその関連学問分野」『東洋大学大学院紀要第41集』東洋大学大学院，187-214頁.

飫冨順久（1999）「企業の社会性とその方向」『現代の経営行動―課題と方向―』同友館，19–30頁.

菊池敏夫（1994）「コーポレート・ガバナンスの検討―国際的視点から―」『経営行動』日本生産教育協会経営行動研究所，Vol. 9, No. 3, 2-8頁.

菊池敏夫（1999）「コーポレート・ガバナンスにおける日本的条件の探求」経営行動研究学会編『経営行動研究年報』経営行動研究学会，第8号，7-10頁.

菊池敏夫（2002）「企業統治と企業行動―欧米の問題状況が示唆するもの―」『経済集志』日本大学経済学研究会，72巻，2号，75-82頁.

菊池敏夫・平田光弘編著（2000）『企業統治の国際比較』文眞堂.

経営法友会マニュアル等作成委員会編(2002)『コンプライアンス・プログラム作成マニュアル』商事法務.

小島大徳(2004)『世界のコーポレート・ガバナンス原則―原則の体系化と企業の実践―』文眞堂.

小林俊治・百田義治編著(2004)『社会から信頼される企業―企業倫理の確立に向けて―』中央経済社.

髙　巌編著(2001)『ECS2000このように倫理法令遵守マネジメント・システムを構築する―コンプライアンス・企業倫理の実践が機能する仕組み―』日科技連出版社.

髙　巌他編著(2003)『企業の社会的責任―求められる新たな経営観―』日本規格協会.

田中宏司(2005)『コンプライアンス経営―倫理綱領の策定とCSRの実践―』生産性出版.

谷本寛治編著(2002)『SRI―社会的責任投資入門―』日本経済新聞社.

谷本寛治編著(2004)『CSR経営―企業の社会的責任とステイクホルダー―』中央経済社.

中村瑞穂(1998)「企業倫理と日本企業」『明大商学論叢』明治大学商学研究所, 80巻, 3・4号, 169-181頁.

中村瑞穂編著(2003)『企業倫理と企業統治―国際比較―』文眞堂.

日本弁護士連合会国際人権問題委員会編(2003)「企業の社会的責任と行動基準―コンプライアンス管理・内部告発保護制度―」『別冊商事法務』商事法務研究会, No. 264.

平田光弘(2000)「1990年代の日本における企業統治改革の基盤作りと提言」『経営論集』東洋大学経営学部, 51号, 81-106頁.

平田光弘(2001b)「21世紀の企業経営におけるコーポレート・ガバナンス研究の課題―コーポレート・ガバナンス論の体系化に向けて―」『経営論集』東洋大学経営学部, 53号, 23-40頁.

平田光弘(2002)「日米企業の不祥事とコーポレート・ガバナンス」『経営論集』東洋大学経営学部, 57号, 1-15頁.

平田光弘(2003)「コンプライアンス経営とは何か」『経営論集』東洋大学経営学部, 61号, 113-127頁.

平田光弘(2004)「『社会に信頼される企業』の形成と経営者の課題―日本企業の理念・倫理・法令遵守・統治・社会責任問題を考える―」『経営行動研究学会第15回中部部会報告資料』経営行動研究学会.

平田光弘(2008)『経営者自己統治論―社会に信頼される企業の形成―』中央経済社.

森本三男(1994)『企業社会責任の経営学的研究』白桃書房.

森本三男(2004)「企業社会責任の論拠とステークホルダー・アプローチ」『創価経営論集』創価大学経営学会, 第28巻, 第1・2・3号合併号, 1-14頁.

山城　章(1973)『経営学原理』白桃書房.

吉森　賢(2001)『日米欧の企業経営―企業統治と経営者―』放送大学教育振興会.

外国語文献

EC (2001), *Promoting a European framework for Corporate Social Responsibility*, Green Paper, European Commission.

EC (2002), *Communication From the Commission concerning Corporate Social Responsibility: A business contribution to Sustainable Development*, White Paper, European Commission.

Elias, Rafik Z. (2004), "An Examination of Business Students: Perception of Corporate Social Responsibilities Before and After Bankruptcies", *Journal of Business Ethics*, Vol. 52, No. 3, pp. 267-281.

Gates, Jacquelyn B. (2004), "The Ethics Commitment Process: Sustainability Through Value-Based Ethics", *Business and Society Review*, Vol. 109, No. 4, pp. 493-505.

Hirata, Mitsuhiro (2004), "Compliance and Governance in Large Japanese Companies", *Keieironshu*, Toyo University, No. 62, pp. 29-46.

John Kiernan (2004), "Corporate scandals keep cropping up", *Long Island Business News*, Jul 30.

Titard, Pierre L., Braun, Robert L. & Meyer, Michael J. (2004), "Accounting Education: Response to Corporate Scandals", *Journal of Accountancy*, Vol. 198, No. 5, pp. 59-65.

第4章　企業不祥事をめぐる諸問題と
　　　　コーポレート・ガバナンスの必要性
―経営者自己統治に向けた課題―

1　はじめに

　近年，さまざまな機関がコーポレート・ガバナンスに関する報告書，行動規範，提言などを行っている。具体的には経済産業省，法務省，金融庁，東京証券取引所，日本監査役協会，日本取締役協会などが独立役員の導入，社外取締役の義務化，独立取締役，内部統制報告制度，改正会社法，コーポレートガバナンス・コードの観点から攻めのガバナンスの実現を目指している[1]。

　しかしながら，ベネッセコーポレーション，日本マクドナルドホールディングス，東芝，フォルクスワーゲンなどをはじめ，今もなお企業不祥事は跡を絶たずにいる。企業不祥事の内容によっては一瞬で社会からの信頼を失い，破綻に追い込まれるケースがある。経済・市場・経営のグローバル化が進展した中で企業の役割と責任は多岐にわたっている。このような状況の中で企業とその経営者[2]は真っ先に何をすべきなのかが問われている。この問いに答えることは自ずと「社会に信頼される企業」(socially trustworthy company) に向けて経営者が邁進することにつながる。

　一方で企業不祥事の防止策は経営者の真摯な姿勢とよりよい企業風土が不祥事に有効な防止策であると指摘されている。このことは経営者の不祥事に対する問題意識を企業全体に浸透させ，常に緊張感と危機感を維持していくことの重要性を示唆している。制度的なコーポレート・ガバナンスを講じても企業，組織，人間に倫理観がなければ絵に描いた餅である。何よりも経営者が先頭に立って，経営のプロフェッショナルとしての確固たる経営理念と経営倫理に基づいたリーダーシップを発揮し，経営者自身の自己統治[3]が必要である。

　本章は企業不祥事への対処に向けたコーポレート・ガバナンスの制度作りよ

りも経営者自己統治に向けた課題について論じたものである。

2 1960年代後半以降の企業不祥事の特徴とその要因

(1) 企業不祥事の影響

　企業不祥事と一口にいっても多種多様なケースがある。新聞やテレビなどのメディアで報道される不祥事はほとんどが大会社である。中小企業あるいは零細企業の不祥事はほとんど報道されることがない。近年では損失隠しに歴代の経営者が関与していたオリンパスや連結子会社から長期間にわたって個人的用途のため総額106億8000万円の借り入れ事件で元代表取締役会長が逮捕された大王製紙の問題があった。日本経済団体連合会の米倉会長（当時）は「企業行動憲章に違反する行為できわめて遺憾」と表明し、「厳重注意」文書を両社社長に通知した。米倉会長は「両社の不祥事は日本のコーポレート・ガバナンスのしくみとは無関係で経営者の倫理観の欠如が原因」と強調した。

　一方で2005年4月25日に発生した福知山線列車事故では107名が死亡し、562名が負傷した。国土交通省の航空・鉄道事故調査委員会（現在は運輸安全委員会）は2007年6月28日に公表した事故調査報告書でJR西日本の運転士の管理方法や安全管理体制を指摘した。司法では2012年1月11日、神戸地裁が元社長に対し無罪を言い渡している。判決の理由としては一人の経営者に責任は問えない、事故の予測可能性はなかったとして無罪判決になった。しかしながら、司法の判決によって幕が下り、事件が解決したとは言い難い。裁判によって企業不祥事の問題は解決されないのが現状である。

　企業不祥事は漢字の意味するような企業にとっての不運、不幸ではない。ケースによっては企業犯罪であり、社会に与える影響はきわめて大きく、企業の存続にもかかわってくる。企業不祥事は社会からの信頼を一瞬にして失ってしまうことがある。場合によっては、企業不祥事は企業の倒産、破産、会社更生法あるいは民事再生法などにかかわってくる。不祥事が発生してから経営再生するまでにはものすごい時間とコストがかかることは雪印乳業（現在は雪印

メグミルク）のケースからして明らかである。

(2) 企業不祥事の要因

　企業不祥事は企業がもっぱら慣行や情に基づいて行動してきたことから起こったと見られている。従来の企業行動が許された行為は，現在では倫理的・法的に許されないことが多い。1990年代のバブル経済崩壊後，知名度の高い企業の不祥事が報道されない年はほとんどなかった。経済・市場・経営のグローバル化が進展しても企業不祥事の論理は変わらず，業界の常識，利害関係者より組織優先，他社も同じようなことをやっていてグレーゾーンなどという感覚が根底にある。そのため，内向き体質，縦割り組織が企業の常識となり，社会の常識と混同するケースが生まれた。経営者が関与して組織的に隠蔽する企業体質が露になったことや経営者の発言によって，かえって印象が悪くなったことがあった。

　経営者の誤った判断は企業を崩壊へと導く可能性がある。企業不祥事を起こしてはならないことはだれもがわかっている。しかしながら，①自社だけは大丈夫とたかをくくって自己の経営を省みないこと，②不祥事を未然に防ぐ必要性は感じつつも実行に移さないという経営者の実態が現実ではないかと推察できる。

　実際に不祥事が発覚すると三菱自動車工業のリコール（回収，無償修理）隠し[4]のように組織ぐるみで事実を隠蔽する傾向がみられる。そうした背景には日本の恥社会において，世間体を意識したあまりにかえって問題の深層を解明しないことがある。その結果，利害関係者の存在が希薄化し，自社の都合を優先する企業体質になったことがいえよう。

　このような企業体質にならない改善策としては，①リスクに関する危機意識を共有，職場風土の改善を行うこと，②不祥事事例からの学習を通じて教訓を生かすこと，③経営者に危機意識がなければ不祥事は必ず起こるということを構成員に植え付けることが考えられる。近年では経営者に対し危機管理能力や問題処理能力といった要素も含めて経営者が先頭に立って舵取りを行うことが

求められている。経営者は幹部に任せてばかりではいけないということに気がつく必要がある。

(3) 1960年代後半以降の企業不祥事

近年の企業不祥事は1960年代の不祥事と比べ遥かに内容が悪質になっている[5]。不祥事への対処としてはコンプライアンス体制の強化をはじめ，企業倫理委員会，関係部署を設置することが多い。だが，それらがいつの間にか風化し，再び不祥事を引き起こした企業がある。このことは自社あるいは他社の不祥事を教訓として生かせず，風化した企業体質の中で行き過ぎた利益第一主義を優先したことに問題があると考えられる。

日本企業の不祥事は年代によって不祥事の内容が異なるが，一向に消滅する気配がない。企業不祥事への防止，対処に関してはコンプライアンスや企業の社会的責任を経営活動に組み込むことによって不健全経営を健全経営にすることが期待されている。そのため，企業は不祥事への対処として企業倫理やコンプライアンス経営を基盤とする経営活動に特化してきた。後述するようにコンプライアンスを行うことが企業倫理を保証するわけではない。企業倫理はすべての経営活動の根底になる考え方である。倫理観なき経営者では組織全体も倫理観なき風土が形成される。そのような組織風土では社会の声が届かない閉鎖的な企業体質となり，経営理念や経営ビジョンをもきれいさっぱりと脱ぎ捨てた企業になるであろう。

平田（2008）は不祥事をなくすことがきわめて難しい決定的な理由として，組織体の構成員に危機意識がないこと，あるいはきわめて薄いことにあるとみている。そのため，経営者をはじめとする構成員に危機意識がなかったら不祥事は必ず起きるであろう，と。企業不祥事を抑止・防止するには構成員に危機意識を植え付けるような教育を施し，危機管理を徹底させる以外に手立てはないと指摘する（平田，2008，76-78頁）。

飫冨（2007）は不祥事を起こしている企業トップには「おごり」や「てぬき」など社会常識では想定できない考え方が根底にあると考えている。そのため，

経営者・管理者の意識改革が必要であると指摘する。飫冨は2000年代初頭の不祥事について，①内部告発によりはじめて隠蔽工作が発覚して問題になったこと，②その後の対応が不適切でさらなる被害拡大を及ぼしたこと，③経営者は違法行為と知りつつも経営活動を行っていたことをあげている（飫冨，2007, 1 -18頁）。

(4) 2000年代の企業不祥事の特徴

　企業不祥事には身近な企業が多くみられる。社会に生きる私たちにとって食品や製品の表示，安全にかかわる不祥事は看過できない問題である。何も不祥事は営利組織体だけの問題ではない。非営利組織体も国や地方自治体の官製談合などの不祥事が発生している。すべての組織体に不祥事は潜在的に起こりうることを意味している。

　本章では営利組織体に限定し，2000年代の企業不祥事過程をみていくことにする。具体的には，①内部告発，②曖昧な記者会見，③隠蔽，④発表以外の不正が社会問題化，⑤営業停止，不買運動，業績悪化，経営危機，⑥警察の摘発，⑦社長の辞任，逮捕，起訴，会社・グループの解散である。

　①は企業不祥事の発端となることが多く，内部告発する人は非正規労働者が多い。企業は公益通報者保護法（2006年4月1日施行）があるため，専門窓口やホットライン（社内外の通報相談窓口），顧問弁護士を社内に設置している。だが，告発がなければ多くの事件が公には知られなかったことが考えられる。経営者は常に的確な情報を把握するための体制やネガティブ情報を現場ですくい上げる風土を確立することが重要である。

　②以降は経営者の危機管理能力をみることができる。②は不祥事後の対応として社長や副社長や専務が謝罪会見を行うことが多い。会見では事件の経緯や原因などを説明しないまま対策としてコンプライアンス委員会や企業倫理室，CSR（corporate social responsibility）部といった組織体制を設置，強化することがある。しかし，問題の焦点を把握しない発表をはじめ，その場しのぎで組織体制を整備しても経営者と従業員に倫理観が浸透，定着していないと意味

がない。経営者をはじめとするトップに危機意識がなければ真の人材教育はできないのである。

③,④は会社ぐるみの犯罪や事実を知りながらの隠蔽工作は小事が大事となり,不祥事の早期解決を引き延ばすばかりか,社会からの信頼を一瞬にして失ってしまう行為である。不祥事が発生してから再生するまでにはものすごい時間とコストがかかり,かつての雪印乳業が営業を開始し,信頼を取り戻すには何年もかかるということを意味している。

⑤,⑥,⑦はきわめて企業の存続にかかわる問題である。最悪の場合は倒産,破産,会社更生法あるいは民事再生法などの手続きが必要なことがある。経営者が辞任あるいは逮捕されたとしても不祥事は解決しないことがある。原因の解明と不祥事防止策があいまいでは,いつまでたっても社会からの信頼は得られない。

不祥事発生後の経営者の対応を図示したのが図4-1である。不祥事発生を一次クライシスとし,不祥事対応後の拡大を二次クライシスとすれば,企業にダメージを与えるのは二次クライシスである。経営者はつぎの3点が不祥事への対処,抑止として不可欠となる。①コンプライアンスの意識改革としてリスクに関する危機意識を共有,職場風土の改善を行うこと,②不祥事事例からの学習を通じて教訓を生かすこと,③不祥事事例から自社の問題を考えることを徹底し,経営者に危機意識がなければ不祥事は必ず起こるという認識が必要である。

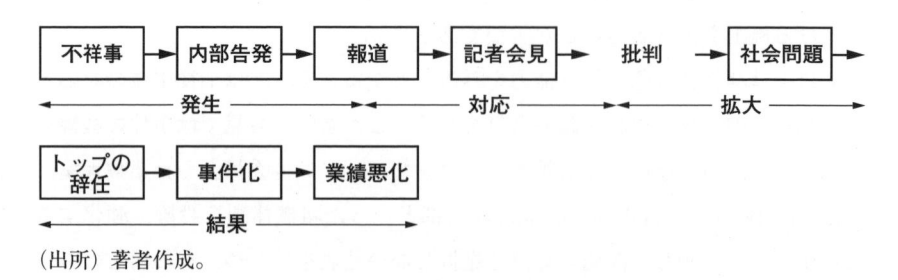

不祥事 → 内部告発 → 報道 → 記者会見 → 批判 → 社会問題
　　　←――発生――→←――――対応――――→←――拡大――→

トップの辞任 → 事件化 → 業績悪化
←―――――結果―――――→

(出所)著者作成。

図4-1　企業不祥事発生後の経営者の対応

このように不祥事発生後にいかに対応するかによって企業の姿勢が結果的に企業の存続，経営者の運命さえも左右することがわかる。事例をあげれば，1982年9月30日に起きたタイレノール事件のときにジョンソン・エンド・ジョンソンが経営者の判断で事件の内容を公表し，早期事件解決を図ったケースがある。一方，雪印乳業およびその子会社であった雪印食品（2002年4月30日解散）の不祥事の対応をめぐって，さらに事態が悪化したケースがある[6]。決定的な違いは経営者の判断，対応によって利害関係者に与える印象を大きく変えたことである。

3 企業不祥事の抑止・防止に向けた企業倫理と企業の社会性

(1) 企業不祥事の抑止・防止に向けた企業倫理

第3章の表3－2のように1960年代後半から段階的に企業倫理の重要性が問われてきた。このことは同時に経営者の倫理観も問われてきたことを意味している。著者はさきにコンプライアンスを行うことが企業倫理を保証するものではないと述べた。なぜなら，法の抜け道や悪しき信念としての倫理観が存在するからである。だからこそ，コンプライアンスの根底となる企業倫理の確立が必要となる。

企業倫理に関する定義は論者によって異なるが，中村（2003）は business ethics を企業倫理として用いており，企業内における人間行動ならびに社会における企業行動に関し，厳格な倫理基準に基づく条件の充足を求め，その達成にとって有効なあらゆる具体的措置を積極的に推進しようとする社会的動向としている（中村，2003，8頁）。

中村（2003）は表4－1のように企業倫理の課題事項をあげている。表4－1は組織内に企業倫理がなければ，さまざまな不祥事へと繋がることを意味している。利害関係者に信頼される企業を目指すためにはコンプライアンスを基礎にした企業倫理の確立が不可欠である。価値理念は経営者の経営理念と経営

表4-1 企業倫理の課題事項

関係領域	価値理念	課題事項
①競争関係	公正	カルテル，入札談合，取引先制限，市場分割，差別対価，差別取扱，不当廉売，知的財産権侵害，贈収賄，不正割戻，など。
②消費者関係	誠実	有害商品，欠陥商品，虚偽・誇大広告，悪徳商法，個人情報漏洩，など。
③投資家関係	公平	内部者取引，利益供与，損失保証，損失補填，作為的市場形成，相場操縦，粉飾決算，など。
④従業員関係	尊厳	労働災害，職業病，メンタルヘルス障害，過労死，雇用差別（国籍・人権・性別・年齢・宗教・障害者・特定疾病患者），専門職倫理侵害，プライバシー侵害，セクシャル・ハラスメント，など。
⑤地域社会関係	共生	産業災害（火災・爆発・有害物質漏洩），産業公害（排気・排水・騒音・電波・温熱），産業廃棄物不法処理，不当工場閉鎖，計画倒産，など。
⑥政府関係	厳正	脱税，贈収賄，不当政治献金，報告義務違反，虚偽報告，検査妨害，捜査妨害，など。
⑦国際関係	協調	租税回避，ソーシャルダンピング，不正資金洗浄，多国籍企業の問題行動（贈収賄，劣悪労働条件，年少者労働，公害防止設備不備，利益送還・政治介入，文化破壊），など。
⑧地球環境関係	最小負荷	環境汚染，自然破壊，など。

(出所) 中村（2003）8頁。

倫理が相俟って倫理的価値判断となり，経営者の経営行動と結びつくことが重要である。

(2) 企業不祥事の抑止・防止に向けた企業の社会性

日本で企業の社会性を求める機運が高まったのは1950年代後半からの公害問題に端を発している。しかしながら，今日いう企業の社会性は企業の社会的責

任（CSR）として世界的に高い関心を集めている。企業の社会的責任は営利組織体のみならず，非営利組織体にもかかわる問題になっている。企業の社会的責任に対する考え方はさまざまである一方，企業においては自社の経営にかかわる社会的課題に対して自主的に取り組んでいることが多い。そのため，企業の社会的責任活動の領域は企業が属する国や地域によって異なってくる。

　企業の社会的責任は企業と社会の持続可能な発展を鍵概念とした企業活動を行っていくことが求められている。この持続可能な発展が企業の役割に大きなインパクトを与えた。企業の経済的・社会的役割の中でいかにして社会的問題の解決に寄与していくかを意味している。

　持続可能な発展が求められる背景には経済・市場・経営のグローバル化による貧富の格差拡大，環境破壊，人権・労働問題などが顕在化してきたことに関係している。企業を取り巻く利害関係者の認識が変化し，企業は利害関係者を重視した企業活動がますます重要になってきている。そのため，開発途上国，NGO，消費者団体などが企業に対して規律と節度ある行動を求めるようになった。企業不祥事が頻発したことによりさまざまな利害関係者から企業の社会的責任への期待と要望が高まってきている。

　企業は経済的役割だけでなく，社会的役割をも重要視した経営を行っていく必要がある。このことは企業に大きなインパクトを与え，企業とその経営者に責任ある経営を問うことになった。企業は地球社会の一員として企業と社会の持続可能な発展に寄与することが期待されているのである。

　企業の社会的責任に関する国際的な定義はいまだ一致した見解はみられていない。近年，国際機関やNGOなどがCSRに関する行動指針や規格を公表している。特にISO（国際標準化機構）が2010年11月1日に発行した社会的責任に関する世界初の国際規格であるISO26000はすべての組織体を対象としている。経済・市場・経営のグローバル化が進展する中で企業はいかにして社会的責任に取り組んでいくかが問われている。企業は経済的役割と社会的役割を担う中で社会的責任を経営に組み込みながら社会との持続可能な発展に寄与していく必要がある。

企業の社会的責任は近年のブーム現象だけで議論されているのではない。企業の社会的責任の論点は企業不祥事に対する是正に加えて，つぎの4つにまとめることができる。①経済・市場・経営のグローバル化による貧富の格差拡大，環境破壊，人権・労働問題などが生じたこと，②開発途上国やNGOなどから企業に対する監視，批判あるいは政策提言が行われ，企業にとって無視できない存在になってきたこと，③国際機関の行動指針が公表され，法的拘束力はないものの企業に対してインパクトを与えていること，④企業の社会的責任を評価する市場社会の形成により社会的責任投資（SRI）をはじめ，機関投資家などが企業の社会的責任への取り組みを支持するようになってきたことである。こうしたさまざまな背景から企業の社会的責任は新たなCSRとして企業と社会の持続可能な発展を鍵概念として企業に求められている。

(3) 企業不祥事の抑止・防止に向けた経営者の役割

企業の9割は経営者で決まるといわれる。集団はリーダーで決まり，企業の価値を上げるのが経営者の仕事でそれで経営者の値打ちは決まるという[7]。そこでは主として経営者の器，人間性，情と理といった概念が関係してくる。優れた経営者のもとには優れた従業員が集まり，自ずと企業風土，体質が形成される。このことは突き詰めれば，経営者の人間性や経営力（management capability）とは何かになる。経営者の人間性や経営力はバロメーターのように目に見えるものでないが，①企業の使命を探索し，企業の未来像を構築し，その実現に向けた戦略を策定する能力と，②各職場や各部門の執行機能を連結し，企業全体の最適化を実現し，企業の存立と発展を図る能力を経営力と理解している[8]。

企業は社会とともに発展するのであり，社会の動きや時代の潮流を無視するような企業は存続し得ない。そのことをまず経営者が認識し，経営者が先導に立って，コンプライアンスを基礎にした企業倫理の確立と実践をしていく必要がある。企業は持続的に利害関係者との良好な関係を着実に構築し，時代の潮流に合わせて積極的に問題意識を高めていくことが必要である。それによりは

じめて社会に信頼される企業になり得るのである。

経営者は倫理的価値判断と経営行動において，プロフェッショナルとしてのリーダーシップを発揮する必要がある。経営者が企業不祥事への対処に向けて倫理的価値判断に基づいて行動するための課題は，以下の3点をあげることができる。

①経営理念を経営者と従業員が共有し，同じ方向で経営実践を行っていくためには明確な経営理念に基づいたコーポレート・ガバナンスを確立する必要がある。このことは経営者の経営理念が組織化し，共有していくことによって健全な企業風土が醸成する。経営ビジョンと経営目標の方向性が合致していなければ経営者の経営理念は企業全体に浸透しないことが指摘できる。

②経営者は時代の期待と要請を鑑み，必要な場合は経営理念を変え，それを構成員が共有し，経営実践として実行していくことのできる経営者が求められている。経営者の経営理念に基づくものであるならば，経営者個人の経営理念とその人間性がきわめて重要である。

③経営者は経営理念を企業の内外に積極的にコミットメントし，経営そのものが社会的責任活動にかかわってくるという認識で従業員とともに高い志や使命感をもって，責任ある経営を展開していく必要がある。そのような責任ある経営者あるいは誠実な経営者の経営理念とその行動が企業不祥事の温床を断つ最善の防止策であると考えられる。

4　企業不祥事の防止策と経営者の役割

(1)　経営者のリーダーシップと資質と育成

経営学におけるリーダーシップ論は経営者論と深くかかわってくる。経営者がリーダーシップを発揮することは経営の方向性を決めるうえで欠かせない役割である。経営者能力について清水（1995）は，「将来構想の構築・経営理念の明確化，戦略的意思決定，執行管理の3つの機能を遂行するための能力である」と述べている（清水，1995，1頁）。「経営者能力は企業家精神に関連する

能力，管理者精神に関連する能力，リーダーシップ能力の3つに分かれる。企業家精神とは不連続的緊張にたえうる能力であり，管理者精神とは連続的緊張にたえうる能力であり，この2つを高い視点から止揚統合したのがリーダーシップ能力である」と指摘する（清水，1995，1頁）。清水（1995）はこのほかにも洞察力，決断力，ビジョン，直感力・カン，知識，スピード，品性，運，企業倫理，人間的魅力などをあげている。

経営者のリーダーシップについて清水（2000）は，「組織の目的を達成するためにリーダーが部下に対して行使する対人影響力である。トップリーダーは環境変化に対応して，軸足を企業家精神あるいは管理者精神に移す」と指摘する（清水，2000，31頁）。このように経営者には環境に応変する能力がリーダーシップを発揮するうえで必要であるという。

清水による能力の要素を図示したのが図4－2である。そこでは，①トップリーダーが企業家的態度で将来構想の構築・経営理念の明確化を行うときは洞察力，ビジョン，決断力などの能力が必要であり，②管理者的態度で執行管理

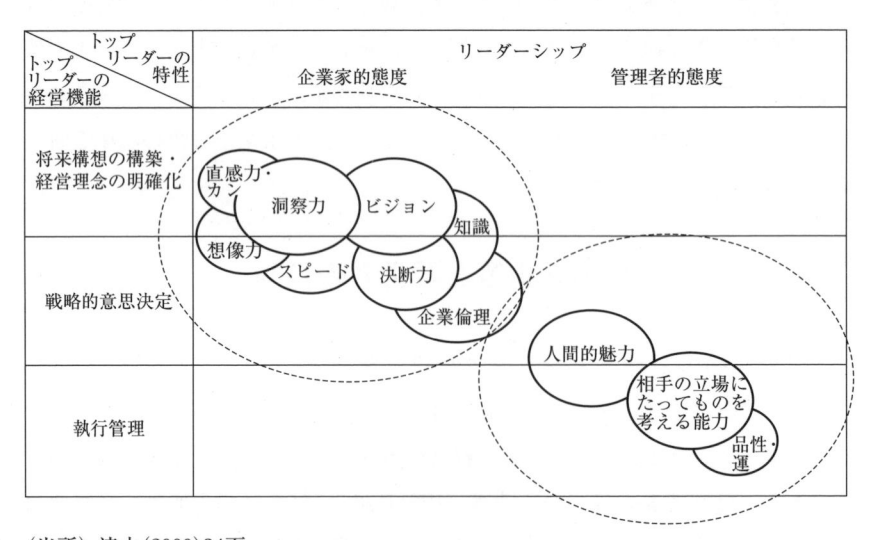

（出所）清水（2000）34頁。

図4－2　トップリーダーの能力

を行うときは人間的魅力，相手の立場にたってものを考える能力，品性・運が必要であることを示している。

しかしながら，トップリーダーに対しこれらが絶対的なものではないと清水 (2000) は言及している。トップリーダーの業種，形態，規模などによっては能力の要素が異なってくる。このことは絶対的な経営者の条件を示しているのではなく，さまざまな能力をもった経営者が考えられることを意味している。

例えば，経営者には経営の知識や人間的魅力が不可欠としても会計や財務にも精通した能力も求められてくる。経営者の資質としては経営のセンスが必要となれば，いかにして習得すべきなのかが浮き彫りになってくる。そのためには人の何倍もの努力や労力が求められる。その意味では経営者のリーダーシップとは何かを一般的に示すことへの困難さを物語っている。

経営者のパフォーマンスにはその人のもつ人間性や知性のほかにリーダーシップを発揮するための経営者としての資質が重要になってくる。具体的な資質としては創造性，先見性，ビジョン，判断力，経営のセンス，情熱，謙虚さなどが備わっているような人物が求められよう。経済同友会はプロフェッショナルな経営者に求められる資質として，①高い倫理観と価値観，②優れた判断力，③勇気ある決断力，④構想力・先見性・感性，⑤適応力の5つをあげている（経済同友会，2007，pp. 5-8）。このことから経営者のリーダーシップの決め手になるのは経営者自身の人間性や資質に深く関係している。だが，経営者が倫理観や道徳観を知識や理屈で知っていても習い性となって経営者自身の人間性にまで浸透しなければ意味がない。そのことを経営者が認識し，経営のプロフェッショナルとして，経営活動を展開していく必要がある。

小椋はマネジメント・プロフェッショナル（経営者および管理者）の育成について，経営哲学・経営倫理および経営理念の基礎原理を基礎とし，自己啓発する経営教育が求められていると主張する。小椋は，①経営者は経営者独自の自己啓発の方法を使って，経営実践能力を高めること，②経営者の育成の基本は，経営意思決定力をつけること，③経営者と管理者の育成は，実際の経営行動の中に経営教育プログラムが内在化される必要があること，④マネジメン

ト・プロフェッショナルである経営者は，ステークホルダーとの対境活動を含めて，経営意思決定の総合的アートを遂行する力を備えた経営者であると展開し，マネジメント・プロフェッショナルの経営教育の存在意義の本質を論究している（小椋，2008，pp.10-11）。

(2) 経営者の役割と課題

　日米企業の不祥事の原因にはさまざまな要因がある。不祥事への対処で肝心なのは，①迅速性，②判断，③処置の3つである。米国では不祥事の対応の遅れは命とりになる。後でどんなに対応がよくても企業のダメージは傷口として広がっていくことがある。翻って，日本では対応そのものに誠意があるのかがきわめて問題視される。例えば，リコールへの取り組み，消費者の目線に立った企業姿勢が重要となる。しかしながら，日本では過去にリコール隠しの問題で大きな損傷を受けたことがあるにもかかわらず，対応策の遅れがしばしば指摘されている。一方，日本の経営者は不祥事後の会見で平に謝罪するのに対し，米国の経営者は頑な態度で謝罪はしないという日米の経営者の間で違いがみられる。これには裁判で有罪になるまでは頑として謝罪しない米国流の事情がかかわっていると思われる。

　不祥事を起こした企業が真っ先に行うべきことは利害関係者からの信頼を元通りにすることである。そのためには経営者の積極的な関心や姿勢を従業員に明確に示す必要性がある。社会は何を求めているのかや利害関係者は何を期待しているのかなどを把握し，企業と社会の整合性を調和することが重要である。

　企業はさまざまな利害関係者との関係を問い直し，どのような要請・期待等が寄せられているかを知り，コミュニケーション関係を構築し（対話，情報開示，報告），どのようにアカウンタビリティを果たしていくかが重要である（谷本，2002，p.291）。企業は利害関係者に対し，経営の透明性を高め，情報を開示することでアカウンタビリティを確立することが企業の持続可能な経営における第一歩である。

5 コーポレート・ガバナンスの必要性と経営者自己統治

(1) コーポレート・ガバナンスに対する期待とその論調

　コーポレート・ガバナンスに関する内外の研究は1990年代から一段と広まり，法律，会計，経済，金融，証券，財務などの分野でいち早く論じられるようになった。そのようなコーポレート・ガバナンス研究は今日では数多くの研究成果が蓄積されている。ところが，こうした研究成果には主として取締役会の制度比較と制度改革の2つに焦点をあてた研究が大半である。近年では悪質な不祥事が跡を絶たないことから不祥事の抑止・防止の観点から論じられることが多い。本来，コーポレート・ガバナンスには企業不祥事の抑止機能も企業競争力の促進機能もないとの指摘がなされている。そのため，コーポレート・ガバナンスへの過信は真に慎むべきである。コーポレート・ガバナンスは経営者が真摯な態度と姿勢で取り組みことに変わりはないが，安易にコーポレート・ガバナンスに頼ろうとする姿勢では，いつまでたっても実効性あるコーポレート・ガバナンスを発揮することはできない。コーポレート・ガバナンスの弱点を無視して，光のスポットだけを求めるのでは依然として企業体質は変わらないことが指摘できる。

　それではコーポレート・ガバナンスの必要性はどこにあるのであろうか。コーポレート・ガバナンスは経営者の経営を監視・監督する仕組みを意味している。その仕組みを使って，経営者の経営を監視・監督することがコーポレート・ガバナンスである。ここで注意すべき点は経営者と一口にいってもさまざまな経営者がいることである。企業の運命を左右する経営者が企業にとって有望な経営を遂行するとはいえない。だからこそ，経営者の経営を監視・監督する仕組みが必要なのである。そのため，経営者を監視・監督するのはだれなのかが問題になる。

　平田（2008）はコーポレート・ガバナンスの主体として外部者統治，内部者統治，経営者自己統治の3つの統治型をあげている。具体的には，外部者統治

は証券市場，金融市場，商品市場，経営者市場，主力銀行，機関投資家，会計監査人，格付け機関等による統治であり，内部者統治は取締役会，経営会議，常務会，監査役会，監査委員会，監査部，検査部，労働組合，従業員等による統治であり，経営者自己統治は外部者統治と内部者統治を活用した経営者自身の統治である。

平田（2008）によれば，コーポレート・ガバナンスの一翼を担う関連当事者取引，専門家，会計監査人，監査役などの他者統治は企業を経営危機から守るために欠かせない統治方式であるという。だが，他者統治よりも重要なのは経営者自身による自己統治であることを指摘する。なぜなら，経営者が他者統治に頼る限り，いつまでたっても甘えから脱却できないから他社統治を活用し，さらに経営者自身による自己統治をもって，甘え，脆さ，弱さから脱却しようとするものである。そのような企業の構成員から全幅の信頼を得て，自己統治を推進できる経営者が責任ある経営者（革新的経営者）であると強調する。

(2) 経営者自己統治の課題

平田（2008）によれば，重要なことは経営者の抱く企業倫理や社会的責任についての考え方がすべての従業員に浸透しているかどうかであり，従業員がこぞって経営者と同じ気持ちで同じ方向を向いて仕事をしているかどうかである。その時々の時代や環境に適合し得る経営の哲学・理念がない企業は厳しい競争社会から遠からず脱落していかざるを得ないであろう。企業の浮沈の鍵を握るのは経営者であり，その経営者の自己統治力に懸かっているのである（平田, 2008）。

不祥事への対処には企業倫理のほかにコンプライアンス，内部統制，リスクマネジメント，コーポレート・ガバナンス，企業の社会的責任などが関連している。これらの根底に企業倫理があり，企業倫理が欠けた組織では企業の存続にかかわる問題となる。不祥事の根本は，最終的には自己の意識，行動，倫理観などにかかわってくるため不祥事は完全には消滅しない。繰り返される不祥事の防止に万能薬はないのである。だからといって不祥事に対して諸手をあげ

て看過するわけにはいかない。不祥事への対処として何よりも重要なのは経営者の危機管理能力とその倫理的価値判断による意思決定であると強調しておきたい。

　繰り返しになるが，経営者の経営理念と経営倫理が倫理的価値判断となり，経営行動と結びつくことが重要である。経営者は倫理的価値判断と経営行動に基づいてリーダーシップを発揮し，利害関係者を意識した経営活動を展開する必要がある。しかしながら，倫理的価値判断が経営者の利己によるものでは不祥事の温床が生成するのである。そのためには経営者の倫理的価値判断が従業員に浸透しているかどうか，社会に信頼される企業を形成できる経営者かどうかが重要である。また，優れた人間教育と倫理観に裏打ちされた革新的な人材育成を実施することが社会に信頼される企業につながるのである。

6　おわりに

　2015年5月1日に施行した改正会社法では日本におけるコーポレート・ガバナンスは監査役設置会社，指名委員会等設置会社（改正会社法の以前は委員会設置会社），監査等委員会設置会社の3つがある。改正会社法では上場企業において社外取締役を置いていない場合の相当の理由を説明する義務などが新たに盛り込まれている。東京証券取引所のホームページのコーポレート・ガバナンス情報サービスを見てみると監査役設置会社は3177社，指名委員会等設置会社は日本郵政，かんぽ生命保険，ゆうちょ銀行，東芝，三菱電機，ソニー，東京電力など68社，監査等委員会設置会社は三菱重工業，野村不動産ホールディングス，安川電機など239社であった。日本企業の大半は監査役設置会社を採用している。

　コーポレート・ガバナンスの強化として，社外取締役および社外監査役に関する議論がある。しかし，経営者が関与する不祥事を非常勤の社外取締役が見つけるのは難しいと考えられる。監査役設置会社に社外監査役がいても調査権があいまいであるため，検討の余地がある。社外取締役や社外監査役の選任を

めぐっては，立場上は独立役員（一般株主と利益相反がない社外取締役又は社外監査役をいう）としても慣行的に経営者の強い意向に異論を挟むのが難しいことも指摘されている。コーポレート・ガバナンスの制度作りに着目すると社外取締役，社外監査役のガバナンスの実効性が問われてくる。

そこで独立役員や独立取締役（経営者および特定の利害関係者から実質的に独立した取締役）という考えが出てきた。2013年6月，トヨタ自動車ははじめて社外取締役を3名選任した。それまで社外取締役が1名もいなかったトヨタ自動車を含めて，キヤノン，京セラ，新日鐵住金なども社外取締役を選任した。各社の実情，風土に適した独自のガバナンス体制が構築されていると考えられる。

繰り返しになるが，企業不祥事を断絶することは不可能である。しかし，企業不祥事を抑止，防止するためには経営の健全化を図ることが必要となってくる。企業不祥事はハード面を強化しても法制化しても最終的には自己の意識，行動，倫理観にかかわってくる。経営者が先頭に立って，経営のプロフェッショナルとしての確固たる経営理念と経営倫理に基づいたリーダーシップを発揮し，経営者自己統治ができる経営者が切望されている。コーポレート・ガバナンスの制度作りよりもその仕組みを戦略的に使いこなせる経営者の育成が最重要課題の1つである。

注
1) 攻めのガバナンスとはより実効性ある原則の提示を通じて，健全な企業家精神の発揮を促し，会社の持続的な成長と中長期的な会社価値の向上を図ることに主眼を置いている。
2) 本章での経営者とは取締役，執行役（員）を意味している。
3) 経営者自己統治については平田（2008）を参照されたい。著者は平田が提唱している経営者自己統治の立場に立脚してコーポレート・ガバナンスを論述している。
4) リコール隠しは道路運送車両法第111条により，法人に対し2億円以下の罰金が科される。
5) 最近の不祥事は経営者，従業員が職務遂行するうえでの不注意，うっかり，

いい加減といったヒューマンエラーが原因で法律違反，社会常識，倫理観の欠落による事件や犯罪が目立っている．不祥事にはさまざまな要素が複合的に絡み合うことによって多発している．
6) 雪印乳業の最大の不祥事としては2000年6月27日の大阪工場食中毒事件があげられる．雪印食品の不祥事としては2002年1月23日の牛肉偽装事件があげられる．平田（2008）によれば，2つの不祥事の背景には，①内向きの体質（社内の倫理，企業倫理の欠如），②縦割りの組織（事業全体の把握の弱さ，事実確認の弱さ），③リスクマネジメントの欠如（情報の動脈硬化，結果に対する対応のまずさ）があったと指摘している．
7) 社長の器，社長の値打ちについては佐山（2008），佐山（2010）を参照されたい．
8) 経営者の経営力については小椋（2009）を参照されたい．

参 考 文 献

青木　崇（2009）「日本企業の不祥事と企業の社会的責任」『日本経営倫理学会誌』日本経営倫理学会，第16号，43-52頁．

青木　崇（2010）「企業不祥事のメカニズムと現代経営者の役割」『日本経営倫理学会誌』日本経営倫理学会，第17号，45-57頁．

青木　崇（2011）「企業不祥事の事後的対応をめぐる経営者の意思決定―倫理的価値判断と経営力―」『高松大学研究紀要』第54・55合併号，9-28頁．

小椋康宏（2008）「マネジメント・プロフェッショナルの理念と育成」日本経営教育学会編『経営教育研究』学文社，Vol. 11, No. 1, 1-13頁．

小椋康宏（2009）「日本型経営の枠組みと経営力の創成―経営者の役割を中心として―」『経営力創成研究』東洋大学経営力創成研究センター，第5号，81-91頁．

飫冨順久（2007）「経営者の倫理と経営教育」日本経営教育学会編『経営教育研究』学文社，Vol. 10, 1-18頁．

飫冨順久（2009）「企業倫理と内部統制システム」『経営力創成研究』東洋大学経営力創成研究センター，第5号，53-64頁．

菊池敏夫・平田光弘・厚東偉介編著（2008）『企業の責任・統治・再生』文眞堂．

経済同友会（2007）『経営者のあるべき姿とは―確固たる倫理観に立脚したプロフェッショナリズムとリーダーシップ―』経済同友会．

佐山展生編（2008）『社長の器―企業価値向上論講義―』日本経済新聞出版社．

佐山展生編（2010）『社長の値打ち―企業価値向上論講義―』日本経済新聞出版社．

清水龍瑩（1995）「経営者の人事評価（Ⅱ）―経営者能力―」『三田商学研究』慶應義塾大学商学会，第38巻第4号，1-30頁．

清水龍瑩（2000）「優れたトップリーダーの能力」『三田商学研究』慶應義塾大学商学会，第42巻第6号，31-57頁．

谷本寛治編著（2002）『SRI社会的責任投資入門―市場が企業に迫る新たな規律―』日本経済新聞社．

中村瑞穂編（2003）『企業倫理と企業統治―国際比較―』文眞堂.
平田光弘（2008）『経営者自己統治論―社会に信頼される企業の形成―』中央経済社.
平田光弘（2009）「次世代経営者の育成と経営者教育」日本経営教育学会編『経営教育研究』学文社, Vol. 12, No. 1, 1-17頁.

第5章　企業変革を導く組織間学習の形成と　コーポレート・ガバナンスとの共進化
　　　　　―価値創造経営との関連で―

1　はじめに

　コーポレート・ガバナンスに関する研究は，今日では数多の研究成果が蓄積されている。ところが，主としてコーポレート・ガバナンスの研究対象とされるのは取締役会の制度比較や制度改革を中心とした研究である。また，企業不祥事への対処と企業競争力の強化の視点からコーポレート・ガバナンスを論証する研究も少なくない。

　コーポレート・ガバナンスの役割としては企業不祥事の発生を抑止することと企業競争力の強化を促進することが期待されている。しかしながら，昨今，日本企業の不祥事が跡を絶たないでいる事態がある。こうした中，コーポレート・ガバナンス問題は経営者[1]問題にほかならないとの指摘がある[2]。そこではコーポレート・ガバナンスの本質である経営者の監視・監督する主体を経営者自身の自己統治をもってガバナンスを行うという提唱であり，コーポレート・ガバナンス制度作りよりもそれを戦略的に使いこなせる人材作りに注力すべきであると主張している[3]。

　本章ではそうした経営者を念頭に置き，経営者と従業員が同じ方向で経営を行っていくためのコーポレート・ガバナンスについて組織間学習の観点から考察していくことにしたい。具体的には価値創造経営をベースとした経営者の経営理念とリーダーシップについて考察する。持続可能な発展を目的とする価値創造経営を実践していくためのコーポレート・ガバナンスの枠組みを提示し，企業変革を導くための経営者の実践的課題について私見を述べることにしたい。

2　企業変革を導く組織間学習の形成

(1) 価値創造経営の基本前提

　ここでは価値創造経営（value creation management）の基本前提となる企業間における知識移転，組織間学習について詳しくみていくことにする。この知識移転，組織間学習を行っていくことが企業変革（corporate transformation）を導く価値創造経営の基本前提となる[4]。

　企業変革に至る知識移転のフェーズでは，①知識流入，②知識獲得，③知識共有，④知識創造，の4段階の局面が存在する[5]。表5-1のように，各フェーズと対応する要件ではそれらが満足されれば企業変革に結びつくが，満足されなければ障害に変わるという二面性をもっている[6]。知識プロセスの構成要素が組織内でどのように流れるかについて，主な論者の見解を表したのが表5-2である。

　組織間学習は組織学習から構成され，その組織学習は個人学習から構成される。組織間学習では異質なパートナー間で信頼関係を基礎として知識が相互浸透し，自らの「内的モデル」を再考・改新しようとする可能性が強くなる[7]。それにより企業の競争力は，異質・信頼・協力の関係を基盤とする人と人との相互作用によって生成される知識創発（knowledge emergence）が知識イノベーションを創出させるとともに最終的に企業変革のイネーブラー[8]となるこ

表5-1　企業変革に至る知識移転のフェーズとその要件

知識流入	知識獲得	知識共有	知識創造
・組織体間構造 ・協働 ・情報システム	・意図の明確化 ・対境担当者の情報収集・処理	・組織構造 ・情報システム ・個人間コミュニケーション	・制度・仕組み ・トップマネジメントの支援 ・評価システム ・学習の慣性

（出所）　松行・松行（2004）97頁。

表5-2 知識プロセスの構成要素

論者	知識プロセス
Huber, G. P.（1991）	①知識獲得，②情報伝達，③情報解釈，④組織メモリー
Wiig, K.（1993）	①創造と調達，②編集と変換，③配分と適用，④価値実現
Marquardt, M.（1996）	①獲得，②創造，③移転と活用，④貯蔵
Van der Spek, R. and A. Spijkervet（1997）	①新しい知識の開発，②新規，現存知識の確保，③知識配分，④入手可能な知識の結合
野中・紺野（1999）	①創造，②浸透（共有，移転），③活用
Alavi, M. and D. E. Leidner（2001）	①知識創造，②知識貯蔵と検索，③知識移転，④知識適用
Gold, A. H., A. Malhotra and A. H. Segars（2001）	①獲得，②転換，③適用（活用），④保護
Grover, V. and T. H. Davenport（2001）	①知識生成（知識獲得と開発），②知識のコード化，③知識移転
Holsapple, C. W. and K. D. Joshi（2002）	①知識獲得，②知識選択，③知識内面化，④知識活用（知識生成と外面化）
Shultze, U. and D. E. Leidner（2002）	①知識生成，②知識表現，③知識貯蔵，④知識移転，⑤知識変換，⑥知識適用，⑦知識保護
一條（2003）	①蓄積（創造，学習），②活用，③監査，④保護
Lee, K. C., S. Lee and I. W. Kang（2005）	①知識蓄積，②知識共有，③知識活用，④知識内面化

（出所）　中村（2006）72頁を引用，一部修正。

とを示している[9]。

　組織間学習をする組織主体は2つ以上の組織体である。そのため当該組織体が通常，ほかの異質な組織体から学習することが組織間学習を意味している[10]。松行・松行（2004）は組織間学習に関して，つぎのように定義している。
　①　ある組織体がもつ情報および知識を用いて，独自に知識形成をする組織学習，

② 各組織体がもつ情報や知識の組織間における双方向的な移転, 交換および交流など,
③ その結果として, それらを受け入れた組織体が独自に組織学習をして, 新しい知識の形成という知識創造をする一連のプロセスである。

組織間学習には組織学習が包摂され, 情報や知識が組織体間で相互交流し, 新たに知識を形成, 記憶することを意味している。その結果, 当該組織体自体が変化するだけでなく, 各組織体から情報, 知識が環境に提供され, 環境自体も変化するという積極的, 能動的な行為の存在であるという[11]。

(2) 知識コミュニティと知識イノベーション

価値創造経営の基本前提には組織間学習の概念が重要な役割を果たしている。組織間学習は図5－1のように組織体間に情報や知識が双方向的に移転, 交換,

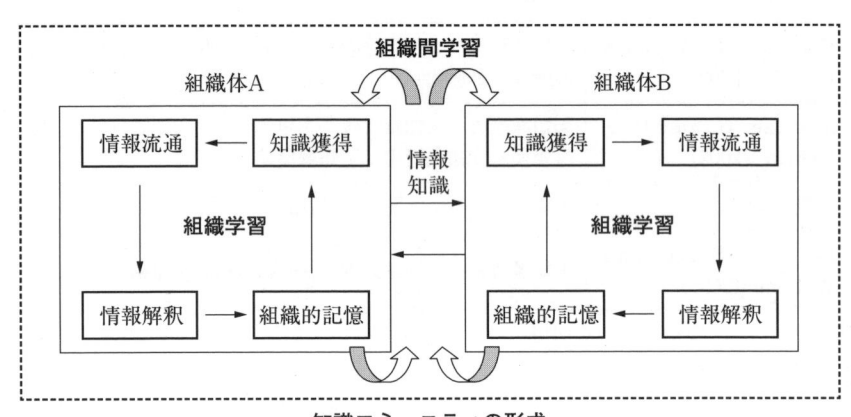

(出所) 松行・松行(2004)27頁を引用, 一部修正。

図5－1 組織間学習のプロセスと知識コミュニティ

交流し，それらを受け入れた組織体が組織学習を行うとともに新しい知識を形成することで知識創造をする[12]。組織間学習では組織体の自己完結的な組織学習が2つ以上存在し，それらが連結し情報や知識が組織間で移動することにより組織体と組織体が知識連鎖（knowledge link）を通して相互浸透する[13]。そのため，そこでは専門的知識を共有するために自発的に集まった共同体である知識コミュニティ（knowledge community）が形成される。知識コミュニティは知識移転が行われ，同時に異質で高質な知が相互間の対立を克服して知識イノベーション（knowledge innovation）を生成させる場でもある。そのような場では内省的な思索，対話，実践というスパイラル・アップが繰り返され，価値創造経営が行われることになる。

　松行・松行（2002）は組織間学習について，アライアンスの観点から提携企業の異質性，企業の知識およびダブルループ・ラーニング[14]（double-loop learning）の発生などがゆらぎとなり，企業間の組織間学習を促進し，学習の自己組織化プロセスを経て，知識創造を生起させ，それらが最終的に企業変革につながると指摘する。組織間学習が企業変革のイネーブラーになると主張している[15]。

　本章における価値創造経営とは組織間学習を構成する組織学習ならびに個人学習に着目し，その組織学習，個人学習によって異質あるいは新たな価値観を経営者と従業員が共有，理解し，ベクトルを合わせて企業活動を行っていくことである。具体的には，図5-2のように社会に適応した持続可能な発展を目的とする経営理念に価値創造経営を注入し，価値創造経営をベースにした経営理念から経営ビジョンと経営目標が構想される。経営ビジョンと経営目標は経営者の個人学習によって長期経営計画が明確化する。長期経営計画は経営者のリーダーシップによって経営実践となり，経営者の事業活動が行われる。経営実践は企業の社会的責任活動を取り入れ，経営実践がミドル・マネジメントに組織学習を通じて浸透していくという一連の過程をフローチャートに示したものである。

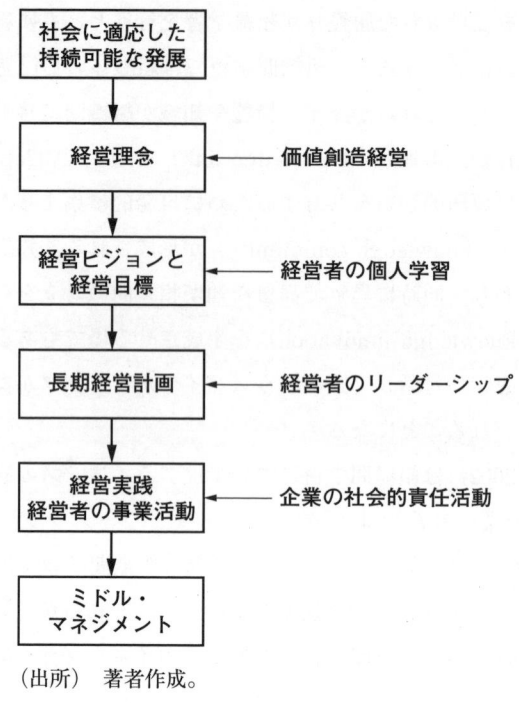

図5-2 価値創造経営の枠組み

フロー図:
社会に適応した持続可能な発展
↓
経営理念 ← 価値創造経営
↓
経営ビジョンと経営目標 ← 経営者の個人学習
↓
長期経営計画 ← 経営者のリーダーシップ
↓
経営実践 経営者の事業活動 ← 企業の社会的責任活動
↓
ミドル・マネジメント

(出所) 著者作成。

(3) 企業価値との関連

　ここでは価値創造経営と企業価値について触れておきたい。企業価値については論者によって定義が異なるが，経営財務論の視点から検討していくことにしたい。小椋（2004）は21世紀の日本企業の変革において，企業価値創造は経営体が利害関係者との対境関係，特に金融市場と主体的な関係を持つとき，今日もっとも重要な課題であると指摘する[16]。経営体の企業価値評価は株価によって決定されるが，株価最大化の原理は株主の富の最大化のみを意味するものではなく，経営体と関係を持つ利害関係者すべての富を考えたものであると指摘している。株価最大化が企業価値創造につながり，それが経営社会に対する社会的責任として経営体の社会的存在が認知されると論じている[17]。

したがって，企業価値創造の枠組みについては経営財務の基本的枠組みの中で示すことができ，グローバル化時代の企業価値創造は経営財務の視点からみると企業価値最大化を経営行動の経営指針として取りあげることに重点を置いている。経営者は金融・資本市場を意識した経営を行っていくことが重要となる。

一方，佐山（2003）はM&Aの観点から企業価値の概念について，だれにとっての企業価値なのかによって企業価値が変わってくると指摘する[18]。Enterprise Value（EV）を企業価値と訳すのではなく，事業価値のほうがよいと述べている。EVとは株式価値と有利子負債の合計のことで有利子負債だけが増えてもEVは増えるが，企業価値が増えるわけではない。PBR（株価純資産倍率）で企業価値を判断する場合，余剰資金によって違ってくるため，企業が将来どれだけキャッシュを生むかが重要であると主張する。

企業価値は経営者によって経営計画が変わり，得られるキャッシュの総額も変わるため企業価値も変わってくる。企業価値は時価総額ではなく，時価総額と違った本源的な企業価値を評価する必要があると指摘している。今後，M&Aが活発していく中で経営者は経営に直結した企業価値を高めていくことが重要となる。

このほかにも企業価値についてはさまざまな見解があるが，共通していることは，①経営者は利害関係者に対し，金融・資本市場を意識した経営を行っていくこと，②企業価値を上げるのも下げるのも経営者によって決まることである。本章の価値創造経営は持続可能な発展を目的とする経営理念を経営者の個人学習，組織学習によって経営実践に結びつけていくことに対し，企業価値は現在の株価に反映されている企業価値を将来高めていくための経営原理に重点を置いている。

本章では株式会社企業に限定して論じているため，企業価値の概念と共通するところがある。そのことを踏まえたうえで価値創造経営について論述していくことにする。つぎでは価値創造経営を目指す経営者の経営理念とリーダーシップについて考察をする。

3 価値創造経営を目指す経営者の経営理念とリーダーシップ

(1) 価値創造経営における経営者の経営理念

　一般に経営理念とは経営者が企業運営についていだく信条・哲学・経営観を指すといってよい。それは経営哲学，経営信条，経営思想，行動理念，指導原理などの名称で呼ばれている。ここでは価値創造経営に基づいた経営者の経営理念とする。

　経営者がいだく自らの経営理念は構成員が共有し，実行しなければ意味をなさない。このことは経営理念が企業のベクトルとして反映しなければならないことを表している。構成員は経営者と同じ経営理念を共有し，同じ方向を向いているかが重要になってくる。そのためには経営者が明確な経営理念をもっていることが前提になる。京セラの名誉会長である稲盛和夫はその経営理念に対し，だれもが共感する普遍性のあるものでなければならないと説いている[19]。どんなに優れた経営者でも私利私欲を従業員に押しつけるようでは，経営は続かないであろうと。どんなに成長した企業でも経営者の経営理念に利己が強すぎたら，あっという間に崩壊するおそれがあると指摘する。

　経営者の経営理念は社内のベクトルそのものを示している。そのため経営者の経営理念を企業全体に浸透させ，構成員が共有できるかどうかにかかわってくる。経営者の役割には経営を監督する立場と経営を執行する立場がある。しかしながら，経営者は立場にかかわらず，従業員に何が正しくて何が悪いのかを示し，経営理念に基づいた価値観を共有することが重要である。このことは従業員が価値観を共有しなければ，どんな組織体制も機能しないことを意味する。

　経営理念が従業員一人ひとりに浸透することによって，従業員が経営者の考えと同じ方向で経営に携わることが重要である。そのためには企業活動の根幹となる経営理念が必要であり，経営理念に沿ってだれもが納得する仕組みを形

成することが経営者に求められる重要課題である。ここに経営者の個人学習，組織学習が必要になってくる。だが，こうした中においても企業不祥事は跡を絶たない現実がある。このことはまさに経営理念の浸透過程後の経営者としての自覚やリーダーシップが問われてくることを示唆している。

(2) 知識コミュニティにおける対話とその実践

近年，思いもよらない悪質な企業不祥事が頻発し，社会からの信頼を失い，破綻に追い込まれる企業が跡を絶たないでいる。不祥事の原因には経営者の倫理観の欠如，従業員の不正などがみられるが，不祥事そのものは多種多様である。違法経営ではないからといって経営者自身に倫理観や道徳観が欠落していたら意味がない。経営者がそのような認識ではどんなに立派な経営理念を掲げていても経営は長続きしない。最終的には経営者の人間性，資質そのものが経営を左右するといってよい。

今日，新しい経営者によるリーダーシップが求められていることについて，価値創造経営の観点から触れておきたい。松行・松行（2004）によれば，「新しい経営者に必要とされているのは，地球環境，情報化，生命倫理，民族・宗教・文化的対立など，非決定的な状況空間にあって，速やかで適切な価値判断と意思決定をしていく能力である[20]」と指摘する。このような課題を解決していくためにはその本質を的確に把握し，洞察をする価値判断が求められている。そのような複雑な経営課題を解決するために経営者は深い思索や分析に基づいた実践こそが求められている。そのためには異質の価値観をもった人たちがダイナミックな文脈を共有する場である知識コミュニティを通じて，プラトン的対話による思考を積み重ねて信頼に基づく協力をしていく必要があると指摘する[21]。

このように経営者がリーダーシップを発揮することは経営の方向性を決めるうえできわめて重要な役割である。経営者の私利私欲を従業員に押しつけるのではなく，経営者の知識，価値観と組織全体が相互に作用しあうことが重要である。知識コミュニティの形成により，知識創発としての知識イノベーション

を創出し，知識コミュニティにおける対話と実践から組織全体に新たな価値観が生成する。新たな価値観を経営者と従業員が共有していくことにより，経営者は戦略的意思決定におけるリーダーシップを発揮することができる。

稲盛和夫は幼少期から西郷隆盛の思想に触れ，『南洲翁遺訓』[22]に大きな影響を受け，人の上に立つ者が身につけるべき思想や人間としての考え方，生き方の基礎を学んでいる。稲盛和夫は自らが従業員に説こうとしているフィロソフィの原点がここにあるとして，1966年，社長就任を機に西郷隆盛が信条にしていた「敬天愛人」を京セラの社是として定めている。これが人間として正しいことを正しいままに追求する姿勢を説いた「京セラフィロソフィ」の原点である。そのような「京セラフィロソフィ」を経営者と従業員が共有し，同じ方向で経営を行っていくことが知識コミュニティにおける対話とその実践である[23]。

トヨタ自動車の創業者である豊田喜一郎の「日本人の頭と腕で自動車を造る」という理想はトヨタ自動車が掲げる人材育成の理念である「モノづくりは人づくり」に直結している[24]。豊田喜一郎の理想には父である豊田佐吉の思想が影響しているが，人を大切にしないと工場を含めて会社が機能しないどころか，消費者の信頼を得られる製品も生み出せないという考え方はまさに慧眼の士である。

もう一人慧眼の士として見落とせないのはパナソニックの創業者である松下幸之助の「経営の根幹は人にあり」「モノをつくる前に人をつくる」という理念である。パナソニックは2008年10月1日に松下電器産業から会社名を変更しても松下幸之助の経営理念は不変であると公表している。その経営理念の核心を成す「企業は社会の公器」「お客様第一」「日に新た」「衆知を集めた全員経営」といった考え方はパナソニックグループの全従業員に脈々と受け継がれている[25]。

このようにいずれも共通していることは，①幼少期に受けた影響はその後の経営理念に反映していること，②経営理念を従業員に説き，従業員を大切にし，経営者と従業員が同じ方向を向いていこうとしていること，③人材育成を重要

視しており，人間として，社会人として立派な人間であることを使命にした教育訓練，幹部研修プログラムなどが実施されていることがあげられる。このようにして組織体の構成員の心を束ね，強固なものにつなげていくベースには創業者の信念である経営理念を垣間見ることができる。

(3) 経営者のリーダーシップと倫理観の高揚

経営者がリーダーシップを発揮することは経営の方向性を決めるうえできわめて重要な役割である，と述べた。経営者のリーダーシップについて，清水(2000)は，「組織の目的を達成するために，リーダーが部下に対して行使する対人影響力である。トップリーダーは環境変化に対応して，軸足を企業家精神あるいは管理者精神に移す[26]」と指摘する。経営者には環境に応変する能力がリーダーシップを発揮するうえで必要である。

能力の要素については，①トップリーダーが企業家的態度で将来構想の構築・経営理念の明確化を行うときは，洞察力，ビジョン，決断力などの能力が必要であり，②管理者的態度で執行管理を行うときは，人間的魅力，相手の立場にたってものを考える能力，品性・運が必要であることを示している。

しかしながら，トップリーダーに対し，これらが絶対的なものではない，と清水は言及している。トップリーダーとしても業種，形態，規模などによっては能力の要素が異なってくる。このことは経営者の絶対的条件を示しているのではなく，さまざまな能力をもった経営者が考えられることを意味している。

例えば，経営者には幅広い経営知識や人間的魅力が不可欠としても，会計や財務，技術にも精通した能力が求められてくる。経営者の資質としては経営のセンスが必要となれば，いかにして習得すべきなのかが浮き彫りになってくる。そのためには人の何倍もの努力や労力が求められる。その意味では経営者のリーダーシップとは何かを一般的に示すことへの困難さを物語っている[27]。

経営者のパフォーマンスにはその人のもった人間性や知性のほかにリーダーシップを発揮するための経営者としての資質がきわめて重要になってくる。具体的な資質としては創造性，先見性，ビジョン，判断力，経営のセンス，情熱，

謙虚さなどが備わっているような人物が求められよう。そのうえで経営者はプロフェッショナリズムに裏打ちされたリーダーシップの涵養とそれを発揮するためのコーポレート・ガバナンスが不可欠である。

したがって，経営者のリーダーシップによって経営方針が決まり，長期経営計画が実行される。そのようなリーダーシップでは経営者の経営理念や経営者の資質そのものが決め手となる。そのため経営者の経営理念を従業員が共有しなければ意味がない。経営者の倫理観や道徳観は，知識や理屈で知っていても習い性となって自身の性格，人間性にまで浸透させなければ意味がない。昨今のコーポレート・ガバナンスに関する議論は経営者の倫理観，人間性に起因した不祥事と無関係ではないように思われる。

4　価値創造経営のコーポレート・ガバナンス

(1)　コーポレート・ガバナンスと経営者問題

日本におけるコーポレート・ガバナンスに関する研究は1990年代から一段と広まり，主として取締役会，執行役員，監査役会，内部統制についての指摘がなされている。近年では不祥事の抑止・防止の観点から論じられることが多い[28]。冒頭でも述べたようにコーポレート・ガバナンス問題は関連諸学と関係し，これまでさまざまな研究がなされてきた。コーポレート・ガバナンス問題の研究方法では特に企業の社会的責任，コンプライアンス（法令遵守），企業倫理，リスクマネジメント，内部統制が関連する鍵概念として，今日，注目されている。著者は，今後，コーポレート・ガバナンス研究について，これらの土台となる経営理念に基づいた企業活動を経営者が行っていくためのコーポレート・ガバナンスに関する理論実証研究に移らなければならないと考えている。

そのため，つぎなる研究課題のステージとしては持続可能な発展を目的とする価値観，経営観からなる価値創造経営をベースにした経営理念を実践していくための経営者のコーポレート・ガバナンスについて考察を行っていく必要が

ある。具体的には経営者から見た価値創造経営のコーポレート・ガバナンスに焦点をあてて，経営者と従業員が同じ方向を向いて責任ある経営を行っていくことである。価値創造経営との関連ではこれまでコーポレート・ガバナンス研究にはほとんどみられなかった企業を学習体としての観点から学習理論における相互学習（mutual learning）について考察を行う。

　コーポレート・ガバナンスと経営者問題の深層には経営者のリーダーシップでコーポレート・ガバナンスの構築と実践が決まるため経営者の真摯な態度が問われてくる。価値創造経営のコーポレート・ガバナンスは価値創造経営をベースとした経営理念を実践していくためのコーポレート・ガバナンスに焦点をあてて，経営者の個人学習，組織学習を通じて，経営者と従業員が同じ方向を向いて責任ある経営を行っていくかが問われてくる。そのため価値創造経営を目指す経営者は環境に適応したコーポレート・ガバナンスを構築したうえでリーダーシップを発揮していく必要がある。

(2) 環境適応によるコーポレート・ガバナンス

　日本企業の大半は従来型の監査役設置会社を採用している。2014年7月24日現在，日本監査役協会によれば，委員会設置会社（2015年5月1日に施行した改正会社法により指名委員会等設置会社になった）に移行した企業は90社であり，委員会設置会社から監査役設置会社に再移行した企業は63社である[29]。これまでトヨタ自動車，キヤノン，新日鐵住金などは従来型の監査役設置会社において社外取締役を1名も選任していなかった。ところが，コーポレート・ガバナンスの強化策として社外取締役の設置を求める声が高まってきたことを受け，2013年6月にトヨタ自動車は社外取締役を3名選任した。社外取締役の採用に慎重とみられていたキヤノンは2014年3月に社外取締役を2名選任し，新日鐵住金は2014年6月に社外取締役を2名選任した。

　経営の効率化，意思決定の迅速化でいえば，トヨタ自動車は2003年6月に58名の取締役を27名に減らし，取締役ではない常務役員を新設した。これは全社のさまざまな機能のオペレーションに関し，取締役である専務が最高責任者の

役割を担い，常務役員が実務を遂行するという仕組みになっている。専務を経営に特化させるのではなく，トヨタ自動車の強みである現場重視の考え方の下で経営と現場の繋ぎ役として位置づけていることが特徴である。その結果，現場意見の全社経営戦略への反映や経営意思決定事項のオペレーションへの迅速な展開を通じて，現場に直結した意思決定をすることが可能になっている。

社外取締役の導入によって多様な価値判断に基づき意思決定できる経営体制を整えられるのであれば，2004年6月に委員会設置会社に移行したソニー，東芝をはじめ，オリンパスは3名の社外取締役がいたにもかかわらず，経営者の長年の粉飾決算を見逃し続けてきた。

持続可能な発展を目指す現代企業の共通点としてはつぎの4点があげられる。①長期安定的な企業価値の向上に邁進すること，②内外の法およびその精神を遵守し，公正な企業活動を通じて，「社会から信頼される企業」となること，③その実現のためにはさまざまな利害関係者と良好な関係を築き，長期安定的な成長を遂げていくこと，④そのためのさまざまな施策を講じて，コーポレート・ガバナンスの充実を図っていくことである。

監査役設置会社，指名委員会等設置会社，監査等委員会設置会社において，コーポレート・ガバナンス・システムは異なってくるが，どれが実効的かどうかよりその企業が創造的に適応した独自のコーポレート・ガバナンスを構築し，実行していくことができる経営者であることが望ましい。創造的に適応したコーポレート・ガバナンスは自らをコントロールできる経営者の経営理念を中心とした価値観や経営観を実践していくためのコーポレート・ガバナンスを構築していくことが重要である。

(3) 価値創造経営のコーポレート・ガバナンスの枠組み

ここでは図5-3を用いて，価値創造経営のコーポレート・ガバナンスの枠組みについて詳しくみていくことにする。具体的には，①経営ビジョンと経営目標，②長期経営計画，③経営実践，経営者の事業活動，④ミドル・マネジメント，におよぶ範囲を示している。

4 価値創造経営のコーポレート・ガバナンス　109

```
┌─────────────┐
│ 社会に適応した │
│ 持続可能な発展 │
└──────┬──────┘
       ↓
┌─────────────┐
│   経営理念   │←──── 価値創造経営
└──────┬──────┘
       ↓
┌─────────────┐          ┐
│ 経営ビジョンと │←──── 経営者の個人学習  │
│   経営目標   │          │
└──────┬──────┘          │
       ↓                 │
┌─────────────┐          │  経営者から見た
│  長期経営計画 │←──── 経営者のリーダーシップ │  コーポレート・
└──────┬──────┘          │  ガバナンス
       ↓                 │
┌─────────────┐          │
│   経営実践   │←──── 企業の社会的責任活動 │
│ 経営者の事業活動│          │
└──────┬──────┘          │
       ↓                 │
┌─────────────┐          │
│   ミドル・    │          │
│  マネジメント │          ┘
└─────────────┘
```

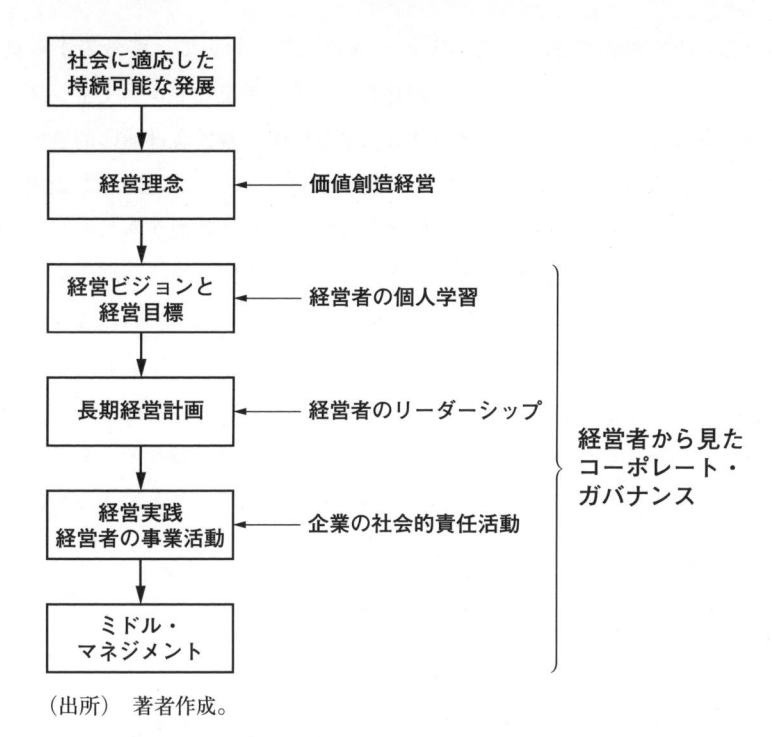

（出所）　著者作成。

図5－3　経営者から見た価値創造経営のコーポレート・ガバナンスの枠組み

　価値創造経営のコーポレート・ガバナンスは利害関係者（主として，株主）からのガバナンスではなく，経営者が持続可能な発展に向けた誠実な企業あるいは社会に信頼される企業を目指していくためのコーポレート・ガバナンスである。このことは経営者自身の競争力を高めることにもつながるのである。このようにして価値創造経営のコーポレート・ガバナンスは経営者の個人学習，組織学習を行うことによって，持続可能な発展を目的とする経営理念を経営者と従業員が理解，共有し，ベクトルを合わせて企業活動を行っていくことができる。

　価値創造経営のコーポレート・ガバナンスは価値創造経営をベースにした経営者の経営ビジョンと経営目標を明確化し，長期経営計画を経営実践に結びつ

けていることが特徴である。こうした一連の過程においては経営者から見たコーポレート・ガバナンスによって経営者の事業活動をミドル・マネジメントまで責任をもって行っていることである。それにより経営者は順応的適応によるコーポレート・ガバナンスではなく，経営者自らが環境に適応した価値創造経営のコーポレート・ガバナンスを構築していくことに特徴がある。

　それによりつぎの3点を導出することができる。①明確な経営理念を企業全体で実践していくためには経営理念を受け継ぐ経営者の個人学習によって，組織学習が行われ，企業が一体となって新たな価値観，経営観を共有することができる。②新たな価値観，経営観を共有した従業員は経営者と同じような立場から責任ある経営を行っていくことができる。③経営者は価値創造経営をベースとした経営理念を企業全体に浸透させ，経営実践を行うことによって結果的には収益性に結びつけることができる。

5　おわりに

　経済・市場・経営のグローバル化が進展する中で地球環境問題が深刻化し，環境問題への取り組みをはじめ，国や地域の文化を尊重した経営は欠かすことができなくなっている。このような経営環境において，経営者は経済・社会・環境に配慮した経営を行っていくことが求められている。経済・社会・環境に配慮した経営とは持続可能な発展を鍵概念とする価値観，経営観を実践していくことである。経営者は持続可能な発展を目的とする価値創造経営をベースとする経営理念とそれを実行するリーダーシップが求められている。経営者は価値創造経営をベースとする経営理念から明確な経営ビジョンと経営目標を打ち立て，長期経営計画に基づいて経営実践を行っていく必要性を指摘することができる。経営者の経営理念を通じたコーポレート・ガバナンスとの関係では，以下の3点があげられる。

　①経営理念を経営者と従業員が共有し，同じ方向で経営実践を行っていくためには明確な経営理念に基づいたコーポレート・ガバナンスを確立する必要が

ある。経営者の経営理念が組織化し，共有していくことによって経営理念を通じた社会的責任活動は確立するのである。そのため，経営ビジョンと経営目標の方向性が合致していなければ経営者の経営理念は企業全体に浸透しないことが指摘できる。

②経済・社会・環境に配慮した経営は持続可能な発展を目的とする企業に共通する実践課題であるため，経営者は時代の期待と要請を鑑み，必要な場合は経営理念を変え，それを構成員が共有し，経営実践として実行していくことのできる経営者が求められている。経営者の経営理念に基づくものであるならば，経営者個人の経営理念とその人間性がきわめて重要である。プロフェッショナルな経営者を育成するためには企業独自の人材育成プログラムシステムを導入し，幹部研修プログラムを充実させることが必要である。

③経営者は経営理念を企業の内外に積極的にコミットメントし，経営理念を通じた社会的責任活動を経営の重点課題の一つとして遂行し，経営そのものが社会的責任活動にかかわってくるという認識で従業員とともに高い志や使命感をもって，責任ある経営を展開していくのが経営者の役割である。そのような責任ある経営者による企業活動ではじめて経営理念を通じた社会的責任活動は，長期的には収益性に寄与し，ひいては社会に信頼される企業として確立できる経営スタイルであると考えられる。

いずれの3点に共通している課題は経営のプロフェッショナルとしての自覚とリーダーシップを発揮することのできる経営者の育成である。プロフェッショナルな経営者としては企業業績が悪くなったらリストラをして，経営再建を行うのも一つの経営的手法である。しかしながら，企業業績が悪くなってもリストラをせず，経営再建を行い，黒字経営に転換できる経営者の経営的手腕こそ注目すべきである。まさに，そういう経営者とその企業こそが価値ある企業といえる。

常に経営者はさまざまな利害関係者から期待と評価が晒されている中で経営の意思決定を行っていく必要がある。そのため時代の期待と要請を鑑み，必要な場合は経営理念を修正し，それを構成員が共有し，経営実践していくことの

できる責任ある経営者が求められている。そのような経営者のリーダーシップから経営者の経営理念と組織全体が相互に作用しあい，経営者と従業員が同じベクトルを向けて企業活動を行っていくことが持続可能な発展を目指すうえで企業競争力の源泉になることを指摘し，本章を終えることにしたい。

注

1) 本章での経営者は取締役（directors）および執行役（員）（officers）を意味している。
2) 主なコーポレート・ガバナンス研究については出見世（1997），菊池・平田編著（2000），伊丹（2000），勝部（2004），菊澤（2004），飫冨・辛島・小林・柴垣・出見世・平田（2006），MacAvoy, Paul W. and Millstein, Ira M.（2003），Monks, Robert A. G. and Minow, Nell（2004）を参照されたい。コーポレート・ガバナンスと経営者問題については平田（2006），平田（2001），吉森（2001），青木（2004）を参照されたい。
3) 経営者自己統治論については，平田（2008）を参照されたい。
4) 松行・松行（2004）p. 2.
5) 組織学習についてはDuncan, R. and Weiss, A.（1979），組織間の知識伝達の促進と障害要因に関する実証的研究についてはLord, M. D. and A. L. Ranft（2000），Martin, X. and R. Salomon（2003），Szulanski, G.（2000），組織間関係とイノベーションについてはKnight, K. E.（1967），Madhavan, R. and R. Grover（1998）を参照されたい。
6) Carlie, P. R.（2002）は企業変革に至る知識移転のフェーズとその要件において，異質な組織間のフェーズから生じる障害は逆に知識創造の源泉でもあると主張する。
7) 松行・松行（2004）p. 71.
8) イネーブラーとは企業の経営変革をするための内在的な促進要因を意味する。
9) 松行・松行（2004）pp. 28-29.
10) 松行・松行（2004）p. 65.
11) 松行・松行（2004）pp. 26-27.
12) 松行・松行（2004）p. 91.
13) 組織間学習の理論については，松行・松行（2004）pp. 51-75を参照されたい。
14) ダブルループ・ラーニングとは組織の固定化した規範を根本から問い直し，その規範を修正することで新しい規範，新しい価値観，新しい世界観などを再設定する学習を意味している。
15) 松行・松行（2004）p. 27.

16) 小椋（2004）p. 73.
17) 小椋（2004）によれば，企業価値（the value of the firm）の創造の考え方は各ステークホルダー間とのトレード・オフで考えるものではないとしたうえで企業価値の創造を財務論的視点からみた経営原理と考えている。
18) M&Aにおける企業価値については，佐山（2003）を参照されたい。
19) 稲盛（2006）pp. 6-10.
20) 松行・松行（2004）p. 1.
21) 松行・松行（2004）pp. 1-2.
22) 南洲翁とは西郷隆盛のことである。『南洲翁遺訓』とは西郷隆盛の教えを朽ちさせてはならない，この遺訓を世に広めたいとの考えから，1890年1月，山形県鶴岡の旧庄内藩の有志によって出版された。「敬天愛人」は『南洲翁遺訓』の第24か条に出てくる言葉である。
23) 京セラグループの社会的責任経営の実践や人財教育については，平田（2008）を参照されたい。
24) 1981年4月，わが国初の社会人大学として豊田工業大学が開校している。これは豊田喜一郎が社業繁栄の暁には大学を設立したいということから日本の産業界を担う技術者の育成を目的にトヨタ自動車の社会貢献活動として誕生した。2003年9月，豊田工業大学シカゴ校（Toyota Technological Institute at Chicago）が開校している。
25) パナソニックでは2003年にパナソニック・グローバル・エグゼクティブシステムを導入し，グローバルな視点から海外会社の優秀人材の確保・育成と登用に取り組んでいる。特に基幹人材候補者の計画的確保と登用を積極的に推進するとともに各地域研修所と連携しながら幹部研修プログラムを充実させている。
26) 清水（2000）p. 31.
27) 経済同友会（2007）によれば，現代の経営者にとって重要な資質として，①高い倫理観と価値観，②優れた判断力，③勇気ある決断力，④構想力・先見性・感性，⑤適応力，の5つをあげている。
28) 本来，コーポレート・ガバナンスには企業不祥事の抑止機能も企業競争力の促進機能もないとの指摘がある。著者もこれに拠っている。
29) 委員会設置会社の内訳は一部上場が46社，二部上場が3社，その他の上場（ジャスダック，マザーズ，ヘラクレス，セントレックス）が31社，非上場が31社の合計90社である。

参考文献
邦語文献
青木　崇（2004）「コーポレート・ガバナンスと経営者問題―日米企業に焦点をあてて―」日本経営教育学会編『企業経営のフロンティア―経営教育研究7―』学文社，49-78頁.
青木　崇（2005）「コーポレート・ガバナンスの前提条件―コンプライアンスと

CSR―」日本経営教育学会編『MOTと21世紀の経営課題―経営教育研究8―』学文社，205-230頁．
青木　崇（2008）「価値創造経営のコーポレート・ガバナンス」『経営行動研究年報』経営行動研究学会，第17号，128-133頁．
伊丹敬之（2000）『日本型コーポレートガバナンス―従業員主権企業の論理と改革―』日本経済新聞社．
稲盛和夫（2006）「哲学なき企業は去るのみ」『日経ビジネス』日経BP社，10月2日号，6-10頁．
小椋康宏（2004）「戦略財務の基礎構造に関する一考察」『経営論集』東洋大学経営学部，第62号，69-83頁．
飫冨順久・辛島　睦・小林和子・柴垣和夫・出見世信之・平田光弘（2006）『コーポレート・ガバナンスとCSR』中央経済社．
勝部伸夫（2004）『コーポレート・ガバナンス論序説―会社支配論からコーポレート・ガバナンス論へ―』文眞堂．
菊澤研宗（2004）『比較コーポレート・ガバナンス論―組織の経済学アプローチ―』有斐閣．
菊池敏夫（1994）「コーポレート・ガバナンスの検討―国際的視点から―」『経営行動』日本生産教育協会経営行動研究所，Vol.9, No.3, 2-8頁．
菊池敏夫（2002）「企業統治と企業行動―欧米の問題状況が示唆するもの―」『経済集志』日本大学経済学研究会，第72巻第2号，75-82頁．
菊池敏夫・平田光弘編著（2000）『企業統治の国際比較』文眞堂．
経済同友会（2007）『経営者のあるべき姿とは―確固たる倫理観に立脚したプロフェッショナリズムとリーダーシップ―』経済同友会．
佐山展生（2003）「M&A（企業買収・合併）と企業価値―企業とインタンジブルズ価値の評価―」『管理会計学』日本管理会計学会，第11巻第2号，29-42頁．
清水龍瑩（2000）「優れたトップリーダーの能力」『三田商学研究』慶應義塾大学商学会，第42巻第6号，31-57頁．
出見世信之（1997）『企業統治問題の経営学的研究―説明責任関係からの考察―』文眞堂．
中村雅章（2006）「ナレッジマネジメントの研究と実践のフレームワーク」『中京ビジネスレビュー』中京大学大学院ビジネス・イノベーション研究科，第2号，60-84頁．
中村瑞穂編著（2003）『企業倫理と企業統治―国際比較―』文眞堂．
平田光弘（2000）「1990年代の日本における企業統治改革の基盤作りと提言」『経営論集』東洋大学経営学部，第51号，81-106頁．
平田光弘（2001）「21世紀の企業経営におけるコーポレート・ガバナンス研究の課題―コーポレート・ガバナンス論の体系化に向けて―」『経営論集』東洋大学経営学部，第53号，23-40頁．
平田光弘（2006）「新たな企業競争力の創成を目指す日本の経営者の三つの課題」『経営力創成研究』東洋大学経営力創成研究センター，第2号，59-71頁．

平田光弘（2007）「日本のコーポレート・ガバナンスを考える」『研究紀要』星城大学経営学部，第3号，5-26頁．
平田光弘（2008）『経営者自己統治論—社会に信頼される企業の形成—』中央経済社．
松行康夫・松行彬子（2004）『価値創造経営論—知識イノベーションと知識コミュニティ—』税務経理協会．
吉森　賢（2001）『日米欧の企業経営—企業統治と経営者—』放送大学教育振興会．

外国語文献

Benn, Suzanne and Dunphy, Dexter C. (eds.) (2006), *Corporate Governance and Sustainability: Challenges for Theory and Practice*, Routledge.
Cadbury Report (1992), *Report of the Committee on the Financial Aspects of Corporate Governance*, Gee and Co. Ltd.
Carlie, P. R. (2002), "A Pragmatic View of Knowledge and Boundaries: Boundary Objects in New Product Development", *Organization Science*, Vol. 13, No. 4, July-August, pp. 442-455.
Duncan, R. and Weiss, A. (1979), "Organizational learning: implications for organizational design", in: Staw, B. M. (eds.), *Research in Organizational Behavior*, JAI Press, Vol. 1. pp. 75-123.
Knight, K. E. (1967), "A Descriptive Model of the Intra-Firm Innovation Process", *Journal of Business*, Vol. 40, pp. 478-496.
Lord, M. D. and A. L. Ranft (2000), "Organizational Learning About New International Markets: Exploring the Internal Transfer of Local Market Knowledge", *Journal of International Business Studies*, Vol. 31, No. 4, pp. 573-589.
MacAvoy, Paul W. and Millstein, Ira M. (2003), *The Recurrent Crisis in Corporate Governance*, Palgrave Macmillan.
Madhavan, R. and R. Grover (1998), "From Embedded Knowledge to Embodied Knowledge: New Product Development as Knowledge Management", *Journal of Marketing*, October, Vol. 62, pp. 1-12.
Martin, X. and R. Salomon (2003), "Knowledge Transfer Capacity: Implications for the Theory of the Multinational Corporation", *Journal of International Business Studies*, Vol. 34, pp. 356-373.
Monks, Robert A. G. and Minow, Nell (2004), *Corporate Governance*, Third Edition, Blackwell Publishing.
Szulanski, G. (2000), "The Process of Knowledge Transfer: A Diachronic Analysis of Stickiness", *Organizational Behavior and Human Decision Processes*, Vol. 82, Issue 1, pp. 9-27.

第6章　日本の長寿企業から見た経営理念の実践と社会的責任活動の実態

1　はじめに

　日本企業の中には創業して100年以上の長寿企業といわれる企業が数多く存在している。帝国データバンク史料館（2008）によれば，1912年までに創業した企業（宗教法人や社団，財団その他の公益法人等を除いて）は24234社に上っている[1]。24234社の業種別をみてみると小売業（7021社，構成比29.0％）が最も多く，製造業（6181社，同25.5％），卸売業（6034社，同24.9％）の順となっており，全体の79.4％を占めている。業種分類では清酒製造（784社），旅館（646社），菓子製造販売（514社）が上位を占め，老舗といわれる企業が名を連ねている。

　長寿企業の多くが創業以来の経営理念（企業理念）を掲げ，共通の価値観あるいは経営方針として，これまで経営を行ってきた。すべての長寿企業が経営理念を明文化しているわけではないが，口伝を含めて長寿企業に共通して見られるのは良質廉価，身の丈にあった経営を行ってきていることである。そのような経営には創業者の経営理念，経営哲学といった教え，教訓，家訓が経営指針となり，価値観の醸成，精神面での支柱となったからこそ今日まで存在しているのである。

　近年，企業の社会的責任はCSR（corporate social responsibility）として，新聞をはじめ，企業での日常用語として広まり，企業の戦略的事業として取り組まれている。1990年代は環境経営が注目され，企業（特に大会社）はこぞって環境報告書を発行してきた。それが次第に2003年を機に環境報告書から名称を変えてCSR報告書またはサステナビリティ報告書として発行してきた。環境省によれば，CSRを含む環境報告書を公表する日本企業は1000社を超えて

いる。こうした背景には従来の環境経営に加えて，経済，環境，社会といった枠組みで捉え，その中で経営を行う必要性が求められてきたからである。特に経済同友会は産業界のパイオニアとして，CSRの考え方，概念，目的などを企業に向けて発信してきた経緯がある。

　CSRは企業と社会の持続可能な発展を鍵概念とした経営を行っていくことが求められている。特定の部署だけがCSRに取り掛かり，説明を行うのではなく，CSRを経営に組み込んだ事業として展開する必要がある。しかしながら，CSRを将来への投資と考える経営者もいれば，コストと考える経営者もいる。経営者はCSRを経営として行っていくことが結果として企業価値[2]の向上につながるという意識をもつことが必要である。

　マイケル・ポーター（Porter, Michael E.）とマーク・クラマー（Kramer, Mark R.）はHarvard Business Review（2006年12月号）で社会的課題に対し，自社の事業を通じて企業価値を向上させるCSRの手法として，CSV（Creating Shared Value：共通価値創造）を提唱した[3]。その後，マイケル・ポーターと

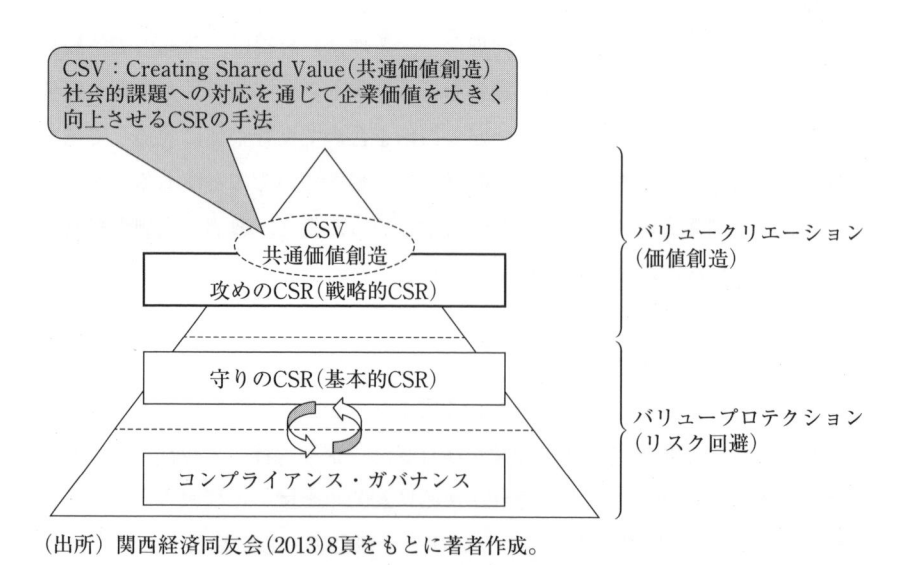

（出所）関西経済同友会（2013）8頁をもとに著者作成。

図6－1　CSRの構造─CSRと企業価値向上の両立─

マーク・クラマーはHarvard Business Review（2011年1月・2月合併号）でCSVのコンセプトについて論述している[4]（図6－1参照）。だが，彼らの概念よりも以前に近江商人の三方よし（売り手よし，買い手よし，世間よし）にみられるように社会の整合性に合わせた経営を実践し，その経営には経営哲学があったことを指摘しておきたい。100年，200年以上といった長寿企業は日本が世界で一番多く，その特徴から学習すべきことがある。

　本章では持続可能な発展を目指す企業の根底をなす経営者の理念と社会的責任活動の関係について考察する。具体的には経営理念を従業員と共有し，社会的責任活動として経営実践していくための位置づけ，その特徴を明らかにしたい。

2　長寿企業から見た経営者の経営理念とその社会的責任

(1) 日本の長寿企業の特徴

　表6－1は長寿企業へのヒアリングやシンポジウムなどを通じ，具体的な変革・革新（イノベーション）活動を探った調査結果の概要である。東京商工会議所が東京都内23区で営業している概ね創業100年以上の長寿企業（個人事業主を含む）がさまざまな環境変化に対し，どのような変革・革新活動に取り組んできたのかを中心にアンケート調査およびヒアリング調査を行い，その結果を公表している。事業の背景については以下の通りである。

・長寿企業は長い歴史の中で培ってきた中核事業を持ち，本業重視，信用第一といった理念のもと家業・企業を守り，のれんを磨き育ててきた。
・他の追随を許さない技術や商品を持ちつつ，後継者育成や番頭制度など人材育成のノウハウも持っている。
・何より時代や市場の変化，顧客の変化に対し，機動的な変革力で対応してきたからこそ，今日まで継続してきたのである。長寿企業の変革・革新活動を探る。

120　第 6 章　日本の長寿企業から見た経営理念の実践と社会的責任活動の実態

表 6 − 1　長寿企業の訓え―長寿企業における変革・革新（イノベーション）活動―調査結果概要

長寿企業の訓え　～長寿企業における変革・革新（イノベーション）活動～

(出所) 東京商工会議所 (2015)『長寿企業における変革・革新(イノベーション)活動』より。

次いで東京の長寿企業の特徴については以下の通りである。
・江戸時代以前に創業した企業は近江や京都から流入した伝統産業や幕府などとの取り引きのある事業を営む企業が多い。中でも中央区，千代田区，台東区の3区に集積している割合が高い。
・明治以降に創業した企業は国の近代化に呼応した形で創業しており，近代産業分野の企業が多い。
・明治維新や関東大震災，戦争など幾多の危機を乗り越えてきた強靭な変革力，対応力を持った企業が多い。
・江戸から東京に変わり，東京という都市が拡大し，多様性を持つ中，事業を営む企業の規模や業種は多種多様である。

調査結果の概要によれば，企業が置かれている状況，取り巻く経営環境は異なっているが，そこには不易（変えない）流行（時代や市場変化に応じ変える）の考えを取り入れ，日々革新に取り組むことにより今日まで継続してきた伝統を築いてきた姿があった，とまとめている。日本の長寿企業から学習する点は多々あることが指摘できる。

(2) 経営者の経営理念

一般に経営理念とは経営者が企業運営についていだく信条・哲学・経営観を指すといってよいであろう。それは経営哲学，経営信条，経営思想，行動理念，指導原理などの名称で呼ばれている。奥村（1997）は経営理念に相当する名称として，企業理念，基本理念，社是，社訓，綱領，経営方針，経営指針，企業目的，企業目標，企業使命，根本精神，信条，理想，ビジョン，誓い，規（のり），モットー，目指すべき企業像，事業の秘訣，事業領域，行動指針，行動基準，スローガンをあげている。

鳥羽・浅野（1984）は広義の経営理念として，経営者・組織体の行動規範・活動方針となる価値観あるいは指導原理として，経営者個人の理念や哲学から企業組織，企業グループの理念やミッションまでを含めている。ここでは経営者個人がいだく信条，哲学，経営観を意味した経営理念とする[5]。企業理念と

122　第6章　日本の長寿企業から見た経営理念の実践と社会的責任活動の実態

表6-2　心学発展の時代背景

(出所) 心学修正舎のホームページより。

の関連では，企業理念は企業の信条であり，企業活動の原点，原動力，最高基準になるものを意味している。

表6－2は心学発展の時代背景をまとめたものであるが，先人の理念と精神と価値観をあげれば，石田梅岩（1685年〜1744年）の石門心学，二宮尊徳（1787年〜1856年）の報徳思想，渋沢栄一（1840年〜1931年）の利他の精神，道徳経済合一（倫理と利益の両立），初代伊藤忠兵衛（1842年〜1903年）および二代目伊藤忠兵衛（1886年〜1973年）をはじめとする近江商人の三方よし，松下幸之助（1894年〜1989年）の企業は社会の公器，豊田喜一郎（1894年〜1952年）の日本人の頭と腕で自動車を造る，リコーの市村　清（1900年〜1968年）の三愛精神（人を愛し，国を愛し，勤めを愛す），キヤノンの共生，三自の精神（自発・自治・自覚）などがある。特に創業者または経営者についてはその経営哲学がグループの企業理念と企業行動基準の原点になっている。

(3) 経営者の社会的責任に対する理念とリーダーシップ

ここでは経営者の経営理念を通じた社会的責任活動の位置づけについて論述していくことにする。経営者の経営理念を従業員と共有し，ベクトルを合わせて企業活動を行っていくうえで必要なことは，①経営理念，②経営ビジョンと経営目標，③長期経営計画，④経営実践，経営者の事業活動，⑤ミドル・マネジメント，⑥従業員におよぶ範囲から経営者と従業員が同じ方向を向いて責任ある経営を行っていくことである。

経営者の経営理念の浸透とその実践において，具体的には，①経営理念では持続可能な発展の目的を鑑み，経営者が時代の要請に合わせて経営理念を検討する必要がある。②経営ビジョンと経営目標ではその経営理念を具現化するため，経営ビジョンと経営目標を構想し，立案する。③長期経営計画では，経営ビジョンと経営目標から長期経営計画を経営者が企業の内外にコミットメントし，経営者のリーダーシップによって，組織全体に浸透していく。④経営実践，経営者の事業活動では長期経営計画が経営実践として行われ，企業の社会的責任活動が経営実践の柱の1つとして執行される。⑤ミドル・マネジメントでは

企業の社会的責任活動を取り入れた経営実践がミドル・マネジメントに組織学習を通じて浸透していく。⑥従業員では経営理念がミドル・マネジメントを通じて従業員に浸透し，経営実践を行っていくことが必要である。

　経営者が持続可能な発展を目指す目的として，つぎの5つがあげられる。①長期的に経営財務的な企業価値の向上に邁進すること，②内外の法およびその精神を遵守し，公正な企業活動を通じて，社会に信頼される企業となること，③その実現のためにはさまざまな利害関係者と良好な関係を築き，長期安定的な成長を遂げていくこと，④そのためのさまざまな施策を講じて，自社に適合したコーポレート・ガバナンス体制を図っていくこと，⑤経営者は利害関係者に対し，特に金融・資本市場を意識した経営を展開していくことが経営者の社会的責任である。

　経営者は自社のあるべき姿を構想し，確固たる経営理念から経営ビジョンや長期経営計画を構想する必要がある。経営者の経営理念は組織を通じて企業全体が一体にならなければ実効性がない。経営者の私利私欲や一方的なリーダーシップでは同じ方向を向いて経営を行っていくことは困難であることは言を俟たない。経営者の経営理念を組織に浸透させ，経営理念を通じた社会的責任活動を実践していくためのコーポレート・ガバナンスが求められてくる。

　そこでのコーポレート・ガバナンスは利害関係者（主として，株主）からのガバナンスではなく，経営者が誠実な企業あるいは社会に信頼される企業を目指していこうとするコーポレート・ガバナンスを意味している。そのようなコーポレート・ガバナンスでは経営者の経営ビジョンと経営目標を明確化し，長期経営計画を経営実践に結びつけ，経営者の事業活動をミドル・マネジメント，従業員にまで責任ある経営を実行しているところに独自性がある。ここに経営者の一方的なリーダーシップから経営実践が行われているのではなく，経営者と従業員が経営理念を共有した双方向な関係のうえで経営者のリーダーシップを通じて経営実践が行われていることに特徴がある。

　経営者の経営理念が組織を通じて末端まで浸透し，経営者と従業員がベクトルを合わせた責任ある経営を行っていくためには経営教育の充実が不可欠であ

る。経営理念の実践は人材育成そのものに直結すると指摘することができる。企業の人材育成には企業内大学や研修施設などのハード面と経営理念を徹底とした経営教育のソフト面の両方が必要である。そのように醸成された企業風土の中で経営者と従業員がコミュニケーションを繰り返し行っていくことにより，経営者と従業員が経営理念を反映した経営実践を行っていくことができると考えられる。

　つぎではパナソニック，キヤノン，リコーの事例をみていくことにする。ここで3社を取りあげた理由には，パナソニックは松下幸之助の時代からすでに今日的な社会的責任に通じる経営を行ってきていることや企業は社会の公器であるとの創業者の考え方がパナソニックグループ全体に脈々と受け継がれてきている点があげられる。キヤノンは創業以来の企業理念を時代に適応し，新たな価値観として経営理念を策定し，それにもとづいて社会的責任活動を行っている点に着目したからである。リコーは企業が社会から愛され，存続を望まれるためには社会の持続的な発展に貢献することが前提条件であると位置づけているからである。

3　日本企業の経営理念と社会的責任活動

(1)　パナソニックの経営理念と社会的責任活動

　パナソニックは創業以来，「企業は社会の公器であり，事業活動を通じて社会に貢献する」を経営理念に掲げ，すべての事業活動の原点としている[6]。パナソニックの使命とは生産・販売活動を通じて社会生活の改善と向上を図り，世界文化の進展に寄与することにある。こうした使命は松下幸之助が1929年に綱領として事業の目的とその存在理由を簡潔に示したものであり，あらゆる経営活動の根幹をなすパナソニックの経営理念であると位置づけられている。

　パナソニックにおける社会的責任は法令遵守にとどまらず，社会に利するようなかたちで自主的に環境や社会に関する問題に対してバランスのとれたアプローチを行い，事業を成功させることである。パナソニックでは，図6-2の

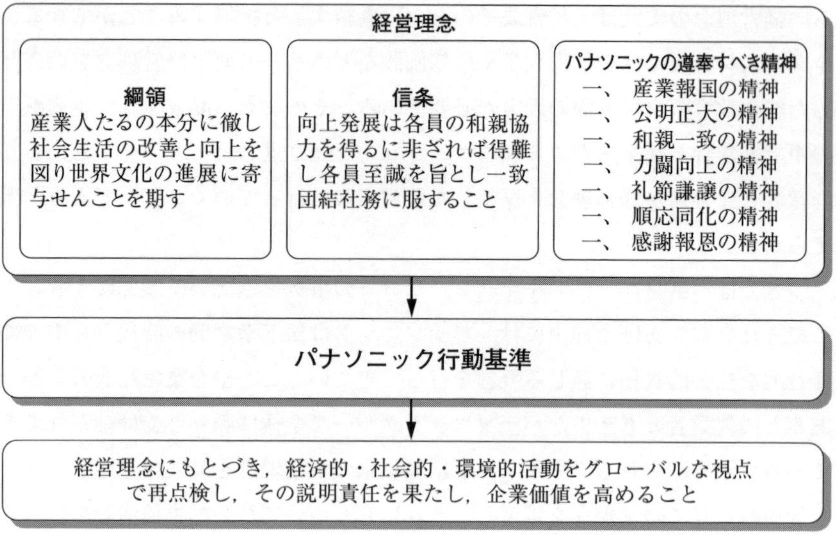

126　第6章　日本の長寿企業から見た経営理念の実践と社会的責任活動の実態

経営理念

綱領	信条	パナソニックの遵奉すべき精神
産業人たるの本分に徹し社会生活の改善と向上を図り世界文化の進展に寄与せんことを期す	向上発展は各員の和親協力を得るに非ざれば得難し各員至誠を旨とし一致団結社務に服すること	一、産業報国の精神 一、公明正大の精神 一、和親一致の精神 一、力闘向上の精神 一、礼節謙譲の精神 一、順応同化の精神 一、感謝報恩の精神

↓

パナソニック行動基準

↓

経営理念にもとづき，経済的・社会的・環境的活動をグローバルな視点で再点検し，その説明責任を果たし，企業価値を高めること

（出所）著者作成。

図6－2　パナソニックにおける社会的責任活動の目的

ように，社会的責任の目的として，経営理念にもとづき，自社の経済的・社会的・環境的活動をグローバルな視点で再点検し，そのアカウンタビリティを果たし企業価値を高めるという考え方にもとづいて社会的責任活動を推進している。

　パナソニックは本質的に企業は特定の個人や株主のものではなく，利害関係者や社会全体のものであると認識している。特に社会の公器として，事業を通じて社会に貢献することを不変の経営理念に掲げ，あらゆる経営活動の根幹としてきている。この企業は社会の公器であるとの考え方はパナソニックグループの「eco ideas（エコアイディア）」戦略に継承され，現在の新ブランドスローガン「A Better Life, A Better World」（お客様一人ひとりにとっての「より良いくらし」の実現を目指す）に継承されている。松下幸之助が常にお客様を原点とした経営理念の実践が今日まで受け継がれていることは注目されよう。

　パナソニックの経営理念は経営基本方針として，綱領，信条，パナソニック

の遵奉すべき精神の三つに簡潔に示し，その経営実践の指針として，行動基準があり，それを通じて取締役・役員をはじめ全従業員への浸透を図っていることが特徴である。この行動基準は1992年に制定し，経営理念をわかりやすく具体的に表現している。行動基準は，2005年1月，社会的責任への関心の高まりやグローバル化の急激な進行など経営環境の変化を背景にして，グローバル統一基準を目指した「松下グループ行動基準」へと改定している。その後，松下グループ行動基準は，2008年10月1日，社名変更ならびにブランド統一を機に「パナソニック行動基準」として改定した。これにより，グローバルかつグループ横断的に徹底・推進していく体制が整え，パナソニックグループおよび従業員一人ひとりの実践において，パナソニック行動基準をはじめとする倫理・法令遵守の仕組みを構築し，運用していることが社会的責任活動の特徴である[7]。

具体的な社会的責任の実践としてはさまざまな利害関係者を対象とした取り組みに「スーパー正直」な経営の徹底を行う項目がある。この「スーパー正直」は松下幸之助が常に「正直」でいることを企業全体に徹底した考え方に中村邦夫（当時，社長）が現代版として，「スーパー」をつけたことに由来している。この「スーパー正直」は大坪文雄（中村邦夫のつぎの社長）もグローバルエクセレンスの実現に向けて「スーパー正直」に徹し，経営理念を実践していくことを社長メッセージで宣言している。

「経営の根幹は人にあり」「モノをつくる前に松下電器では人をつくる」との創業以来の理念にもとづき，全員経営，実力主義，人間尊重の三つがある。この三つの理念はパナソニックの人材育成と深くかかわっている[8]。こうした三つの取り組みが風通しの良い企業風土を醸成し，経営者と従業員が高い問題意識をもって，一丸となって目標に向かって実行していく姿勢を築きあげていくと考えられる。このことがパナソニックでは従業員を大切にし，従業員を育成し，尊重していくことにより，一人ひとりが経営者のように責任と自覚をもち，常に高い意識を維持していくことができると考えられる。ひいてはそれがパナソニックにおける社会的責任の企業実践としての実態であり，ここにパナソ

ニックの経営理念に基づいた社会的責任活動をみることができる。

(2) キヤノンの企業理念と社会的責任活動

　キヤノングループの企業理念は共生[9]である。共生とは文化，習慣，言語，民族などの違いを問わずにすべての人類が末永く共に生き，共に働いて，幸せに暮らしていける社会のことであり，持続的な繁栄が可能な社会であると考えている。企業理念の根底には，1937年8月10日に創業して以来の行動指針「三自の精神」がある。三自とは自発・自治・自覚のことであり，キヤノンはこの行動指針の原点を常に意識している。三自の精神に基づき，「キヤノングループ行動規範」（1992年制定，2001年改定）を策定している。

　キヤノングループの企業理念である共生は時代とともにその経営者と従業員に影響を与え，キヤノン独自の企業風土を生成し，今日の企業の社会的責任に通じる経営実践を行ってきたことがいえる。このことが自由闊達さと進取の気性という企業風土から生まれる一人ひとりの創造性や向上心を大切にしながら，仕事に対する当事者意識を忘れずに，常に変革の精神をもち続けるキヤノンの強みにつながるのである。キヤノンの企業理念は，表6－3のように，歴代の経営者によって経営理念と共生形成が変わり今日まで脈々と受け継がれている。

　キヤノンではこれまでの経営者の経営理念から経営方針が具現化し，不変の企業理念から企業風土が醸成し，独自の強みとして形成されている。企業風土を活かしながら，経営者は持続可能な発展を目的とする経営理念を従業員と共有し，その経営理念を企業の内外にコミットメントし，経営者自らが先頭に立って，経営実践を遂行している。経営者の単独的なリーダーシップから経営実践が行われているのではなく，経営者と従業員が経営理念を共有した双方向的な関係のうえで経営者のリーダーシップを通じて，経営実践が行われている。

　キヤノンは昨今の経営環境において，自社の強みといえる独自の社会的価値を明確にもち，時代の期待と要請に応えるためにキヤノンの共生をもとにした自社のあるべき姿を構想し，経営理念から経営ビジョンや中長期経営計画を決めている。長期経営計画「グローバル優良企業グループ構想」（1996年）では

3 日本企業の経営理念と社会的責任活動　129

表6-3　4人の経営者の経営理念と共生形成の過程

	御手洗　毅	賀来龍三郎	山路敬三	御手洗富士夫
経営理念	企業文化の創造 ・三自の精神 ・三つの主義 ・理想主義 ・人間尊重 ・終身雇用 ・運命共同体 ・利害関係者との協力 ・自由闊達な社風	企業理念「共生」の制定（1988年）第二の創業を宣言 ・企業は社会の公器 ・共生の実現 ・共生による一貫した判断 ・真のグローバル企業	共生の普及と定着 「共生」に環境の概念を取り入れ，環境経営の基盤をつくる	「CSR共生の活性化と遂行」 「経営理念」 ・利益第一主義 ・全体最適 ・実力主義による評価制度 世界から親しまれ尊敬される企業を目指す
社是・行動指針 CSRの内容	三自の精神，三つの主義，人間尊重	企業理念「共生」，三自の精神，四つの主義	共生，三自の精神，四つの主義	共生の再生，三自の精神，四つの主義
ビジョン	理想主義 世界一のカメラ作りから世界一の製品	すべてを共生の理念で考える経営の遂行	共生と環境経営の基盤作り	共生による真のグローバルエクセレントカンパニーの確立
構想・戦略	第一次5ヵ年計画（1962年），「右手にカメラ，左手に事務機」をスローガンに多角化を推進（1967年）	第一次優良企業構想（1976年），第二次優良企業構想（1982年），グローバル企業構想（1988年）	第二創業ビジョン，10兆円企業構想，理念主導の経営	グローバル優良企業グループ構想（1996年），フェーズⅡ（2001年），フェーズⅢ（2006年）

（出所）　佐久間（2006）22頁と26頁を加筆，修正して作成。

　多角化とグローバル化を強力に推進していく中で地球環境にキヤノンの企業活動が与える影響が大きくなることを認識し，コンプライアンス，セキュリティ，人材育成，地球環境保全など，さまざまな観点から企業の社会的責任を果たす取り組みを強化している。

　そのような認識からキヤノンは特に地球温暖化や資源枯渇などの環境問題に

与える影響を重視し，環境保証活動に注力している。その基盤となるのが「キヤノングループ環境憲章」(1993年制定，2007年改定) である。キヤノングループ環境憲章は環境保証活動と経済活動の2つのベクトルを一致させていく資源生産性の最大化をテーマにしている。具体的には製品のライフサイクル全体を視野に入れ，グループ全体で環境保証活動を推進していくことを明記している。環境問題に対する世界的な関心の高まりからグローバルレベルで環境法規制が急速に整備・強化されてきている。環境保証活動における遵法は実施すべき最重要事項であるため，キヤノンではISO14001[10]の統合認証の取得をはじめ，環境経営の強化を図っていることが特徴である。

(3) リコーの経営理念と社会的責任活動

リコーは1936年2月6日に創業して以来，お客様の視点に立った「価値創造」を第一に考え，画像機器を中心とした数々の製品開発やサービスの提供を行ってきている。リコーは地球環境に配慮した活動も積極的に推進し，かけがえのない地球の一市民として環境保全活動を経営の重要課題として推進している。リコーのCSRは創業の精神と経営理念にもとづいてCSR活動を展開していることである。リコーグループの創業の精神である「人を愛し，国を愛し，勤めを愛す」という三愛精神は創業者の市村　清によって定められたものである[11]。これこそがリコーグループにおけるCSRの原点である。

リコーの経営理念は，図6－3のように，三愛精神にもとづいて，1986年に高度情報化社会の進展や価値観の多様性など，変革の時代にふさわしい社風や企業体質を醸成，育成するために制定された。この経営理念を具現化したのがリコービジネス行動規範である。リコーグループがグローバルで共有できる価値観とその行動原則の必要性から2004年1月1日，企業行動原則であるリコーグループCSR憲章とリコーグループ行動規範を策定し，CSRのマネジメントシステムを構築していることが特徴である。

リコーは，2002年4月，国連のグローバル・コンパクトに日本企業では2番目に参加している。こうした動きはリコーが独自のCSRに関する行動規範を

3 日本企業の経営理念と社会的責任活動　131

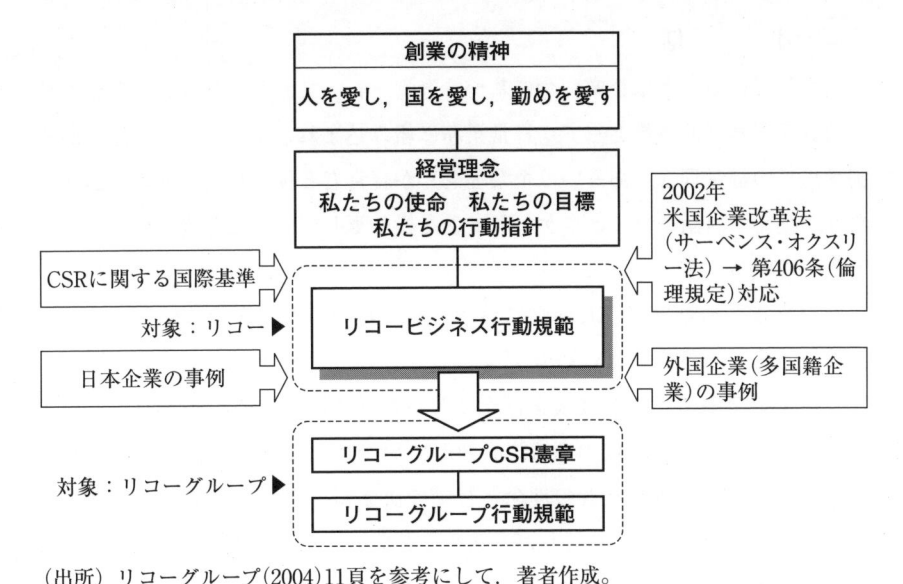

```
                    ┌─────────────────┐
                    │    創業の精神    │
                    │人を愛し，国を愛し，勤めを愛す│
                    └────────┬────────┘
                             │
                    ┌────────▼────────┐     ┌──────────────┐
                    │    経営理念     │     │2002年        │
                    │私たちの使命 私たちの目標│     │米国企業改革法│
                    │  私たちの行動指針│     │(サーベンス・オクスリ│
                    └────────┬────────┘     │ー法)→第406条(倫│
┌──────────────┐             │              │理規定)対応   │
│CSRに関する国際基準├──┐         │              └──────────────┘
└──────────────┘   │         │
  対象：リコー▶    ▼  ┌──────▼──────┐
                    │リコービジネス行動規範│
┌──────────────┐   ▲  └──────┬──────┘     ┌──────────────┐
│日本企業の事例├──┘         │              │外国企業(多国籍企│
└──────────────┘             │              │業)の事例     │
                             │              └──────────────┘
                             ▼
                    ┌─────────────────┐
                    │リコーグループCSR憲章│
  対象：リコーグループ▶├─────────────────┤
                    │リコーグループ行動規範│
                    └─────────────────┘
```

（出所）リコーグループ(2004)11頁を参考にして，著者作成。

図 6 − 3　リコーグループCSR 憲章と行動規範制定のプロセス

策定することと無関係ではない。なぜなら，リコーは国際的な CSR に関する企業行動指針の趣旨にもとづいてリコーグループCSR 憲章を策定しているからである。このことはリコーグループCSR 憲章の序文からもその理念を反映していることが読み取れる。

　リコーグループでは，第 1 に，創業の精神を根底とした経営理念とそれにもとづいたリコービジネス行動規範があること，第 2 に，リコーグループCSR 憲章は，国際的な CSR に関する企業行動指針の理念を反映して策定されていること，の二つを確認することができる。経営理念を具現化したリコービジネス行動規範に加えて，企業と社会との持続可能な発展に寄与するという国際的な CSR に関する企業行動指針の理念をリコーグループCSR 憲章に反映し，それにもとづいて実践していることが最大の特徴である。

(4) 小　　括

　共通していることは企業理念に基づく経営を行っており，今日いう企業の社会的責任が戦略的事業として，日常業務に組み込まれ，実行している点である。創業以来の経営理念（あるいは企業理念）が経営者と従業員の共通の価値観となり，絶えず対話やコミュニケーションを繰り返し，確固たる経営理念を経営実践している。

　要点をまとめれば，CSR活動における経営者の経営理念ではつぎの2点が指摘できる。①経営者はCSRに対する理念とリーダーシップを発揮していくことが重要である。CSR実践を行うことが経営者の社会的責任といえる。②経営者の問題意識が時代の潮流に合致していなければ，CSRを果たすことは難しい。CSR実践は経営者の理念と行動で決まる。経営者の経営理念は企業構成員が共有し，実行しなければ意味をなさない。企業構成員は経営者と同じ経営理念を共有し，同じ方向を向いているかが重要になってくる。創業以来の経営理念が経営者と従業員の共通の価値観となり，対話とコミュニケーションを繰り返し，確固たる経営理念を実践していることが特徴である。

4　経営者の育成に向けた課題

　現代の企業はさまざまな利害関係者に対し，経済・社会・環境に配慮した経営を行っていく必要がある。東芝の不適切会計，フォルクスワーゲンの排ガス規制不正問題をはじめ，昨今の企業不祥事が跡を絶たずにいる状況の中で企業は地球社会の一員として，社会に信頼される企業を確立していくことが求められている。ところが，実際には経営者が目先の価値判断や情報だけで意思決定をしてしまうことがある。こうした欧米の資本主義的な発想で行き過ぎた利益第一主義の経営を行っていることがある。そのような経営から経営者の倫理観，道徳観が欠落し，利害関係者の存在を忘れたために不祥事が頻発していることが指摘できる。今日では改めて志と倫理観が高く，従業員の士気を高めるプロフェッショナルな経営者とその育成が喫緊な課題となっている。

経営活動の根底をなすのは経営理念の確立である。その経営理念を具現化し，経営活動の中で社会的責任活動が行われる。経営学の研究において，社会的責任は決して新しい概念ではない。日本では1960年代の公害問題に対する企業の対応と社会の認識が必ずしも一致しておらず，企業に対して事前の倫理水準を問うより，むしろ経済発展における事後の社会的責任を問題にしていた。社会的責任が昨今ではCSRといわれ，ブームを呼んだ。実際に多くの日本企業がCSRに関連して，CSR室の設置，企業倫理綱領の策定などハード面での取り組みが目立った。こうしたハード面を強化しても，肝心の経営者と従業員にCSRの理解が浸透していなければ，絵に描いたもちである。

　社会的責任活動については一見すると収益性には結びつかないのではないか，と考えがちである。市場経済社会では企業の経済性が社会性よりも優先される。だが，収益性のみの経営では長続きしないことが指摘できる。企業の役割には経済的役割を担うと同時に社会性，公益性，公共性を有した社会的役割がある。企業の経済・社会活動の観点から経営そのものが社会的責任であるという認識をもって，持続可能な発展に向け，経営者は企業活動を行っていく必要がある。経営者のリーダーシップにおいて，経営者の経営理念と企業全体が相互に作用し，組織化し，共有すれば，新たな企業価値創造の源泉になることを強調しておきたい。

5　おわりに

　以上を要するに，経営理念と社会的責任活動との関係として，以下の3点をあげて，本章を終わることにしたい。①経営理念を経営者と従業員が共有し，同じ方向で経営実践を行っていくためには明確な経営理念に基づいたコーポレート・ガバナンスを確立する必要がある。経営者の経営理念を浸透させるためのコーポレート・ガバナンス体制である。経営者の経営理念が組織化し，共有していくことによって，経営理念を通じた社会的責任活動は確立する。経営ビジョンと経営目標の方向性が合致していなければ，経営者の経営理念は企業

全体に浸透しないことが指摘できる。

　②経済・社会・環境に配慮した経営は持続可能な発展を目的とする企業に共通する実践課題であるため，経営者は時代の期待と要請を鑑み，必要な場合は経営理念を変え，それを構成員が共有し，経営実践として実行していくことのできる経営者が求められている。経営者の経営理念に基づくものであるならば，経営者個人の経営理念とその人間性がきわめて重要である。プロフェッショナルな経営者を育成するためには企業独自の人材育成プログラムシステムを導入し，幹部研修プログラムを充実させることが必要である。

　③経営者は経営理念を企業の内外に積極的にコミットメントし，経営理念を通じた社会的責任活動を経営の重点課題の一つとして遂行し，経営そのものが社会的責任活動にかかわってくるという認識で従業員とともに高い志や使命感をもって責任ある経営を展開していくのが経営者の役割である。そのような責任ある経営者による企業活動ではじめて経営理念を通じた社会的責任活動は長期的には収益性に寄与し，ひいては社会に信頼される企業として確立できる経営スタイルであると考えられる。経営のプロフェッショナルとしての自覚とリーダーシップを発揮することができる経営者の育成こそ今日強く切望されている課題である。

注
1）　1912年までに創業した長寿企業24234社の創業時期別では1891年～1912年までに創業した企業が14138社（58.3％），1868年～1890年が7217社（29.8％），1603年～1867年が2740社（11.3％），1602年までに創業した企業が139社（0.6％）である。業歴100年以上の企業は20304社，200年以上が1241社，300年以上が582社，400年以上が154社，500年以上が34社である。
2）　企業価値については論者によって定義が異なる。本章では経営財務論の視点から考える企業価値を中心として論述している。企業価値について詳しくは，小椋（2008）を参照されたい。
3）　Porter, Michael E. and Kramer, Mark R. (2006), "Strategy and Society: The Link Between Competitive Advantage and Corporate Social Responsibility", *Harvard Business Review*, December, pp. 78-92.

注　135

4) Porter, Michael E. and Kramer, Mark R. (2011), "Creating Shared Value", *Harvard Business Review*, January–February, pp. 1–17.
5) 　創業時での経営理念は経営者個人がいだく信条，哲学，経営観という性格をもつが，創業者の死後も経営理念が組織体の構成員の間で生き続けるとしたら，それは経営者の経営理念ではなく，法人の経営理念として機能していくことがいえる。
6) 　パナソニックでは2003年にパナソニック・グローバル・エグゼクティブシステムを導入し，グローバルな視点から海外会社の優秀人材の確保・育成と登用に取り組んでいる。特に基幹人材候補者の計画的確保と登用を積極的に推進するとともに各地域研修所と連携しながら幹部研修プログラムを充実させている。2005年6月23日，著者はパナソニックミュージアム松下幸之助歴史館（当時，松下電器歴史館）に訪問し，松下幸之助の経営哲学とパナソニックの事業展開の歴史について，ヒアリング調査を実施した。パナソニックミュージアム松下幸之助歴史館副館長の此下末広様にはヒアリング，資料の提供など，格段のご協力とご高配を賜った。ここに記して御礼を申し上げる。
7) 　パナソニック行動基準は21言語に翻訳され，パナソニックグループの取締役，役員，従業員およそ30万人が遵守，実践するため，教育研修の仕組みを整備し，その運用強化に向けた取り組みを行っている。
8) 　2006年4月，大阪府枚方市にあるパナソニックの研修施設内に松下ものづくり大学校が開校している。そこでは若手ものづくり基幹人材の育成を目指し，「凡事徹底と躾」「正しい行動規範」「経営理念」を徹底した教育訓練を行っている。
9) 　キヤノンの企業理念は1988年に創業51年目を迎えたのを機に，賀来龍三郎（当時，社長）が第二の創業を宣言し，共生をキーワードとするグローバル企業構想を開始し，世界人類との共生という理念のもと，真のグローバル企業を目指すという今日のキヤノンが進む方向を示したことに由来している。
10) 　ISO14001は1996年9月1日に発行した環境マネジメントシステム（EMS：Environmental Management System）について規定した国際規格である。ISO14001はPDCAサイクルによってモデルが構成されており，①方針・計画（Plan），②実施（Do），③点検（Check），④是正・見直し（Act）のプロセスを繰り返すことにより，環境マネジメントシステムを継続的に改善していこうとするものである。ISO14001は環境経営の仕組みを扱ったもので環境目的・目標など環境パフォーマンス（環境実績，達成度）のレベルや規格が要求する仕組みの具体的内容は企業が自ら定めることになる。ISO14001には法的拘束力はなく，環境マネジメントシステムに取り組むかどうかは企業が任意に決める位置づけである。ISO14001は2004年11月15日に改定版が発行され，2015年9月15日にも改定版が発行された。
11) 　リコーグループの創業者である市村　清が唱える三愛精神には，「人は，愛の深まりと広がりとともに，世界の全人類，すべての動植物，ありとあらゆる生

き物を自分と同じように愛するようになる」との考えが根底にある。

参考文献

青木　崇（2004）「コーポレート・ガバナンスと経営者問題―日米企業に焦点をあてて―」日本経営教育学会編『企業経営のフロンティア―経営教育研究7―』学文社，49-78頁．

青木　崇（2005）「コーポレート・ガバナンスの前提条件―コンプライアンスとCSR―」日本経営教育学会編『MOTと21世紀の経営課題―経営教育研究8―』学文社，205-230頁．

青木　崇（2006）「CSRに関する企業行動指針とCSRへの取り組み―企業独自のCSR指針策定と企業実践への課題―」『経営行動研究年報』経営行動研究学会，第15号，57-62頁．

青木　崇（2007）「国際機関のCSRに関する企業行動指針」『イノベーション・マネジメント』法政大学イノベーション・マネジメント研究センター，No. 4, 105-124頁．

青木　崇（2008）「価値創造経営のコーポレート・ガバナンス」『経営行動研究年報』経営行動研究学会，第17号，128-133頁．

青木　崇（2009）「日本企業の経営理念と社会的責任活動」『マネジメント・ジャーナル』神奈川大学国際経営研究所，創刊号，129-140頁．

青木　崇（2011）「新たな企業の社会的責任と現代経営者の課題―持続可能な発展と企業価値―」『高松大学研究紀要』高松大学，第54・55合併号，29-45頁．

青木　崇（2013a）「国際機関における企業行動指針の形成と展開―CSR企業行動指針の策定を中心として―」『日本労働研究雑誌』労働政策研究・研修機構，第640号，76-89頁．

青木　崇（2013b）「企業不祥事をめぐる諸問題とコーポレート・ガバナンスの必要性―経営者自己統治に向けた課題―」『愛知淑徳大学論集ビジネス学部・ビジネス研究科篇』愛知淑徳大学，第9号，1-14頁．

大平浩二編著（2009）『ステークホルダーの経営学―開かれた社会の到来―』中央経済社．

奥村悳一（1997）「経営理念と経営システム」『横浜経営研究』横浜国立大学経営学会，第18巻第3号，15-44頁．

小椋康宏（2008）「企業価値創造と経営力―グローバル化時代の経営行動―」『経営行動研究年報』経営行動研究学会，第17号，16-21頁．

飫冨順久（2007）「経営者の倫理と経営教育」日本経営教育学会編『経営教育の新機軸―経営教育研究10―』学文社，1-18頁．

飫冨順久・辛島　睦・小林和子・柴垣和夫・出見世信之・平田光弘（2006）『コーポレート・ガバナンスとCSR』中央経済社．

関西経済同友会（2013）『戦略的CSRによる企業価値向上―CSVを通じて持続的成長を目指そう―』関西経済同友会．

菊池敏夫・平田光弘・厚東偉介編著（2008）『企業の責任・統治・再生―国際比較の

視点―』文眞堂.
経済同友会（2007）『経営者のあるべき姿とは―確固たる倫理観に立脚したプロフェッショナリズムとリーダーシップ―』経済同友会.
佐久間　健（2006）『キヤノンのCSR戦略―理想を実現する「共生」の経営―』生産性出版.
櫻井克彦（2000）「企業社会責任研究生成・発展・分化とその今日的課題」『経済科学』名古屋大学経済学部，第47巻第4号，29-49頁.
清水龍瑩（2000）「優れたトップリーダーの能力」『三田商学研究』慶應義塾大学商学会，第42巻第6号，31-57頁.
谷本寛治（2014）『日本企業のCSR経営』千倉書房.
帝国データバンク史料館（2008）『長寿企業データ特性分析＆長寿企業アンケート調査』帝国データバンク.
東京商工会議所（2015）『長寿企業の訓え―長寿企業における変革・革新（イノベーション）活動―』東京商工会議所.
鳥羽欽一郎・浅野俊光（1984）「戦後日本の経営理念とその変化」組織学会編『組織科学』白桃書房，第18巻第2号，37-51頁.
平田光弘（2008）『経営者自己統治論―社会に信頼される企業の形成―』中央経済社.
水尾順一・田中宏司編著（2004）『CSRマネジメント―ステークホルダーとの共生と企業の社会的責任―』生産性出版.
水谷内徹也・内田康郎（2008）『理念と戦略の経営学』学文社.
リコーグループ（2004）『社会的責任経営報告書2004』株式会社リコー.

第7章　企業不祥事の事後的対応をめぐる経営者の意思決定
―経営者の倫理的価値判断と経営力―

1　はじめに

　経済・市場・経営のグローバル化が進展した中で企業は誠実に社会に対しその役割，使命，責任を果たしていく必要がある。だが，近年，悪質な企業不祥事が頻発し，社会からの信頼を失い，破綻に追い込まれる企業が跡を絶たないでいる。このような状況の中で企業とその経営者[1]は真っ先に何をすべきなのかが問われている。こうした問いに答えることは自ずと「社会に信頼される企業」（socially trustworthy company）に向けての手がかりになるのではないかと考えられる。

　昨今の不祥事から改めてコーポレート・ガバナンスや企業の社会的責任（corporate social responsibility：CSR）をめぐる議論が盛んになっている。不祥事の原因には経営者の倫理観の欠如，従業員の不正などがみられるが不祥事そのものは多種多様である。近年のコーポレート・ガバナンスや企業の社会的責任に関する議論は経営者の倫理観，人間性に起因した不祥事と無関係ではない。

　2000年代の日本企業の不祥事は集団食中毒，食肉偽装，リコール隠し[2]，有価証券報告書虚偽記載，粉飾決算などが発生している。不祥事の共通点としては，①自社だけは大丈夫とたかをくくって自己の経営を省みないこと，②不祥事を未然に防ぐ必要性は感じつつも実行に移さないという経営者の実態が現実ではないかと推察できる。

　一方，企業不祥事の防止策としては経営者の真摯な姿勢とよりよい企業風土が不祥事に有効な防止策であると指摘されている。このことは経営者の不祥事に対する問題意識を企業全体に浸透させ，常に緊張感と危機感を維持していく

ことの重要性を示唆している。いくら制度的なコーポレート・ガバナンスを講じても企業，組織，人間に倫理観がなければ絵に描いた餅である。何よりも経営者が先頭に立って，経営のプロフェッショナルとしての確固たる経営理念と経営倫理に基づいた倫理的価値判断でリーダーシップを発揮していくべきであろう。

そこで本章は企業不祥事の要因を解明し，不祥事への対処として重要な経営者の危機管理能力とその倫理的価値判断を明確にすることを目的とする。具体的には，第2節では企業不祥事の要因と防止策について考察し，第3節ではジョンソン・エンド・ジョンソン，雪印乳業（現在は雪印メグミルク），雪印食品，パナソニック（当時は松下電器産業）の不祥事の事後的対応をめぐる経営者の意思決定が何を基準に判断されたのかについて検討し，第4節では経営者の倫理的価値判断とその課題について考察し，最後に経営者の倫理的価値判断に沿った意思決定の重要性と経営力の課題について論究する。

2 企業不祥事の要因と防止策

(1) 日本監査役協会による企業不祥事の発生原因

日本監査役協会（2003）は2000年1月から2003年1月までに新聞報道された企業不祥事を抽出し，約300件の不祥事事例と法令とのかかわりを分析した。分析結果では比較可能となる18事例から4つの発生原因を類型化した[3]。具体的には，①経営トップが関与する不祥事，②特定分野・聖域における不祥事，③企業文化・風土による不祥事，④事故・トラブルである。以下ではその分析結果をみていくことにする。

①は経営者によって構築される内部統制が有効に機能しない危険性があり，内部統制に依拠した監査方法をとることは適切ではないとしている。経営者の関与する不祥事としては不正な財務報告，不正の行為または法令・定款に違反する重大な事実，著しい善管注意義務違反の3つに分類され，監査を実施する方法は相違すると指摘している。

②〜④は経営を健全かつ効率的に運営するために経営者によって構築される内部統制の対象となる。そのため，②〜④に属する不祥事の発生を防止し，対処することが内部統制の重要な目的と考えられる。監査方法は内部統制が有効に機能していることをプロセス・チェックする方法をとるのが適切であるという。

　日本監査役協会の分析を整理すれば，約300件におよぶ不祥事事例から比較可能となる18事例を特定化し，その中から4つの発生原因を類型化した。こうした接近方法にはCOSO（Committee of Sponsoring Organizations of the Treadway Commission：トレッドウェイ委員会組織委員会）[4]の内部統制の枠組み（構成要素）から企業不祥事の発生原因（内部統制における不備事象）を明らかにした手法を参考にしている。内部統制の構築と運用は取締役，なかんずく代表取締役の職務であるが，その監視役としての監査役の責務に視座を置いた分析が導き出されている。企業不祥事の事件内容での指摘は企業と利害関係者の関係を一層明確にしていることや経営者の経営責任能力の追及，経営・法律からの視点でコンプライアンスを導入している点にある。

　だが，経営者の経営を監査役だけで監視・監督することは困難である。近年，監査役の権限が注目され，経営者の経営に対し独立性をもって牽制することが新聞等で報道されている。しかしながら，監査役の権限，独立性をもってしても本質的な不祥事の解決には至っていない。本質的には経営者が不祥事に対する確固たる姿勢を示し，経営者の職務と役割を果たしていくことである。近年の日本企業の不祥事に対し利害関係者はより厳しい目で経営をみている。経営者は利害関係者から信頼される存在として経営活動を展開していく必要がある。経営者は企業の内外から経営の監視・監督に晒されながら自らを律し，経営理念と経営倫理に基づいて行動していくことが重要である。

(2) 経営者の問題意識と企業不祥事の防止策

　ここでは日本監査役協会（2003）による社長アンケートから経営者の問題意識と企業不祥事の防止策を取り上げ，経営者の課題について考察する[5]。日本

監査役協会が2003年5月22日から同年6月30日にかけて実施したアンケート結果（回答依頼数4160人中1686人回答・回答率40.5%）では社長の企業不祥事に関する問題意識はきわめて高く，企業不祥事は自社でも起こりうるとの危機感をもって，その防止策に社長が先頭に立って尽力している姿が浮き彫りとなった。従業員の不祥事は内部統制・コンプライアンス体制の整備で防止し，経営者の不祥事は監査役会の機能発揮で防止すべきとの考えであった。

コンプライアンス経営との関連では監査役会の役割とコーポレート・ガバナンス体制がばらばらであってはコンプライアンス経営の実効性がきわめて低くなることを示唆している。コーポレート・ガバナンス体制については委員会設置会社に移行するより，監査役会を充実させることがコーポレート・ガバナンス体制における強化策の一つである，との認識が高かった。

不祥事の防止策ではつぎの8点が有効性の高いものとして認識している。①自社の内部統制・リスクマネジメント上の弱点をしっかり認識し対応策をとる，②トップの正しい経営姿勢を繰り返し社内に伝達する，③悪いニュースがトップへすばやく伝わる仕組みを設ける，④取締役会で活発に議論して，社内の聖域をなくし透明度の高い企業風土を醸成する，⑤他社の不祥事から教訓を学ぶ，⑥従業員教育に時間と費用をかけて粘り強く実行する，⑦トップを監視する社内機関の中心として監査役会に機能を発揮させる，⑧内部監査部門を設置・充実しトップがその活動を支援する，の8点である。

不祥事の防止策として具体的に実行しているのはつぎの4点である。①企業倫理・行動指針を明確にして内部統制・コンプライアンスを徹底すること，②社長の正しい姿勢がきわめて重要であり，取締役，監査役，従業員との対話および従業員教育を通じて浸透させること，③風通しの良い企業風土を醸成し，経営の透明度を高めること，④内部監査・監査役によるチェック機能を強化することである。

しかしながら，社長アンケートの限界としては不祥事に対する経営者の問題意識とその実行例を表しているに過ぎないことである。そのため，どこまで企業が不祥事に対して，コンプライアンス経営を実践しているかは不明である。

とはいえ，経営者の問題意識と不祥事の防止策からは経営者の姿勢とよりよい企業風土が不祥事に有効な防止策として認識していることが明らかになった。このことは経営者の不祥事に対する問題意識を企業全体に浸透させ，常に緊張感と危機感とを維持していくことの重要性を示唆している。

3　企業不祥事の事後的対応をめぐる経営者の意思決定

(1)　ジョンソン・エンド・ジョンソンの不祥事と事後的対応

　ジョンソン・エンド・ジョンソン（以下，「J&J」という）のコア・バリューは「我が信条」(Our Credo) そのものにある。我が信条は実践的な経営理念として活動の指針，進むべき方向を示しており，57か国250のグループ会社・従業員一人ひとりをつなぐ共通の行動規範である。現在では50以上の言語に翻訳されている[6]。我が信条は1943年，三代目社長ロバート・ウッド・ジョンソン Jr. (Johnson Jr., Robert Wood) によって起草し，Ａ４用紙１枚に顧客，従業員，地域社会，株主の４つのステークホルダーに対する責任を明示している。以来，J&Jは一貫して我が信条を経営行動の拠り所としている。

　J&Jは1982年と1986年のタイレノール事件が発生したとき，何よりも我が信条に基づいて責任ある対処法を示した。1982年９月30日，主力製品であった家庭用解熱鎮痛剤タイレノールのカプセルにシアン化合物（毒物）が混入され，シカゴなどでそれを飲んだ７人が死亡する事件が報道された。このとき，J&Jは顧客への責任を最優先に考え，3100万本の回収に全力をあげ，積極的な情報公開（TV出演，記者会見，CM）など適切な措置を取った。

　当時のバーク会長は全品回収に伴う売上の損失は１億ドル以上にもかかわらず顧客への責任を第一優先に考えた意思決定であった。素早い的確な対応は消費者をはじめ政府，産業界からも高く評価され，再市場への投入は予想を超える速さで市場を回復した[7]。

　J&Jは我が信条を危機管理上のマニュアルとして対応したのではない。我が信条を通じて経営者と従業員が危機意識を共有し行動したことが事件後の最善

の対応に直結したことが特徴である。ここにJ&Jの経営者の危機管理能力とその倫理的価値判断による意思決定が社会からの信頼を勝ち取ることにつながったといえる。

(2) 雪印乳業，雪印食品の不祥事と事後的対応

　雪印乳業の最大の不祥事としては大阪工場食中毒事件（2000年6月27日）があげられる。これは原材料受け入れ日報の記載ミスや品質チェック体制の甘さにより早期に原因が究明できず，14780人に被害が及んだ未曾有の事件である。調査の結果，食中毒の原因は大樹工場で製造した脱脂粉乳が停電事故で汚染され，それを再溶解して製造した脱脂粉乳を大阪工場で原料として使用したことであった。その脱脂粉乳に黄色ブドウ球菌が産生する毒素（エンテロトキシン）が含まれていたことが明らかになった[8]。

　事件直後の対応は社内の情報伝達，確認に手間取り，商品の回収と消費者への告知に時間を要した。情報伝達の遅れが被害の拡大を招き，雪印乳業への苦情総数は31000件を超えた（雪印乳業，2009）。大阪工場のずさんな衛生管理が問題になり，大阪工場は操業を取り止めることを余儀なくされ，2001年1月31日に閉鎖した。

　製品再利用の問題に関して，乳等省令についての乳業界の解釈と社会の理解との乖離が明らかになった。その結果，社会に対して牛乳，乳製品をはじめとする加工食品の製造に不信と不安を抱かせることとなった。そのため，雪印グループ各社の全生産工場の操業が全面的に停止する事態となり，小売店からの雪印グループ商品が全品撤去され，ブランドイメージが著しく低下した。

　社会から厳しい目が向けられている最中，2002年1月23日，雪印乳業の子会社であった雪印食品の牛肉偽装事件が起きた。この事件の経緯には2001年9月10日，国内でBSE（牛海綿状脳症）感染牛が発見されたこと，国の牛肉在庫緊急保管対策事業を悪用し輸入牛肉を国産牛肉と偽装して日本ハム・ソーセージ工業組合に売り渡していたこと，取引先であった西宮冷蔵の水谷洋一による告発によって事件が公になったことである。

事件の真相には，①食肉業界で原産地ラベル張り替えが日常化していたこと，②雪印乳業の食中毒事件の影響により売上が減少し，経営が悪化していたこと，③BSE牛発生に伴う消費者の牛肉買い控えによる大量の在庫を抱える状況があったこと，④企業倫理に反した当事者の考えや上司の指示が根底にあったことがあげられる。

雪印食品は2002年4月30日に解散するが，牛肉偽装事件は日本ハムやハンナンにも拡大した。1人の告発によって牛肉偽装事件は表面化したが，告発がなければ依然，食品業界特有の複雑で根の深い構造は闇の中であったであろう。

このように雪印乳業と雪印食品は不祥事の事後的対応によって消費者に与える印象を変える結果となった。これまでの信用もブランドも一瞬で失墜し，回復するまでには何年もかかることは過去の企業を見れば明らかである。それにもかかわらず，雪印乳業は食中毒事件後，内向きの企業体質による閉鎖的な対応が露見した。雪印乳業は新生雪印として創業の原点を忘れず，おごらず，危機意識をもって地道に取り組んでいくことが社会に信頼される企業の第一歩であろう。

(3) パナソニックの不祥事と事後的対応

パナソニックには創業者である松下幸之助の「経営の根幹は人にあり」「モノをつくる前に人をつくる」という理念がある。その経営理念の核心を成す「企業は社会の公器」「お客様第一」「日に新た」「衆知を集めた全員経営」といった考え方はパナソニックグループの全従業員に脈々と受け継がれている（青木，2009b，129-140頁）。

だが，そのようなパナソニックであったが，2005年1月15日にナショナルFF式石油暖房機による死亡事故が起きた（当時の会社名は松下電器産業）。その後も同年2月23日（事故），同年4月13日（事故），同年11月21日（死亡事故）が発生した。パナソニックは同年2月10日，石油機器からの撤退を決めたが，修理の進捗が進んでいないとみられ，経済産業省から同年11月29日，消費生活用製品安全法第82条に基づく緊急命令を受けた。

そのため，パナソニックは改修済みの機器でも事故を起したことを重くみて同年11月29日，謹告を新聞62紙に掲載するとともに記者会見を開いた。同年12月2日，点検修理済みの機種で事故が発生したことから回収対象機器を5万円で引き取ることを発表した[9]。パナソニックの対応は広告を通じて全回収の処置を行ったことが雪印乳業やパロマとは違う点である[10]。パナソニックはホームページを通してリコール社告として，回収活動バックアップを現在も継続している。パナソニックは249億円をFF式緊急対策費用として投入したといわれる。

この事例では改修済みの機器でも事故を起したことから全回収の処置をとったことがあげられる。後手の対応で企業の評価を下げる経営者がいる中，最後の1台まで回収するというパナソニックの姿勢が自ずと消費者を最優先に考えることにつながったといえる。

(4) 企業不祥事の事後的対応と企業行動

1982年9月30日に起きたタイレノール事件では当時の経営者が我が信条に則って顧客への責任を最優先し，的確な判断と早期の製品回収が結果として信頼を勝ち取ることができた。J&Jは我が信条を通じて従業員が危機意識を共有し，危機の未然の防止と最善の対応につなげていることが特徴である。我が信条は特許を取っていないのでそのまま他社が採用することはできる。だが，他社が我が信条を採用しても一朝一夕に実践できるかどうかは別問題である。J&Jは経営者から従業員までが我が信条をベースにした意思決定を議論している。さらに年に1度，Credo Survey（クレドサーベイ）による管理・改善サイクルがあり，我が信条の理念がどの程度，実践・実現されているかを評価している。こうしたJ&Jの風土，体質には社内コミュニケーションの充実，危機意識の共有，我が信条の理念の実現に継続的に取り組んでいることが特徴である。

雪印乳業は大阪工場食中毒事件（2000年6月27日）と雪印食品牛肉偽装事件（2002年1月23日）を教訓とし，事件を風化させない活動としてグループ活動

の事例発表，来賓講話，品質保証基礎理解度テストなどさまざまな取り組みを実施している。毎年，雪印乳業行動基準（2003年1月策定，2007年6月改定，現在は雪印メグミルク行動基準）に沿った行動をすることを宣誓し，毎年6月27日に提出している。だが，重要なことは不祥事の教訓を今後に生かしていくことにある。2つの不祥事の背景には，①内向きの体質（社内の倫理，企業倫理の欠如），②縦割りの組織（事業全体の把握の弱さ，事実確認の弱さ），③リスクマネジメントの欠如（情報の動脈硬化，結果に対する対応のまずさ）があった。これら3点の企業体質を変革していく必要がある。

パナソニックの事例は決してJ&Jのように成功モデルとはいえないが，常に「正直」であれという創業者の教えが生きた事例となった。消費者目線に合わせた回収活動バックアップのためのCM，新聞広告，新聞折り込みチラシなどの告知活動を行った取り組み，姿勢は評価できる企業行動である。

4 経営者の倫理的価値判断

(1) コンプライアンスと経営者の倫理的価値判断

コンプライアンス経営の実践を担うのは経営者であり，経営者が従業員を先導し，企業全体で取り組んでいくことが必要である。コンプライアンス経営は企業行動規範，コンプライアンス体制，コンプライアンス教育の3つが相互に補完しあうことによってはじめて実効性がある。経営者はそのことを踏まえたうえでコンプライアンス経営の実践に向けてより積極的に邁進していく姿勢が求められる。

そのためには，①コンプライアンス経営の徹底と強化を通じて，透明性の高い企業風土を醸成すること，②自社の内部統制や危機管理上の弱点を認識し，対応策を取ること，③内部監査において，主として経営者による内部統制がコンプライアンス機能を発揮できるように編成されていることが必要である。このように経営者はコンプライアンス経営の実践に向けて自らの問題意識を高め，それを従業員に浸透させていくことが経営者の役割である。内部監査の強化・

充実，透明性の高い経営を行っていくことはもちろんのこと，風通しのよい組織づくりや経営者の先見性や経営ビジョンの明確化により不祥事に対する断固たる姿勢を貫く企業風土を醸成していくことが重要な役割である。

しかしながら，こうしたコンプライアンス経営におけるハードづくり（組織構造）だけで終わらせてはならないとの指摘がある（平田, 2008）。なぜならば，経営者次第で経営が決まり，その最終的な責任はいつに経営者の肩にかかっているからである。そのため，経営者を育成するソフトづくりに注力しないかぎり，従業員への問題意識の浸透や育成はもとよりコンプライアンス経営の実効性はきわめて難しくなると考えられる。

経営者はこうした認識を踏まえながら経営を遂行し，不祥事を抑止・防止するために最善の努力を尽くしていくことが求められる。そのことを忘れて，ただ経営理念を掲げ，不祥事への対策もなくコンプライアンス経営の体制だけでは意味がない。不祥事の防止への取り組みはコンプライアンスを基礎にした企業倫理を実践する誠実な経営者によってはじめて実効性ある健全経営が可能になる。

不祥事への対処として何よりも重要なのは経営者の経営理念と経営倫理に基づいた行動である。どんなに立派で優れた経営理念や企業行動規範を掲げていても経営者の経営倫理が欠落していたら経営は続かない。経営者は経営理念に裏打ちされた経営ビジョンを明確に示し，企業行動規範に基づいて経営活動を行っていく必要がある。

経営者の経営理念と経営倫理とその行動がきわめて重要な役割を果たすことになる。その際に上述の倫理的価値判断と経営者の経営行動が合致し，利害関係者に対する価値理念に基づいて実行していくことが必要である。利害関係者に対する価値理念が一つでも欠落したら，コンプライアンス経営の実践はもとより企業の存続に影響を与える可能性がある。経営者は倫理的価値判断と経営行動に基づいてリーダーシップを発揮し，利害関係者を意識した経営活動を行っていく必要がある。

(2) 経営者の倫理的価値判断の課題

　経営活動には経営者の経営理念と経営倫理が深く結びついている。その経営理念と経営倫理が合致してはじめて倫理的価値判断が形成される。倫理的価値判断は経営者の経営行動と結びつくことにより企業行動規範に組み込まれ，企業全体の倫理（企業倫理）を形成するのである。それによりコンプライアンスの根底をなす企業倫理が確立し，経営者は倫理的価値判断によって経営意思決定ができる。

　だが，倫理的価値判断が経営者の利己によるものでは必ずどこかで不祥事の温床が生成する。その温床に気がつかなければ，やがて不祥事として発生し，企業の存続に関係してくる。経営者は倫理的価値判断と経営行動において，プロフェッショナルとしての自覚とリーダーシップを発揮する必要がある。そうした経営者が企業不祥事への対処に向けて倫理的価値判断に基づいて行動するための課題は，以下の3点をあげることができる。

　①経営理念を経営者と従業員が共有し，同じ方向で経営実践を行っていくためには明確な経営理念に基づいたコーポレート・ガバナンスを確立する必要がある。このことは経営者の経営理念が組織化し，共有していくことによって健全な企業風土が醸成する。経営ビジョンと経営目標の方向性が合致していなければ経営者の経営理念は企業全体に浸透しないことが指摘できる。

　②経営者は時代の期待と要請を鑑み，必要な場合は経営理念を変え，それを構成員が共有し，経営実践として実行していくことのできる経営者が求められている。経営者の経営理念に基づくものであるならば，経営者個人の経営理念とその人間性がきわめて重要である。

　③経営者は経営理念を企業の内外に積極的にコミットメントし，経営そのものが社会的責任活動にかかわってくるという認識で従業員とともに高い志や使命感をもって，責任ある経営を展開していく必要がある。そのような責任ある経営者あるいは誠実な経営者の経営理念とその行動が企業不祥事の温床を断つ最善の防止策であると考えられる。

5　おわりに

　企業は社会とともに発展するのであり，社会の動きや時代の潮流を無視するような企業は存続し得ない。そのことをまず経営者が認識し，経営者が先導に立って，コンプライアンスを基礎にした企業倫理の確立と実践をしていく必要がある。企業は持続的に利害関係者との良好な関係を着実に構築し，時代の潮流に合わせて積極的に問題意識を高めていくことが必要である。それによりはじめて社会に信頼される企業になり得るのである。

　不祥事への対処には企業倫理のほかにコンプライアンス，内部統制，リスクマネジメント，コーポレート・ガバナンス，企業の社会的責任などが関連している。これらの根底に企業倫理があり，企業倫理が欠けた組織では企業の存続にかかわる問題となる。不祥事の根本は，最終的には自己の意識，行動，倫理観などにかかわってくるため不祥事は完全には消滅しない。繰り返される不祥事の防止に万能薬はないのである。だからといって不祥事に対して諸手をあげて看過するわけにはいかない。不祥事への対処として何よりも重要なのは経営者の危機管理能力とその倫理的価値判断による意思決定であると強調しておきたい。

　企業の9割は経営者（社長）で決まるといわれる。企業は経営者の器以上にはならない（軸が立たない）ともいわれる。集団はリーダーで決まり，企業の価値を上げるのが経営者の仕事でそれで社長の値打ちは決まるという[11]。そこでは主として経営者の器，人間性，情と理といった概念が関係してくる。優れた経営者のもとには優れた従業員が集まり，自ずと企業風土，体質が形成される。このことは突き詰めれば，経営者の人間性や経営力（management capability）とは何かになる。経営者の人間性や経営力はバロメーターのように目に見えるものでないが，①企業の使命を探索し，企業の未来像を構築し，その実現に向けた戦略を策定する能力と，②各職場や各部門の執行機能を連結し，企業全体の最適化を実現し，企業の存立と発展を図る能力を経営力と理解して

いる[12]。こうした経営者の経営力については今後の研究課題としたい。

注
1) 本章での経営者とは取締役，執行役（員）を意味している。
2) リコール隠しは道路運送車両法第111条により，法人に対し2億円以下の罰金が科される。
3) 日本監査役協会は日本経済新聞，日経産業新聞，日経金融新聞（2008年1月31日廃刊），日経流通新聞（現日経MJ），朝日新聞，毎日新聞，読売新聞，産経新聞に複数回報道された企業不祥事を抽出した。具体的な18事例については紙面の都合上，紹介できないが，詳細については日本監査役協会ケース・スタディ委員会（2003）を参照されたい。
4) COSOは信頼性ある財務情報を提供する内部統制のフレームワークとして，1992年9月，『内部統制・包括的フレームワーク』を公表した。そこでの内部統制の構成要素には統制環境，リスクの評価，統制活動，情報と伝達，監視活動の5つがある。金融庁が2006年11月21日に発表した内部統制の基本的枠組みはCOSOの内部統制の構成要素を参考にしている。
5) 日本監査役協会が実施したアンケートであるため，従来型の監査役設置会社に比重が傾くことがいえる。アンケートの実施時期から委員会設置会社に移行する企業が少なかったことが考えられる。今後はこうした状況を考慮してコンプライアンス経営の実態について検討していく必要がある。
6) J&Jのホームページ（http://www.jnj.co.jp/）より。2010年6月30日アクセス。
7) J&Jのタイレノールの市場は37％のシェアであったが，事件直後は0％近くまで落ち込んだ。だが，早急な対応により4か月後には35％に回復した。
8) 大阪工場食中毒事件の内容については，2007年4月20日，著者と平田光弘（一橋大学名誉教授・星城大学名誉教授）の雪印乳業（東京本社）へのヒアリングに対する回答に拠っている。
9) パナソニックのホームページ（http://panasonic.jp/）より。2010年6月30日アクセス。
10) 2006年7月14日，経済産業省がパロマ工業（現在はパロマ）製の屋内設置型瞬間湯沸器による一酸化炭素中毒事故について発表（事故件数17件・死亡者15人）した件でパロマ（当時，親会社）は改造した点検員に原因があるとして当初は関係ないという立場であり，一切の謝罪はなかった。だが，2010年5月11日，東京地裁の判決は元社長らを有罪とし，経営者の安全管理面での怠慢を厳しく指弾した。このことは人命に直結するガス器具メーカーの企業責任を重く捉え，製造から使用に至るまで安全対策の徹底を強く迫った司法判断といえる。
11) 社長の器，社長の値打ちについては，佐山（2008），佐山（2010）を参照されたい。

12) 経営者の経営力については，小椋（2009）を参照されたい．

参考文献

青木　崇（2006）「日本企業におけるコンプライアンス経営の実践と経営者の課題―日本監査役協会の社長アンケートを中心として―」『現代社会研究』東洋大学現代社会総合研究所，第3号，51-58頁.

青木　崇（2009a）「日本企業の不祥事と企業の社会的責任」『日本経営倫理学会誌』日本経営倫理学会，第16号，43-52頁.

青木　崇（2009b）「日本企業の経営理念と社会的責任活動」『マネジメント・ジャーナル』神奈川大学国際経営研究所，創刊号，129-140頁.

青木　崇（2010a）「企業不祥事のメカニズムと現代経営者の役割」『日本経営倫理学会誌』日本経営倫理学会，第17号，45-57頁.

青木　崇（2010b）「企業不祥事発生のメカニズムと倫理的価値判断」『現代社会研究』東洋大学現代社会総合研究所，第7号，153-160頁.

小椋康宏（2008）「マネジメント・プロフェッショナルの理念と育成」日本経営教育学会編『経営教育研究』学文社，Vol. 11, No. 1, 1-13頁.

小椋康宏（2009）「日本型経営の枠組みと経営力の創成―経営者の役割を中心として―」『経営力創成研究』東洋大学経営力創成研究センター，第5号，81-91頁.

飫冨順久（2007）「経営者の倫理と経営教育」日本経営教育学会編『経営教育研究』学文社，Vol. 10, 1-18頁.

飫冨順久（2009）「企業倫理と内部統制システム」『経営力創成研究』東洋大学経営力創成研究センター，第5号，53-64頁.

菊池敏夫・平田光弘・厚東偉介編著（2008）『企業の責任・統治・再生』文眞堂.

佐山展生編（2008）『社長の器―企業価値向上論講義―』日本経済新聞出版社.

佐山展生編（2010）『社長の値打ち―企業価値向上論講義―』日本経済新聞出版社.

清水龍瑩（2000）「優れたトップリーダーの能力」『三田商学研究』慶應義塾大学商学会，第42巻第6号，31-57頁.

谷本寛治編著（2002）『SRI社会的責任投資入門―市場が企業に迫る新たな規律―』日本経済新聞社.

中村瑞穂編（2003）『企業倫理と企業統治―国際比較―』文眞堂.

日本監査役協会ケース・スタディ委員会（2003）『企業不祥事防止と監査役の役割』日本監査役協会.

平田光弘（2008）『経営者自己統治論―社会に信頼される企業の形成―』中央経済社.

平田光弘（2009）「次世代経営者の育成と経営者教育」日本経営教育学会編『経営教育研究』学文社，Vol. 12, No. 1, 1-17頁.

水谷雅一（1994）「経営倫理学の必要性と基本課題」『日本経営倫理学会誌』日本経営倫理学会，第1号，1-16頁.

雪印乳業（2009）『雪印グループ活動報告書2009―雪印グループCSRの確立に向けて―』雪印乳業株式会社.

第8章 新たな企業の社会的責任と
経営者の課題
―持続可能な発展と企業価値―

1 はじめに

　近年，経済・市場・経営のグローバル化に伴いNGOをはじめとする市民社会の台頭，消費者行動の変化，企業間競争の激化等により企業の社会的責任（corporate social responsibility，以下，「CSR」という）への関心が欧米諸国を中心に急速に高まっている。これに伴いOECD（経済協力開発機構），国連，GRI（Global Reporting Initiative）などの国際機関や欧米の企業行動に関する評価機関などではCSRに関する企業行動指針の策定，公表や企業行動の評価を強化する動きが活発化している。日本においても相次ぐ企業不祥事の影響もあってCSRへの関心は高まっており，経済界や政府においてもさまざまな取り組みが進められている。

　日本において，CSRを求める機運が高まったのは1950年代後半からの公害問題に端を発している。しかしながら，今日，企業に求められているCSRは企業と社会の持続可能な発展を鍵概念とした企業経営が求められている。企業と社会の持続可能な発展が求められる要因には地球環境問題の顕在化，経済・市場・経営のグローバル化による貧富の格差拡大，環境破壊，人権・労働問題などが顕在化してきたからである。そのため，開発途上国，NGO，消費者団体などが企業に対して規律と節度ある行動を求めるようになった。企業不祥事が頻発したことによりさまざまな利害関係者から，ますます，CSRへの期待と要望が高まってきている。

　企業は本来の経済的役割だけでなく，社会的役割をも重要視した経営を行っていく必要がある。このことは現代の企業経営に改めて大きなインパクトを与え，企業とその経営者に規律と良識ある行動を問うことになった。現代の企業

は地球社会の一員としてCSRを通じて企業と社会の持続可能な発展に寄与することが期待されている。

本章ではこうした問題提起から新たなCSRと経営者の課題を中心として持続可能な発展と企業価値[1]について取りあげることにしたい。そのため，第2節では企業と社会の持続可能な発展の経緯について論述し，EUにおけるCSRの政策課題について検討し，第3節では日本におけるCSRへの認識と対応について論点をまとめ，第4節では企業価値に向けたCSR実践について考察し，経営者のリーダーシップにも論究する。

2 企業の社会的責任の鍵概念

(1) 企業と社会の持続可能な発展を求める背景

CSRの鍵概念である持続可能な発展における経緯について，表8-1を用いて検討する。持続可能性（sustainability）の術語における概念は環境問題との関連において用いられている。そうした概念は，1972年6月，ストックホルムでの国連人間環境会議に遡る。そこではかけがえのない地球（Only One Earth）をスローガンに開催され，環境問題が地球規模，人類共通の課題になってきたことから前文7項と原則26項からなる人間環境宣言が採択された。

持続可能性の概念が持続可能な発展（sustainable development）へと展開をみせるのは環境と開発に関する世界委員会が国連総会に提出した『Our Common Future』の中で確認することができる。そこでは環境と開発は相反するものではなく，開発は環境や資源という土台のうえに成り立つものであり，持続可能な発展には環境の保全が不可欠とする概念を提唱した。この考えは広く世界の支持を受け，今日の地球環境問題における世界的な取り組みに大きな影響を与えるものとなった。

表 8 － 1　国際会議における企業と社会の持続可能な発展の経緯

開催年月	会議・サミット名	採択・合意された内容
1972年6月	国連人間環境会議（ストックホルム会議）	かけがえのない地球（Only One Earth）をスローガンに開催され，環境問題が地球規模，人類共通の課題になってきたことから，前文7項と原則26項からなる「人間環境宣言」が採択された。
1992年6月	環境と発展に関する国連会議（地球サミット）	深刻化する地球規模の環境問題に対処し持続的発展を確保するため，気候変動枠組条約ならびに生物多様性条約の署名が行われ（日本を含むおよそ150か国が両条約に署名），「環境と発展に関するリオ・デ・ジャネイロ宣言」，「アジェンダ21」が採択された。
2000年3月	リスボン欧州理事会（首脳協議）	10年間の期間を念頭においた経済・社会政策についての包括的な方向性が示され，以降「リスボン戦略」と呼ばれている。これにより，2010年までにEUの競争力の強化と持続可能な発展に向けた戦略的目標にCSRが重要な貢献を果たす，と位置づけられた。
2002年9月	持続可能な発展に関する世界首脳会議（ヨハネスブルグ・サミット）	成果文書として，持続可能な開発に向けた「持続可能な開発に関するヨハネスブルグ宣言」と持続可能な開発を実現するための実施手段，制度的枠組みといった各国の指針となる包括的文書である「ヨハネスブルグ実施計画」が採択された。
2003年6月	主要国首脳会議（エビアン・サミット）	「成長の促進と責任ある市場経済の増進」（G8宣言）の中でCSRが項目として取り上げられ，『OECD多国籍企業行動指針』や『国連グローバル・コンパクト』などにおける企業の社会的および環境面での責任を促進する，企業による自主的努力を歓迎する，と政府レベルでの合意がなされた。
2006年3月	成長と雇用のためのパートナーシップ推進	欧州委員会は加盟国間協力の重要性を強調しつつ，CSR活動のより一層の実践を促すため，①CSR欧州マルチステークホルダー・フォーラムの定期開催，②CSRのための欧州アライアンスの創設，③CSRのEU政策への統合の3つの取り組みを提

		案した。
2010年3月	欧州2020	リスボン戦略が2010年で終了するため，欧州委員会はその後継となる2020年までの新たな戦略として，①賢い成長（Smart Growth），②持続可能な成長（Sustainable Growth），③包括的な成長（Inclusive Growth）の3つの相互補完的な最重要課題を掲げ，EUの潜在成長率を高めることを目標としている。

（出所）　著者作成。

　21世紀に向けた環境と開発を議論する場として，1992年6月，リオ・デ・ジャネイロで環境と開発に関する国連会議が開催された。このサミットでは182か国，102名の首脳や国際機関，NGOなどが参加し，持続可能な発展を実現するための具体的な行動計画であるアジェンダ21が178か国により採択された。後述するEUでは持続可能な発展の概念にもとづく政策課題に向けた取り組みとしてCSRを推進していくことになる。

　2002年9月，ヨハネスブルグで持続可能な開発に関する世界首脳会議が開催された。このサミットでは191か国，104名の首脳や産業界，国際機関，NGOなど20000人以上が参加し，21世紀最初の地球環境問題を考える大規模な会議となった。そこでは持続可能な開発に関するヨハネスブルグ宣言とヨハネスブルグ実施計画が採択された。

　ここで特筆すべき点は2つある。具体的には持続可能な開発に関するヨハネスブルグ宣言において，①企業は合法的な活動を行うに際し，公正で持続可能な発展に貢献する義務があり，②企業は経営の透明性を高め，アカウンタビリティを強化する必要がある，と政府レベルで合意している点である。このことは国家や行政だけでなく，企業にも持続可能な発展を担う義務があることを宣言している。そのことは，企業は地球社会の一員として持続可能な発展に向けた企業の役割が問われていることを意味している。ここに企業の経済的・社会的役割として，企業と社会の持続可能な発展に寄与していくための企業活動が問われてくると指摘できる。

(2) EUにおける持続可能な発展の政策課題

EUは2013年7月1日，28か国へと拡大した。一方でEUは1990年代以降，単一市場（1993年1月1日）に伴って社会的排除問題，労働力の急激な流動化による失業・雇用問題などが深刻化してきた。また，経済・市場・経営のグローバル化に伴う開発途上国での労働・人権問題，環境問題などへの対応が求められていた。こうした社会的問題に対し，企業が果たすべき役割や責任が問われ，企業の社会的責任がCSRとして議論されるようになった。EUでは，1990年代のサミットや国連会議で議論された環境問題や開発途上国における問題解決に向けた政策課題に重点を置いてきた。特に2000年3月，リスボン欧州理事会で採択されたリスボン戦略（Lisbon Strategy）は持続可能な発展のための政策課題の1つであるCSRに本格的に取り組む基点になった。

このリスボン戦略では2010年までにEUの競争力強化と持続可能な発展に向けた戦略的目標にCSRが重要な貢献を果たす，と位置づけられている。それを達成するには企業に対して持続可能な発展を実現するための行動や手段としてCSRを生涯学習，労働組織，機会均等，社会的包含といった経済・社会的側面において推進するよう提案した。その一環として，2000年6月に採択されたEU社会政策アジェンダでは雇用，経済・市場統合による社会影響，労働条件分野におけるCSRの重要性を強調している。

欧州委員会（EC）は2001年7月，CSRを推進していくためのたたき台として『Green Paper』を公表した。その後，2002年7月，Green Paperに対する意見を反映した『White Paper』を公表した。Green Paperをみてみると，CSRの目的は，「企業が社会的・環境的関心をビジネス活動の中に，また利害関係者との関係の中に，自発的に取り込んでいくこと」と，位置づけている。White Paperをみてみると，「CSRは法律を超える自発的なものであり，持続可能な発展の概念と結びついていること，コアの活動に付加されるものではなく，ビジネスのあり方そのものである」と，CSRを企業経営の中で明確に捉えている。欧州委員会は2002年10月，EU企業，労働組合，NGO，機関投資家，消費者などの利害関係者18団体による欧州マルチステークホルダー・フォーラ

ム（European Multi Stakeholder Forum）を開催した[2]。

これを受けて，2003年6月，エビアン・サミットでは成長の促進と責任ある市場経済の増進の中でCSRが項目として盛り込まれ，企業による自主的努力を歓迎する，とG8宣言として政府レベルでの合意がなされた。後述するように国際機関のCSR指針であるOECD多国籍企業行動指針や国連グローバル・コンパクトなどにおける企業の社会的および環境面での責任を促進し，企業による積極的な参画を歓迎することにも合意がなされた。このようにEUにおける取り組みは企業の責任ある行動が持続可能な発展の実現につながるというCSRと持続可能な発展の関連性が明確化され，EUでのCSRに関する取り組みが活発化したことが指摘できる。

(3) EU諸国における政府主導による取り組み

EUにおけるCSRの特徴は政府主導でCSRを推進している点である。ここでは，まず，政府主導としてCSRへの取り組みが最も盛んな英国政府の取り組みについてみていくことにする。

英国におけるCSR政策は2000年7月，年金基金法の改正を機にはじまった。これは年金運用受託者に対し，投資銘柄の選定や議決権行使の方針などについて義務づけている。この法律は社会的責任投資（SRI）を義務づけたものではないが，投資基準としてCSRに言及した点で英国政府のCSRを推進する姿勢がみられる。英国政府は2001年4月，世界ではじめてCSR担当大臣を任命している。このCSR担当部局は貿易産業省に設置され，さまざまなCSR推進施策を講じており，2004年7月にはCSRアカデミーを設立した。

英国以外ではフランス，ドイツなどが政府主導でCSRへの取り組みを推進している。フランスでは2001年5月に会社法が改正され，2004年から上場企業に対して財務，環境，社会的側面の年次報告書の作成と公開が義務づけられている。2002年5月には世界で2番目にCSR担当大臣が就任している。一方，ドイツでは2001年8月，年金基金運用機関に対し，基金の運用にあたって倫理面，環境面，社会面への配慮について報告を行うことが義務づけられた。オー

ストリア，ベルギー，デンマークなどもドイツ同様，年金運用機関に対して社会的責任投資への取り組み情報の開示を求める法案が検討されている。

このようにEU諸国におけるCSRは政府主導の取り組みが顕著にみられる。企業がCSRに取り組むことにより機関投資家の投資活動にも影響を与えている。そのため，企業を財務業績だけでなく，企業のガバナンスやCSRによって格付けする動きが内外でみられるようになった。GSIA（Global Sustainable Investment Alliance）によれば，2014年の社会的責任投資の市場規模（運用資産額）について日欧米で比較すると日本は80億ドル，欧州は13兆6080億ドル，米国は6兆5720億ドルとなっている[3]。今後，社会的責任投資ファンドなどによる議決権行使や選定基準においてコーポレート・ガバナンスとCSRが重要な要素になってくることが考えられる[4]。

3 日本における企業の社会的責任への認識と対応

(1) 企業の社会的責任をめぐる論点

第2次世界大戦後，日本で「企業の社会的責任」の概念が広く用いられたのはボーエン（Bowen, Howard Rothmann）の翻訳，出版が契機であるといわれる。キャロル（Carroll, Archie B.）はボーエンの研究書物ならびにCSRの定義は1950年代の最も注目すべきものであるとしてボーエンを「CSRの父」と位置づけている（櫻井，2000，34-35頁）。

これまで日本におけるCSRはどのような議論と展開をしてきたのであろうか。日本でのCSRに関する議論は決して新しいわけではない。CSRに関する議論は1956年11月，経済同友会の大会決議「経営者の社会的責任の自覚と実践」に遡る。だが，当時の経営者の社会的責任は安価，良質の商品を生産し，サービスを提供し，これを遂行することであった。この時点では利益第一主義を優先しており，社会的責任は消極的であった。

ところが，1970年代の高度経済成長期に表面化した四大公害裁判などによりCSRへの認識は一変した。公害問題，第1次石油危機（1973年10月）で社会

的責任が問われる中，経済同友会は1973年3月，「社会と企業の相互信頼の確立を求めて」を公表した。また，経済団体連合会（現日本経済団体連合会）は1973年5月，「福祉社会を支える経済とわれわれの責任」を公表した。これらに関連して数多くのCSRに関する書物が出版され一大ブームとなったが，1980年代以降ブームは鎮静化していった（谷本，2006，77頁）。

ふたたび，CSRが注目されるのは1990年代初頭のバブル経済崩壊後のことである。さまざまな企業不祥事が頻発したことから経済団体連合会は1991年9月14日，「経団連企業行動憲章」を公表した。しかしながら，一向に企業不祥事は跡を絶たなかった。日本経済団体連合会は2004年5月18日，新たにCSRの文言を加えた「企業行動憲章」を改定し，2007年4月17日，「企業行動憲章実行の手引き（第5版）」を改定した[5]。CSRと明記した理由はグローバル化の進展に伴い児童労働・強制労働を含む人権問題や貧困問題などに対して世界的に関心が高まっており，企業に対しても一層の取り組みが期待されているとの認識からであった。

このようにCSRは最近の現象だけで議論されているのではない。CSRの論点は企業不祥事に対する是正に加えて，つぎの4つにまとめることができる。①経済・市場・経営のグローバル化による貧富の格差拡大，環境破壊，人権・労働問題などが生じたこと，②開発途上国やNGOなどから企業に対する監視，批判あるいは政策提言が行われ，企業にとって無視できない存在になってきたこと，③国際機関の行動指針が公表され，法的拘束力はないものの企業に対してインパクトを与えていること，④CSRを評価する市場社会の形成により社会的責任投資をはじめ機関投資家などがCSRへの取り組みを支持するようになってきたことである。こうしたさまざまな背景から「企業の社会的責任」は新たなCSRとして企業と社会の持続可能な発展を鍵概念として企業に求められているのである。

(2) 経済団体における企業の社会的責任への提言

新たなCSRにすばやく反応したのは経済団体であった。なかでも関西経済

連合会は2001年3月,『企業と社会の新たな関わり方—地域社会の活性化に向けて—』を公表している。CSRブームの呼び水となったのは「企業の社会的責任」の重要性をCSRという言葉で提起し,その実践を推進した経済同友会であった（表8-2参照）。

表8-2　経済同友会におけるCSR提言活動の変遷

年度	委員会（委員長）	提言
1956	経営方策特別委員会（井上英煕委員長）	①経営者の社会的責任の自覚と実践
1972	経営方策審議会（小林宏治委員長）	②社会と企業の相互信頼の確立を求めて
1973	通常総会（木川田一隆代表幹事所見）	③社会進歩への行動転換
2000	経済社会思想を考える委員会（南直哉委員長） 21世紀宣言起草委員会（水口弘一委員長）	④21世紀宣言
2002	市場の進化と21世紀の企業研究会（斎藤敏一座長）	⑤第15回企業白書：市場の進化と社会的責任経営
2003	社会的責任経営推進委員会（桜井正光委員長）	⑥日本企業のCSR：自己評価レポート2003
2005	社会的責任経営推進委員会（原良也委員長）	⑦日本企業のCSR：自己評価レポート2006
2006		⑧CSRイノベーション〜事業活動を通じたCSRによる新たな価値創造〜 日本企業のグッド・プラクティス2007
2007	社会的責任経営委員会（高橋温委員長）	⑨価値創造型CSRによる社会変革〜社会からの信頼と社会的課題に応えるCSRへ〜
2008	社会的責任経営委員会（岩田彰一郎委員長）	⑩今こそ企業家精神あふれる経営の実践を〜三面鏡経営と5つのジャパン・ニューディールの推進による未来価値創造型CSRの展開〜

2009	社会的責任経営委員会（水越さくえ委員長）	⑪日本企業のCSR：自己評価レポート2010
2010		⑫グローバル時代のCSR 変化する社会の期待に応え，競争力を高める
2011	社会的責任経営委員会（岩田彰一郎委員長）	⑬社会益共創企業への進化 持続可能な社会と企業の相乗発展を目指して
2012	経営改革委員会（小林喜光委員長）	⑭第17回企業白書：持続可能な経営の実現
2013	企業経営委員会（菅田史朗委員長）	⑮日本企業のCSR：自己評価レポート2014

（出所）　経済同友会（2014）3頁。

　経済同友会は2003年3月26日，第15回企業白書『「市場の進化」と社会的責任経営―企業の信頼構築と持続的な価値創造に向けて―』を公表した。そこではCSRの対象を「市場」「環境」「人間」「社会」の領域に定めた。CSRの本質については，①CSRは企業と社会の持続的な相乗発展に資する，②CSRは事業の中核に位置付けるべき「投資」である，③CSRは自主的取り組みであると強調した。企業がCSRを果たしながら企業価値を創造していくためには経営理念の確立とそれを実践するコーポレート・ガバナンスの確立が必要であると提言した。

　経済同友会は2004年1月16日，第15回企業白書で独自に提唱した企業評価基準[6]を用いて会員企業の229社の経営者が自社の取り組みを自己評価した『日本企業のCSR：現状と課題―自己評価レポート2003―』を公表した。

　経済同友会は2006年3月7日，会員企業および東証1部・2部上場企業の経営者を対象とした企業不祥事，企業の社会的責任，社会的責任投資に関する意識調査を実施した『企業の社会的責任（CSR）に関する経営者意識調査』を公表した。

　経済同友会は2006年5月23日，2回目となる自己評価の回答を集計・分析し，

日本企業のCSRに関する取り組みの進捗状況と将来に向けた課題を明らかにした『日本企業のCSR：進捗と展望―自己評価レポート2006―』を公表した。その後，2010年4月13日，3回目となる『日本企業のCSR：進化の軌跡―自己評価レポート2010―』を公表した。

　経済同友会の企業評価基準には数多くの経営者が参画し，自社の強みと弱みについて自ら気づくことによって将来に向けた戦略や仕組みづくりの役割を果たしている。経営者自身の啓発と実践に重点を置き，自己評価結果の分析とフィードバック，CSRの推進に向けた新たな課題設定や問題提起は経済同友会のCSRに対する先見性が感じられる。特に最近の経済同友会のCSRに対する見解は，①グローバル化への対応で出遅れていること，②消費者や生活者の信頼を獲得するために行動規範や倫理教育の徹底，内部監査やガバナンス強化など，経営者や従業員に責任ある行動を求めていること，③ビジネスを通じて国内外のさまざまな社会的課題の解決を図る攻めの社会的責任経営を実践することを強調している。

　このようにCSRは経済団体によって提唱されたことにより一時的なブームを呼んだ[7]。だが，このままCSRがブームとして終わってしまっては意味がない。経済団体がCSRへの推進をいくら声にしてあげても企業とその経営者にCSRに対する認識がなければCSR実践は困難である。企業は経営の中にCSRを組み込み，ブームとして実践するのではなく，経済・社会的使命をもって行動すべきである。経済・社会的使命とは企業理念の実践にほかならない。企業とその経営者は企業理念にもとづいてCSR実践を行っていくことが求められる。

4　企業価値に向けたCSR実践

(1) CSR実践における経営者のリーダーシップ

　経営学におけるリーダーシップ論は経営者論と深くかかわってくる。経営者がリーダーシップを発揮することは経営の方向性を決めるうえで欠かせない役

割である。経営者能力について清水（1995）は，「将来構想の構築・経営理念の明確化，戦略的意思決定，執行管理の3つの機能を遂行するための能力である」と述べている（清水, 1995, 1頁）。「経営者能力は企業家精神に関連する能力，管理者精神に関連する能力，リーダーシップ能力の3つに分かれる。企業家精神とは不連続的緊張にたえうる能力であり，管理者精神とは連続的緊張にたえうる能力であり，この2つを高い視点から止揚統合したのがリーダーシップ能力である」と指摘する（清水, 1995, 1頁）。清水（1995）はこのほかにも洞察力，決断力，ビジョン，直感力・カン，知識，スピード，品性，運，企業倫理，人間的魅力などをあげている。

経営者のリーダーシップについて清水（2000）は，「組織の目的を達成するためにリーダーが部下に対して行使する対人影響力である。トップリーダーは環境変化に対応して，軸足を企業家精神あるいは管理者精神に移す」と指摘する（清水, 2000, 31頁）。このように経営者には環境に応変する能力がリーダーシップを発揮するうえで必要であるという。

そこでは，①トップリーダーが企業家的態度で将来構想の構築・経営理念の明確化を行うときは洞察力，ビジョン，決断力などの能力が必要であり，②管理者的態度で執行管理を行うときは人間的魅力，相手の立場にたってものを考える能力，品性・運が必要であることを示している。

しかしながら，トップリーダーに対しこれらが絶対的なものではないと清水（2000）は言及している。トップリーダーの業種，形態，規模などによっては能力の要素が異なってくる。このことは絶対的な経営者の条件を示しているのではなく，さまざまな能力をもった経営者が考えられることを意味している。

例えば，経営者には経営の知識や人間的魅力が不可欠としても会計や財務にも精通した能力も求められてくる。経営者の資質としては経営のセンスが必要となれば，いかにして習得すべきなのかが浮き彫りになってくる。そのためには人の何倍もの努力や労力が求められる。その意味では経営者のリーダーシップとは何かを一般的に示すことへの困難さを物語っている。経済同友会（2007）によれば，現代経営者にとって重要な資質として，①高い倫理観と価

値観，②優れた判断力，③勇気ある決断力，④構想力・先見性・感性，⑤適応力をあげている。

　経営者のパフォーマンスには人間性や知性のほかにリーダーシップを発揮するための経営者としての資質が重要になってくる。具体的な資質としては経営のセンス，ビジョン，判断力，先見性，情熱，謙虚さが備わっているような人物が求められよう。そのうえで経営者はCSR実践を通して責任ある経営を行っていく必要がある。そのためには企業理念を従業員と共有し，経営者はCSRに対する理念とリーダーシップを発揮していくことが重要である。CSR実践を行うことが経営者の社会的責任である。経営者の問題意識が時代の潮流に合致していなければCSRを果たすことはきわめて難しいであろう。

(2) CSR実践における情報開示

　近年，企業価値をさまざまな利害関係者に伝えるため，財務情報だけでなく，経営戦略，環境対策，コーポレート・ガバナンスなどの非財務情報を統合的に開示する統合報告（integrated reporting）への関心が高まっている。統合報告に関する統一的な定義は確立していないが，概念上は財務情報と持続可能な発展に向けた企業の取り組みを関連づけて開示することを目的としている。換言すれば，企業が公表するアニュアルレポート，決算書，CSR報告書などを1冊の統合報告書（integrated report）として取りまとめ，開示と対話によって企業の将来像を描写していることに特徴がある。これまでは多くの企業が報告書を何冊も発行したことによって情報が分散した。それにより，機関投資家からすれば，CSRと業績の関係が不明瞭でわかりにくかったことが指摘できる。

　企業が自主的に発行するCSR報告書やサステナビリティ報告書の発行は年々増えてきている。環境省によれば，CSRを含む環境報告書を公表する日本企業の数はおよそ1000社にのぼるが，数年前からアニュアルレポートにまとめる企業がでてきている。武田薬品工業，豊田自動織機，オムロン，村田製作所，昭和シェル石油，ベネッセホールディングス，旭硝子などは1冊の統合報告書として公表している。ESGコミュニケーション・フォーラムによれば，

2014年は142社の日本企業が統合報告書を発行している[8]。このように従来のアニュアルレポートとCSR報告書を統合し，統合版アニュアルレポートとして発行している企業が多くみられる。とはいえ，統合報告書の内容についてはCSR報告書にアニュアルレポートを加えただけの企業もみられる。

2003年のCSR元年以降，報告書の名称は環境報告書からCSR報告書やサステナビリティ報告書などに改名したケースが目立った。報告書の内容についてはカラフルでうすく，わかりやすいものもあり，企業によって千差万別である。だが，単に報告書の名称が変わっただけでは意味がない。CSRに関する報告書の発行が増えた背景にはCSRブームの影響が大きいが，企業不祥事が頻発したことから経営の透明性を高め，社会に信頼される企業を目指していることに公表する意味がある。

環境，社会への意識が高まる中，2006年4月，国連は責任投資原則（Principles for Responsible Investment）を公表した。欧米の機関投資家は企業に対して環境，社会，コーポレート・ガバナンスに関する情報を開示するように要請している。堀場製作所のアニュアルレポートは「見えない資産による価値創造」と題して，グローバルに活躍できる人財を育成する研修や交流プログラムを紹介している。このように財務・非財務の両面を含めた企業価値を利害関係者に発信しているところに特徴がある。

しかしながら，すべての企業が統合報告書はもとより，CSR報告書を発行しているわけではない。CSR報告書を発行しているからといってCSRへの取り組みが評価されるわけでもない。企業は残された経営課題に対し目標設定を示し，継続的にCSR実践を行っていくことが必要である。

CSR報告書を発行している多くは大会社である。第三者評価（監査法人）に対する多額な費用がかかることを考慮すれば，中小企業では毎年発行するのは難しいであろう。CSR報告書は自社のCSR実践の成果を利害関係者に開示するための一つのツールである。企業の中にはCSR報告書の作成を専門の業者に依頼する企業がある。そのため，企業のネガティブ情報を開示しないことがある。ネガティブ情報のレベルにもよるが社会に信頼されるためには経営の

透明性を高め，説明責任を果たしていくことが重要であろう。

　日本企業が苦手とするネガティブ情報の開示については第三者評価のチェックを受けることや独立性の高い社外取締役のインタビューを掲載するなど客観性をもたせるといったことが必要である。ポジティブ情報とネガティブ情報のバランスを保ちながら，統合報告の普及に向けた課題を改善していくことが検討事項である。

(3) 企業価値に向けたCSR実践の意義

　昨今，CSRは企業と社会にとって最も重要な概念になっている。企業は経済的利益の追求と同時に社会問題，環境問題の解決に取り組む必要がある。そのため，企業は経済活動とCSRを結びつけた事業戦略として取り組み，企業価値の維持，向上を目指している。例えば，オムロンは「企業は社会の公器である」との基本理念の下，企業理念経営を推進する観点から統合報告に取り組む意義を説明している。そこでは株主，取引先などとの誠実な対話を通じて信頼関係を構築するステークホルダー経営を宣言し，経済的価値と社会的価値をバランスよく高めて長期的な企業価値の最大化を目指している。

　マイケル・ポーター（Porter, Michael E.）は経済的価値と社会的価値を同時実現する共通価値の戦略として，Creating Shared Value（共通価値創造）という概念を提言している。経済的価値を創出しながら，社会的ニーズに対応することにより，社会的価値も創出するという考え方である。共通価値の創造に取り組むことによって，新しい資本主義が生まれ，企業はどう対応していくべきなのかを考察している[9]。

　企業はCSR実践において，どのようにして取り組んでいく必要があるのであろうか。そのためには経営者が真っ先に社会や利害関係者からの期待，要求を認識する必要がある。それに伴い利害関係者への情報開示と対話を行っていく必要がある。それができない企業はやがて社会から排除されるであろう。企業はいかにしてCSRに取り組み，実践していくかが求められている。CSR実践は経営者の理念と行動で決まると考えられる。

経営者は利害関係者との関係を問い直し，どのような期待，要請等が寄せられているかを知り，コミュニケーション関係を構築し（対話，情報開示，報告），どのように説明責任を果たしていくかどうかである。企業は社会とともに発展するのであり，社会の動きや時代の潮流を無視するような企業は存続し得ない。そのことをまず経営者が認識し，経営者が先頭に立って，リーダーシップを発揮して取り組んでいく必要がある。経営者は持続的に利害関係者と良好な関係を構築し，時代の潮流に合わせて積極的に問題意識を高めていくことが必要である。そうすることによって，社会に信頼される企業として持続可能な発展に寄与することができ，企業価値が高まるのではないだろうか。

5 おわりに

本章では新たなCSRと経営者の課題に焦点をあてて，企業と社会の持続可能な発展について考察し，経営者のリーダーシップとCSR実践について論述してきた。CSRを求める機運が高まった背景は経済・市場・経営のグローバル化に伴い貧富の格差拡大，環境破壊，人権・労働問題などが生じたことにより開発途上国やNGOなどからの批判を招いたことである。これに加えて，企業不祥事が顕在化し頻発したことにより社会から企業をみる目が一段と厳しくなってきたことであった。

企業と社会の持続可能な発展に寄与していくといっても一朝一夕に達成できるものではない。誠実な企業を目指していくためには経営者が従業員を先導し，邁進していく姿勢が必要である。CSRを果たしていくためには企業理念に基づいて経営者がリーダーシップを発揮していく必要がある。

本章で明らかになったことはつぎの5点である。第1に，CSR実践はコンプライアンスを前提として社会のニーズに応え，自ら高い目標を掲げ，その目標に向かって自主的に責任をもって活動していることである。第2に，CSRを企業価値の向上と捉え，積極的かつ能動的に進めるとともにグローバルな展開を視野に入れて企業と社会の持続可能な発展に貢献していることである。第

3に，企業が社会との対話を通して企業価値の向上を図り，企業と社会のより良い関係を構築していくことによってCSRのあり方を明確にしながら実践していることである。第4に，企業理念に基づいた行動憲章や行動規範にのっとって経営者と従業員がCSR実践を行っていることである。第5に，統合報告は企業の長期的な価値創造に焦点をあてているが，具体的にはアニュアルレポートとCSR報告書を統合し，財務情報，非財務情報を統合報告書として公表することによって長期的な企業価値をアピールしているが，統合報告書の内容については企業によって差異が確認できたことである。

今後の課題としては事例研究による実証分析や国際比較の観点からの考察があげられる。そのためには国際統合報告評議会（International Integrated Reporting Council）の統合報告に関するフレームワークを検証し，企業と社会の持続可能な発展と企業価値についてより実証的な研究を深めていく必要がある。

注

1) 企業価値については論者によって定義が異なる。本章では経営財務論の視点から考える企業価値を中心として論述している。企業価値について詳しくは，小椋（2008）を参照されたい。
2) このフォーラムではEUにおける今後のCSR促進活動について20か月におよぶ協議が行われた結果，2004年6月に最終報告書『Final Results & Recommendations』が公表された。欧州委員会は，2006年3月，この報告書に基づくEUでのCSR戦略の推進状況を評価した新たな通達を公表している。
3) The Forum for Sustainable and Responsible Investment (2014), *2014 Report on US Sustainable, Responsible and Impact Investing Trends*, The Forum for Sustainable and Responsible Investment. によれば，米国の社会的責任投資ファンド数は1995年の55本から2014年の925本になり，社会的責任投資ファンドの資産残高は1995年の120億ドルから2014年の4兆3060億ドルにまで及んでいる。
4) UNEP Finance Initiative and UN Global Compact (2006) の投資基準は環境，社会，ガバナンスに配慮した企業に投資を実施する原則を公表している。
5) 日本経済団体連合会は新たなCSRの視点から見直すという目的で2010年9月14日，「企業行動憲章」と「企業行動憲章実行の手引き（第6版)」を改定した。

6）自己評価シートは，2005年（第2版）に改定し，自己評価項目の構成がCSR（市場，環境，人間，社会）とコーポレート・ガバナンスの110項目から120項目に増えた。2009年（第3版）に改定した際は自己評価項目の構成がISO26000の7つの中核主題を踏まえ，組織統治，人権，労働慣行，環境，公正な事業慣行，消費者に関する課題，コミュニティ参画及び開発になり，評価基準の項目が120項目から107項目になった。2013年（第4版）に改定した際は107項目のままである。

7）日本経済団体連合会は2005年10月4日，『CSR推進ツール』と『CSR（企業の社会的責任）に関するアンケート調査結果』（回答率43.2%）を公表している。その後，2009年9月15日，2回目となる『CSR（企業の社会的責任）に関するアンケート調査結果』（回答率33.7%）を公表した。

8）http://www.esgcf.com/ 2015年7月1日アクセス。

9）Porter, Michael E. and Kramer, Mark R. (2011), "Creating Shared Value", *Harvard Business Review*, January-February, pp. 1-17.

参考文献
邦語文献

青木　崇（2004）「コーポレート・ガバナンスと経営者問題―日米企業に焦点をあてて―」日本経営教育学会編『企業経営のフロンティア―経営教育研究7―』学文社，49-78頁．

青木　崇（2005）「コーポレート・ガバナンスの前提条件―コンプライアンスとCSR―」日本経営教育学会編『MOTと21世紀の経営課題―経営教育研究8―』学文社，205-230頁．

青木　崇（2006）「CSRに関する企業行動指針とCSRへの取り組み―企業独自のCSR指針策定と企業実践への課題―」『経営行動研究年報』経営行動研究学会，第15号，57-62頁．

青木　崇（2007a）「企業独自のCSRに関する行動指針とCSR実践―NECと富士通の事例を中心として―」『現代社会研究』東洋大学現代社会総合研究所，第4号，75-84頁．

青木　崇（2007b）「国際機関のCSRに関する企業行動指針」『イノベーション・マネジメント』法政大学イノベーション・マネジメント研究センター，No. 4, 105-124頁．

青木　崇（2007c）「経営者哲学と企業の社会的責任―日立製作所と東芝の企業実践を中心として―」『東洋大学大学院紀要』東洋大学大学院，第43集，225-246頁．

青木　崇（2011）「企業不祥事の事後的対応をめぐる経営者の意思決定―倫理的価値判断と経営力―」『研究紀要』高松大学，第54・55合併号，9-28頁．

植木英治（2006）「企業の社会的責任（CSR）の新展開」『香川大学経済学部研究年報』香川大学経済学部，第46号，1-49頁．

小椋康宏（2008）「企業価値創造と経営力―グローバル化時代の経営行動―」『経営行動研究年報』経営行動研究学会，第17号，16-21頁．

小椋康宏（2009）「現代経営者のミッション，ビジョンとCSR―『新・日本流経営の創造』を手掛かりとして―」日本経営教育学会編『経営教育研究』学文社，Vol. 12, No. 2, 1-12頁．

飫冨順久（2007）「経営者の倫理と経営教育」日本経営教育学会編『経営教育の新機軸―経営教育研究10―』学文社，1-18頁．

飫冨順久・辛島　睦・小林和子・柴垣和夫・出見世信之・平田光弘（2006）『コーポレート・ガバナンスとCSR』中央経済社．

関西経済連合会（2001）『企業と社会の新たな関わり方―地域社会の活性化に向けて―』関西経済連合会．

菊池敏夫・平田光弘・厚東偉介編著（2008）『企業の責任・統治・再生―国際比較の視点―』文眞堂．

経済開発委員会・経済同友会編訳（1972）『企業の社会的責任』鹿島研究所出版会．

経済同友会（2003）『「市場の進化」と社会的責任経営―企業の信頼構築と持続的な価値創造に向けて―』経済同友会．

経済同友会（2004）『日本企業のCSR：現状と課題―自己評価レポート2003―』経済同友会．

経済同友会（2006a）『企業の社会的責任（CSR）に関する経営者意識調査』経済同友会．

経済同友会（2006b）『日本企業のCSR：進捗と展望―自己評価レポート2006―』経済同友会．

経済同友会（2007）『経営者のあるべき姿とは―確固たる倫理観に立脚したプロフェッショナリズムとリーダーシップ―』経済同友会．

経済同友会（2010）『日本企業のCSR：進化の軌跡―自己評価レポート2010―』経済同友会．

経済同友会（2014）『日本企業のCSR：自己評価レポート2014』経済同友会．

小林俊治・百田義治編著（2004）『社会から信頼される企業―企業倫理の確立に向けて―』中央経済社．

櫻井克彦（2000）「企業社会責任研究生成・発展・分化とその今日的課題」『経済科学』名古屋大学経済学部，第47巻第4号，29-49頁．

清水龍瑩（1995）「経営者の人事評価（Ⅱ）―経営者能力―」『三田商学研究』慶應義塾大学商学会，第38巻，第4号，1-30頁．

清水龍瑩（2000）「優れたトップリーダーの能力」『三田商学研究』慶應義塾大学商学会，第42巻，第6号，31-57頁．

谷本寛治（2006）『CSR―企業と社会を考える―』NTT出版．

平田光弘（2006）「新たな企業競争力の創成を目指す日本の経営者の三つの課題」『経営力創成研究』東洋大学経営力創成研究センター，第2号，59-71頁．

平田光弘（2008）『経営者自己統治論―社会に信頼される企業の形成―』中央経済社．

平田光弘（2009）「次世代経営者の育成と経営者教育」日本経営教育学会編『経営教育研究』学文社，Vol. 12, No. 1, 1-17頁．

森本三男（1994）『企業社会責任の経営学的研究』白桃書房.
山城　章（1973）『経営学原理』白桃書房.

外国語文献

Avanzi SRI Research (2006), *Green, social and ethical funds in Europe*, European Social Investment Forum.

Bowen, Howard Rothmann (1953), *Social responsibilities of the businessman*, Harper & Brothers.

Carroll, Archie B. and Buchholtz, A. K. (2006), *Business and Society: Ethics and Stakeholder Management*, 6th ed, South-Western.

EC (2001), *Promoting a European framework for Corporate Social Responsibility*, Green Paper, European Commission.

EC (2002), *Corporate Social Responsibility: A business contribution to Sustainable Development*, White Paper, European Commission.

European Multi Stakeholder Forum (2004), *Final Results & Recommendations*, European Multi Stakeholder Forum.

OECD (2000), *The OECD Guidelines for Multinational Enterprises*, Organisation for Economic Co-operation and Development.

Oliver Sheldon (1923), The philosophy of management, Prentice-Hall.

Social Investment Forum (2006), *2005 Report on Socially Responsible Investing Trends in the United States*, Social Investment Forum.

UN (2004), *The Ten Principles of the Global Compact*, United Nations.

UNEP Finance Initiative and UN Global Compact (2006), *Principles for Responsible Investment*, UNEP Finance Initiative and UN Global Compact.

World Commission on Environment and Development (1987), *Our common future*, Oxford University Press.

第9章　統合報告書における企業の社会的責任活動の開示方法とその課題

1　はじめに

　近年，企業価値[1]をさまざまな利害関係者に伝えるため，財務情報だけでなく，経営戦略，環境対策，コーポレート・ガバナンスなどの非財務情報を統合的に開示する統合報告書（integrated report）への関心が高まっている。統合報告書に関する統一的な定義は確立していないが，財務情報と持続可能な発展に向けた企業の取り組みを関連づけて開示することを目的としている。企業が公表するアニュアルレポート，決算書，CSR（corporate social responsibility）報告書などを1冊の統合報告書として，開示と対話によって企業の将来像を描写していることに特徴がある。これまでは多くの企業が報告書を何冊も発行したことによって情報が分散した。機関投資家からすれば，CSRと業績の関係が不明瞭でわかりにくかったことが指摘できる。

　企業が発行するCSR報告書やサステナビリティ報告書は2003年度を機に増加傾向にあった。環境省によれば，CSRを含む環境報告書を公表する日本企業はおよそ1000社にのぼるが，2006年度からは1冊の統合報告書として武田薬品工業，アイシン精機をはじめ，ANAホールディングス，エステー，資生堂，安川電機，リコー，ローム，ワコールホールディングスなどが公表している。ESGコミュニケーション・フォーラム[2]によれば，2014年は142社の日本企業が統合報告書を発行している。

　しかしながら，従来のアニュアルレポートとCSR報告書を足しただけの統合報告書があり，企業によって統合報告書の内容は異なる（表9－1参照）。統合報告書のメリットはさまざまな利害関係者にCSRの現状，取り組み課題に対し理解を深めることにあるが，デメリットもある。具体例をあげれば，統

合報告書でCSR報告をまとめたことにより，これでCSR報告を終了した企業がある。社内をはじめ，顧客，取引先などのIR（investor relations）関係者以外の利害関係者への情報開示をこれまでは紙ベース（冊子）で配布していたのを中止し，ホームページのみに公表する企業が増え，アクセスビリティの面でCSR情報が伝わりにくくなっている。表向きは紙資源の保護など地球環境への貢献といっているが，本音は経費削減であることが指摘されている。社内で紙ベースの統合報告書が配布されたとしてもすべての従業員が一読するとは限らず，従業員の理解も不十分となる。こうしたデメリットがあることを企業は検討し，必要に応じて利害関係者への紙ベースの配布を実施し，社内教育に重点を置いた施策を行っていくことが求められる。

表9－1　主なディスクロージャーツールの特徴

ツール名	法定／任意	特徴
統合版レポート	任意	投資家に向けて，財務情報・非財務情報を統合し，ESG側面についても記載。従来のアニュアルレポート・CSRレポートの情報を合わせて発行したレポートを呼称している企業も多い。
アニュアルレポート	任意	投資家に向け，財務情報・一部のESG情報について記載。事業機会に関する記述が多い。英文のみ発行の企業も少なくない。法定書類を英訳し，「アニュアルレポート」と呼称しているものもある。
ファクトブック	任意	財務情報，子会社，製品情報，研究開発等の情報が記載されている。ESGに関わる定量情報も含まれる。発行企業は少ない。
CSRレポート	任意	幅広いステークホルダーに向け，非財務情報を網羅的に記載。財務との関連にはほとんど触れられていない。近年は冊子の簡素化により，PR要素が強まっている。
株主通信（事業報告書含む）	任意	投資家に向けた財務・非財務情報に関する簡易的な冊子。分量は少ないが，CSRに関する記述が増えている。機会に関する記述が多く，

		PR的。
有価証券報告書，四半期報告書，半期報告書	法定	金融商品取引法に基づき，上場会社などが作成する企業内容等の開示書類。記載内容は，会社の概要から事業内容，営業状況，財務諸表など。ガバナンス以外のESG情報はまだ少ない。環境情報は増えつつあるが，定性的なものにとどまっている。
適時開示書類（臨時報告書等を含む）	法定	取引所の規則，金融商品取引法に基づき，開示される書類。速報性が求められるため，企業間比較しやすいが，情報量は少ない。
コーポレート・ガバナンス報告書	法定	取引所が提出を義務付けている書類。定型のため，企業間比較しやすい。ガバナンス情報のみの開示。
ディスクロージャー誌	法定	銀行法等に基づき，金融セクターのみ開示が義務付けられている書類。特集部分は任意で，CSRについても記載している事例が多い。法定項目としての財務情報も記載されている。
WEB	任意（一部法定）	全情報が開示されており，網羅性・適時性・検索容易性は最も高い。反面，マテリアリティが分かりづらくなっている場合が多い。

（出所）江森郁実（2011）82頁。

　本章では経営方針・事業戦略・財務情報を中心としたアニュアルレポートと持続可能な発展に向けた取り組みを中心としたCSR報告書を総合的に捉えた統合報告書から見たCSR活動の開示方法について考察を行う。

2　統合報告書の特徴

　2013年12月9日，国際統合報告評議会（International Integrated Reporting Council）は組織がどのように短期的，中期的，長期的に価値を創造するかを説明するために統合報告に関するフレームワークを公表した[3]（図9-1参照）。フレームワークでは，統合報告は企業による長期的な価値創造に焦点をあてた

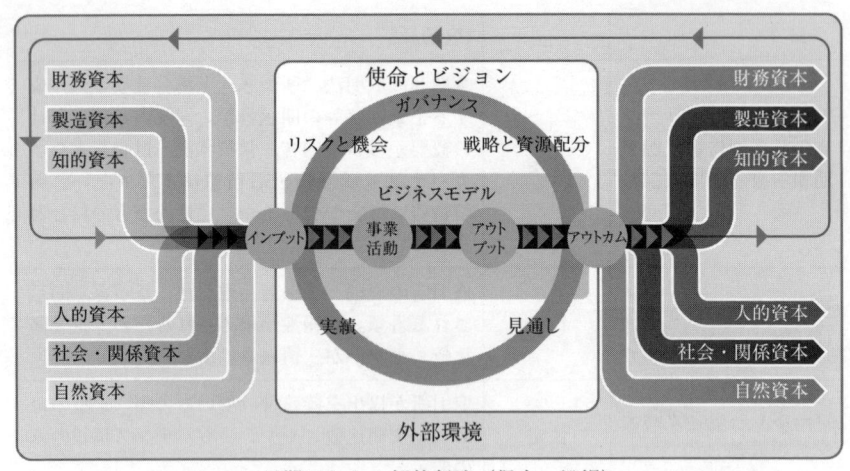

176　第9章　統合報告書における企業の社会的責任活動の開示方法とその課題

(出所) 国際統合報告評議会(2014)15頁。

図9－1　統合報告の全体像

ものとして位置づけられている。具体的には，統合報告とは「統合思考を基礎とし，組織の長期的にわたる価値創造に関する定期的な統合報告書とこれに関連する価値創造の側面についてのコミュニケーションにつながるプロセスである」と定義している。

　国際統合報告評議会によれば，統合思考とは「組織と組織が影響を与える資本（ビジネスモデルへのインプットとなるもの，自然資本なども含む）との関係を能動的に考えることであり，短期的，中期的，長期の価値創造を考慮した統合的な意思決定および行動に結びつくものである」と説明している。また，統合報告書とは「組織の外部環境を背景として，組織の戦略，ガバナンス，実績，および見通しがどのように短期的，中期的，長期の価値創造につながるかについての簡潔なコミュニケーションである」と定義している。国際統合報告評議会の立場に立脚すれば，統合報告書を発行するには統合思考に基づいて統合報告というプロセスを構築することが重要であるということになる。

　国際統合報告評議会は英国のチャールズ皇太子が2004年に立ち上げたThe

Prince's Accounting for Sustainability Project と GRI[4] (Global Reporting Initiative) などの団体によって国際的な企業報告フレームワークの提供を目的として2010年に設立された機関である。評議会メンバーには国連機関，証券取引所関連機関，会計士団体，米国会計基準の設定団体，投資家団体，教育機関，企業のCEOなど40名以上が参加している。日本からは日本取引所グループのCEOや日本公認会計士協会常務理事が参加している。

日本では統合報告書の義務はないが，表9－2のように南アフリカ共和国は2010年よりヨハネスブルグ証券取引所の上場企業に対し，統合報告書を義務づけている。米国では非財務情報は統合報告書に規定されており，EUでは2003年，会計法現代化指令により，非財務情報の開示が規定されている[5]。

表9－2 海外における非財務情報開示規制の動向

EU	2003年会計法現代化指令により，非財務情報開示要請。2013年，開示の拡大について改正を検討。承認されると，2017年から上場企業，2018年からは非上場企業も環境問題，社会や従業員に関する問題，人権尊重，腐敗防止や賄賂，取締役会の多様性に関する開示が義務付けとなる。
イギリス	2006年会社法により，ビジネスレビュー報告の要請。2013年に政府はロンドン証券取引所上場企集に対して，温暖化ガス排出量の報告開示を義務化。BIS（ビジネス・イノベーション・技能省）およびFRC（財務報告委員会）では，2010年より新しい報告枠組みについて検討，ストラテジックレポートという重要性にフォーカスしたレポートを決算日が2013年9月末以降の報告に義務付ける見込み。
スコットランド	2009年，ビジネスのストーリーを語る，読みやすくて簡潔な報告書（Short Form Annual Report）を提案。その目的は統合報告と同じであり，統合報告に向けた最初のステップとなるとしている。
スウェーデン	国有企業に対して，サステナビリティ報告書を義務付け。
デンマーク	上場企業，国有企業，機関投資家に対し，CSRに関する方針，その実施方法，実施詰果等の財務報告書（年次報告書）での開示を義務付け。
フランス	商法において，上場企業に対し，事業活動の社会的・環境影響に関する情報を年次報告書にて開示することを義務付け。一定規模以上の会社に対しては，年次報告書で環境・従業員に関するKPIを用いた分

	析開示を要求。
オランダ	民法において，すべての法人に対し，法人及び企業集団の事業経過，業績，期末状態を理解するのに必要な範囲において，環境及び従業員に関する事項を含む非財務情報を年次報告書にて開示することを義務付け。
ドイツ	商法において，事業展開や会社の状況を理解する上で必要な範囲において，顧客の発展，環境や従業員に関する事項を含む非財務情報を年次報告書にて開示することを義務付け。
スイス	スイス証券取引所が独自のESG開示をもつ。
スペイン	マドリード証券取引所が独自のESGをもつ。
アメリカ	SECは2010年に気候変動情報の開示についての「解釈指針」を公表，2012年に紛争鉱物に関する開示要請。SASB（サステナビリティ会計基準審議会）がFASB（連邦会計基準審議会）のサステナビリティ版の開示促進を目指し，セクター別に独自の非財務情報開示基準を作成中。
ブラジル	2012年，上場会社にサステナビリティ報告書の発行の有無・入手方法・発行しない理由の開示を要求。
メキシコ	上場企業に対し，サステナビリティ報告書の発行の有無・入手方法・発行しない理由の開示を要求。
中国	政策的にCSR報告書の作成を推進。上海取引所が環境保護への取組みと環境保護情報の開示に関するガイドラインと全ての上場企業に環境保全活動に関する報告を義務付け。
韓国	環境省の主導により，企業の環境パフォーマンスを網羅的に収録したデータベースを構築。
香港	ESGガイドラインを導入，2015年までに「遵守または説明義務」を義務付ける計画。
台湾	コーポレート・ガバナンス・ベストプラクティス原則の下で，企業にCSR方針の導入状況を開示するためのCSRレポートを義務付け。
シンガポール	2011年にサステナビリティ報告書作成に係るガイドラインを公表，将来に向けて規制による報告義務化が進められている。シンガポール金融管理局（MAS）は企業ガバナンスの規則を改訂し，企業取締役の責任を持続性，倫理基準にまで広げ，企業の手続きや管理システムに盛り込むことを奨励。

3　企業価値に向けたCSR活動　179

オーストラリア	オーストラリア証券取引所では，持続可能性に関連する問題を重要な事業リスクであるとする原則を改訂。FRCに統合報告タスクフォースを設置し，対応を検討。
マレーシア	上場企業にCSRのパフォーマンスに関する報告を義務付けているが，開示方法は規定されていない。
インドネシア	インドネシア証券取引所はエネルギー消費量の多い主要企業を対象に省エネを義務付け，取り組みの報告を要求。
タイ	企業の社会責任研究所（CSRI）は上場企業その他の関連組織向けにガイダンス文書を発表。アジアの証券取引所の発表した文書のなかでは最も包括的な内容となっている。
インド	インド証券取引委員会決議により，年次報告の一部として，上場企業はESGについて報告すべきことを規定。
トルコ	イスタンブール証券取引所が独自のESG開示をもつ。
南アフリカ	2010年より，ヨハネスブルグ証券取引所は上場企業に対して統合報告書の提出を義務化。

（出所）新日本有限責任監査法人・宝印刷株式会社（2013）34頁。

　日本では2006年度から武田薬品工業がアニュアルレポートを統合報告書として初めて公表した。2009年度からはアニュアルレポートを補完するCSR活動の情報としてCSRデータブックを発行している。企業によっては統合報告書の名称や内容について違いがあるが，国際統合報告評議会のフレームワークのように長期的な企業価値創造に関する財務情報，非財務情報を1つのコーポレート・ビジョンとしてわかりやすく発信している点は共通している。今後は国際統合報告評議会のフレームワークに基づいて統合報告書を公表する企業が増えてくることがいえる。

3　企業価値に向けたCSR活動

　環境，社会への意識が高まる中，2006年4月，国連は責任投資原則（Principles for Responsible Investment）を公表した。責任投資原則は当時の国連事務総

長コフィー・アナン（Annan, Kofi Atta）が提唱した 6 つの原則から成り，環境，社会，コーポレート・ガバナンスの課題を投資の意思決定に取り込むためのガイドラインとして，国連環境計画・金融イニシアティブと国連グローバル・コンパクトが推進している。表 9 − 3 は代表的な CSR に関する企業行動指針の系譜を表しているが，責任投資原則は発展期に位置づけられる。2016年 2 月21日現在，責任投資原則のホームページによれば，1486機関が署名し，日本からは年金積立金管理運用独立行政法人をはじめ，40機関（全体の2.6%）が署名しており，資産運用残高は59兆ドル（およそ7300兆円）に達している。59兆ドルは世界で運用されている機関投資家の資産総額（株式，債券，融資を含む）の半分を上回る規模であり，世界の名目 GDP 総額（2015年）の73兆5070億ドルの 8 割に相当し，東京証券取引所第 1 部の時価総額（600兆円）の12倍以上にあたる。

　欧米の機関投資家は企業に対して環境，社会，コーポレート・ガバナンスに関する情報を開示するように要請している。例えば，堀場製作所の『HORIBA Report』（統合報告書）[6]では「見えない資産による価値創造」と題して，グローバルに活躍できる人財を育成する研修や交流プログラムを紹介している。また，オムロンの『統合レポート』（2012年版よりアニュアルレポートと企業の公器性報告書を統合）では「企業は社会の公器である」との基本理念の下，企業理念経営を推進する観点から統合報告に取り組む意義を説明している。そこでは株主，取引先などとの誠実な対話を通じて信頼関係を構築するステークホルダー経営を宣言し，経済的価値と社会的価値をバランスよく高めて長期的な企業価値の最大化を目指している。このように財務・非財務の両面を含めた企業価値を利害関係者に発信しているところに特徴がある。

　マイケル・ポーター（Porter, Michael E.）は経済的価値と社会的価値を同時実現する共通価値の戦略として，Creating Shared Value（共通価値創造）という概念を提言している。経済的価値を創出しながら，社会的ニーズに対応することにより，社会的価値も創出するという考え方である。共通価値の創造に取り組むことによって，新しい資本主義が生まれ，企業はどう対応していくべきなのかを考察している[7]。

企業はCSR実践において，経営者が真っ先に社会や利害関係者からの期待，要求を認識する必要がある。それに伴い利害関係者への情報開示と対話を行っていく必要がある。CSR実践は経営者の理念と行動で決まると考えられる。経営者は利害関係者との関係を問い直し，どのような期待，要請等が寄せられているかを知り，コミュニケーション関係を構築し（対話，情報開示，報告），どのように説明責任を果たしていくかが重要である。そのことを経営者が認識し，経営者が先頭に立って，リーダーシップを発揮して取り組んでいく必要がある。

4　中長期的な企業価値に向けた策定とその実施

　2013年6月14日，閣議決定した日本再興戦略を受けて，金融庁は2014年2月26日，「『責任ある機関投資家』の諸原則《日本版スチュワードシップ・コード》—投資と対話を通じて企業の持続的成長を促すために—」を公表した。日本版スチュワードシップ・コードとは機関投資家が顧客・受益者と投資先企業の双方を視野に入れ，責任ある機関投資家としてスチュワードシップ責任を果たすに当たり有用と考えられる7原則を定めたものである。スチュワードシップ責任とは機関投資家が投資先企業との建設的な目的を持った対話などを通じて，当該企業の企業価値の向上や持続的成長を促すことにより，顧客・受益者の中長期的なリターンの拡大を図る責任を意味している。2015年12月11日現在，この趣旨に賛同し，受入を表明した機関投資家は201機関ある[8]。

　一方，東京証券取引所は2015年6月1日，「コーポレートガバナンス・コード—会社の持続的な成長と中長期的な企業価値の向上のために—」を公表し，適用した[9]。ここでのコーポレート・ガバナンスとは企業が株主をはじめ顧客・従業員・地域社会等の立場を踏まえたうえで透明・公正かつ迅速・果断な意思決定を行うための仕組みを意味している。コーポレートガバナンス・コードの対象は東京証券取引所第1部と第2部の上場企業であり，コーポレート・ガバナンスにおいて遵守すべき事項を規定した行動規範である。

スチュワードシップ・コードは機関投資家（生命保険会社，投資信託会社，年金機構など）に向けた行動規範であることに対して，コーポレートガバナンス・コードは企業に向けた行動規範であるといった違いがある。両方ともに法的拘束力はないが，行動規範に規定する内容について原則的には遵守すべきだが，できない（やらない）場合は相当の理由を説明すべきであるといったコンプライ・オア・エクスプレイン（Comply or Explain）の考え方に基づいている。

5　統合報告書から見た武田薬品工業の社会的責任活動の開示方法

　ここで武田薬品工業を取り上げる理由は日本企業のCSRにおける先駆的企業であることと日本で初めて統合報告書を発行したからである。武田薬品工業は1781年の創業以来，くすりづくりを誠実に行うことで高い倫理観と強い使命感を培ってきている。経済・市場・経営のグローバル化に伴い，CSRに対する要請が高まっているが，武田薬品工業は「タケダイズム（誠実：公正・正直・不屈）」に基づき，「優れた医薬品の創出」を実現していく企業活動そのものがCSRの根幹であると認識している。他方で，「健全な社会のサステナビリティ（持続可能性）なくして自社のサステナビリティはない」という認識によって，企業市民として自社の強みが活かせる分野における社会的な課題の解決に向け，イニシアティブを発揮したいと考え，社会と企業の関係を統合的に捉えて事業を展開している（図9－2参照）。図9－2によれば，患者さん（Patient）を中心に考え，社会との信頼（Trust）関係を築くところまでが社会価値になっている。そのうえで企業の評価（Reputation）を高め，医薬事業（Business）の成長へとつなげることが企業価値になっている。

　武田薬品工業は2006年度より財務情報だけでなく，人権，環境，コミュニティへの取り組みなどの非財務情報を取り入れた統合報告を公表してきた。2009年度より，GRIのガイドラインを参照し，CSR活動に関する詳細な情報をまとめたCSRデータブックを発行している。CSRデータブックは統合報告書

| Patient 常に患者さんを中心に考えます | Trust 社会との深い信頼関係を築きます | Reputation 当社の評価をさらに高めます | Business ビジネスを成長させます |

社会価値　　　　　　　　　　企業価値

（図：持続可能な社会 ↔ （ミッションの実践）CSR活動 — タケダイズムに基づく「誠実」な事業プロセス — 「企業」としての活動・優れた医薬品の創出（CSR活動の根幹）／「企業市民」としての活動・ステークホルダーに対する取り組み・医療の発展に向けた基盤整備 — 持続可能な企業）

（出所）武田薬品工業(2015)10頁。

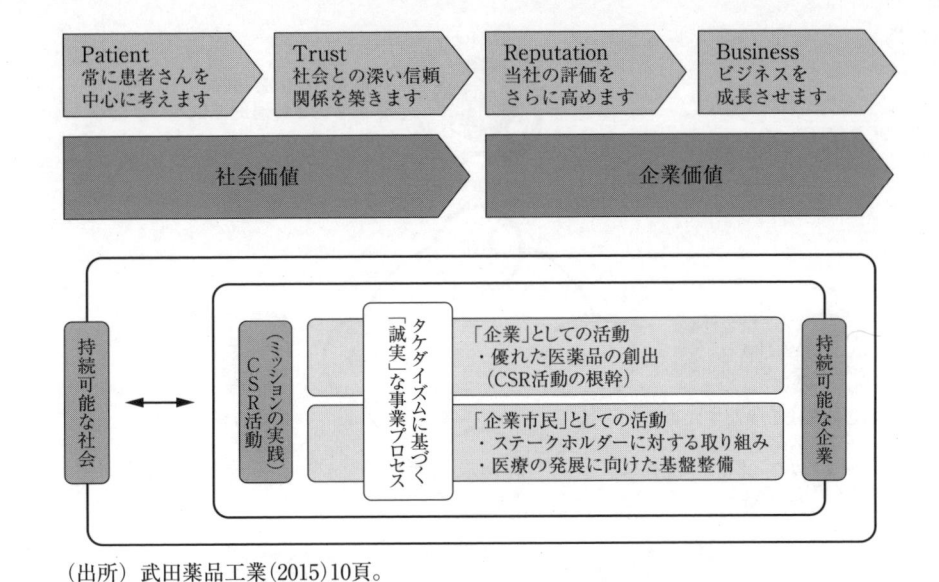

図9-2　武田薬品工業のCSRと持続可能性の関係

を補完する報告書であり，企業の価値の保全に焦点を当て，「人権」，「労働」，「環境」，「腐敗防止」（ISO26000の中核主題「公正な事業慣行」，「消費者課題」含む）および「企業市民活動」の五つのカテゴリーに分類して，具体的な活動や詳細な関連データを開示している。

6　武田薬品工業の社会的責任活動の参照規範について

　武田薬品工業のCSR活動は図9-3のように，①原則，②実践，③開示，④対話のサイクルとなっている。①の国連グローバル・コンパクトは人権，労働，環境，腐敗防止に関する10原則から成り，世界的に確立された理念と合意に基づいている。②のISO26000はISOが2010年11月1日に発行した社会的責任に関する世界初の国際規格であり，すべての組織体を対象としている。③は国際統合報告評議会の統合報告に関するフレームワーク，GRIのガイドライン，

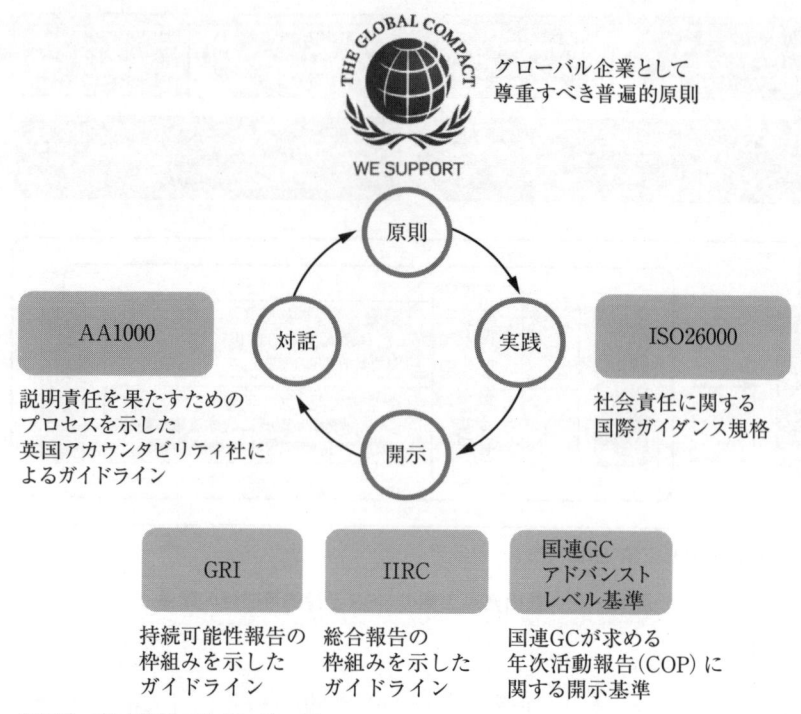

184　第9章　統合報告書における企業の社会的責任活動の開示方法とその課題

図9-3　武田薬品工業のCSR活動の参照規範

（出所）武田薬品工業（2015）11頁。

国連グローバル・コンパクトアドバンストレベル基準を参照している。GRIのガイドラインは規模，業種，地理的条件を問わず，あらゆる組織がサステナビリティ報告書を作成する際に利用可能な信頼できる枠組みを提供することを目的として作成されたガイドラインである。国連グローバル・コンパクトアドバンストレベル基準は国連グローバル・コンパクトの10原則の実行状況を報告する年次活動報告書（Communication on Progress）において，アドバンストレベルを達成するために提示されている24の評価基準の項目を参考にしている。④のAA1000は1999年にThe Institute of Social and Ethical AccountAbility（ISEA）が発行したガイドラインである。

このように武田薬品工業のCSR活動の開示方法はすべて国際機関が策定し

たCSRに関する企業行動指針に基づいていることがわかる。表9－3の国際機関のCSRに関する企業行動指針は世界標準型の指針として企業に求めるのではなく，企業と社会の持続可能な発展の観点から企業活動における必要最低限なCSRに関する企業行動指針として，その位置づけと役割を果たしている。日本企業がさまざまな利害関係者に対し，自主的に発行する報告書の作成において，特に参考にしているのがGRIガイドラインや環境省の環境報告書ガイドラインなどである。このことは国際機関のCSR指針のもつ優位性や性質が企業経営へ浸透していることが確認できる。

表9－3　代表的なCSRに関する企業行動指針の系譜

過程	策定年	策定機関	指針・ガイドライン・規格名
萌芽期	1976年	OECD	OECD多国籍企業行動指針[注1]
	1977年	サリバン（Leon H. Sullivan）	サリバン原則[注2]
成長期	1989年	Coalition for Environmentally Responsible Economies（CERES）	セリーズ原則
	1991年	米国連邦議会量刑委員会	連邦量刑ガイドライン
	1991年	経済団体連合会	経団連企業行動憲章[注3]
	1994年	コー円卓会議	コー円卓会議の企業行動指針
	1997年	環境省	環境報告書ガイドライン[注4]
	1997年	Council on Economic Priorities Accreditation Agency（CEPAA）	SA8000[注5]
	1998年	オーストラリア規格協会	AS3806
	1999年	The Institute of Social and Ethical AccountAbility（ISEA）	AA1000[注6]
	1999年	麗澤大学経済研究センター企業倫理研究プロジェクト	ECS2000[注7]
発展期	2000年	国連	国連グローバル・コンパクト
	2000年	GRI	GRIサステナビリティリポーティングガイドライン[注8]

	2001年	EC	Green Paper
	2001年	経済産業省	ステークホルダー重視による環境レポーティングガイドライン
	2002年	EC	White Paper
	2002年	東京商工会議所	企業行動規範
	2003年	経済同友会	自己評価シート[注9]
発展期	2003年	英国規格協会，アカウンタビリティ社，フォーラムフォーザフューチャー	SIGMAガイドライン
	2003年	オーストラリア規格協会	AS8003
	2003年	フランス規格協会	SD21000
	2005年	日本経済団体連合会	CSR推進ツール
	2006年	UNEP Finance Initiative and UN Global Compact	Principles for Responsible Investment
	2010年	ISO	ISO26000

(注1) OECD多国籍企業行動指針は，1979年，1984年，1991年，2000年，2011年に改定している。
(注2) サリバン原則は，1999年にグローバル・サリバン原則として改定している。
(注3) 経団連企業行動憲章は，1996年，2002年，2004年，2010年に改定している。
(注4) 環境報告書ガイドラインは，2000年度版，2003年度版，2007年版，2012年版として改定している。
(注5) SA8000は，2001年に改定し，策定機関がSocial Accountability International (SAI) に変わった。
(注6) AA1000 は，2003 年に AA1000AS（Assurance Standard），2005 年に AA1000SES（Stakeholder Engagement Standard）として公表している。
(注7) ECS2000は，2000年に改定している。
(注8) GRIサステナビリティリポーティングガイドラインは，2002年（第2版），2006年（第3版），2013年（第4版）を公表している。
(注9) 自己評価シートは，2005年（第2版）に改定し，評価基準の項目が110項目から120項目に増えた。2009年（第3版）に改定した際は評価基準の項目が120項目から107項目になった。2013年（第4版）に改定した際は107項目である。
(出所) 策定機関のホームページなどを参考にして，著者作成。

国際機関のCSRに関する企業行動指針には，法的拘束力はなく，企業による自主的な行動が求められている。経営者は国際機関のCSRに関する企業行動指針を参考にして，企業活動におけるCSRへの取り組みを独自に展開していく段階にある。企業独自のCSRに関する指針を策定し，それに基づいて取り組んでいく必要がある。

7　おわりに

　米国，EUをはじめ，海外では環境や社会に関する非財務情報の開示が規定されており，長期的な企業業績に影響を与える内容を開示することが求められている。国際統合報告評議会の統合報告に関するフレームワーク，GRIのガイドラインに共通するのは企業評価の視点として長期的な視点が重視されていることである。

　国際統合報告評議会のフレームワークでは企業活動において「財務資本，製造資本，知的資本，人的資本，社会・関係資本，自然資本」の6つの資本をどのように利用し，相互に影響を及ぼしながら長期にわたる価値を創出していくかを開示すべきとされている。加えて，企業がCSR活動を開示したことに対する評価についてはどうような定量化または評価方法がよいのかが問われてくる。特に海外に子会社を持つ日本企業や外国人持ち株比率の高い日本企業にとっては無視できない影響がでることが予想される。長期的な企業価値を示す指標という新たな視点で非財務情報の開示意義を捉え直す必要性が迫っている。

　しかしながら，長期的での経営行動のあり方を伝えるツールとして，必要な目的，読者に対し，十分な統合報告書での統合的なコミュニケーションが課題になってくる。自社の統合報告書をほとんど読まない従業員がいることを考えると統合報告書の目的，趣旨が変わってくるおそれがある。さまざまな利害関係者にとっての長期的かつ良好な関係を築いていくことが必要である。

　本章ではつぎの3点を指摘しておきたい。第1に，CSRを企業価値の向上と捉え，積極的に進めるとともにグローバルな展開を視野に入れて企業と社会

の持続可能な発展に貢献していることである。武田薬品工業でいえば，患者さんを中心に考え，優れた医薬品を創出する医薬事業がCSRの根幹であると考え，CSRによる価値創造・保全モデルを実践している。

　第2に，CSR活動は国際機関が策定したCSRに関する企業行動指針に基づいて，①原則，②実践，③開示，④対話のサイクルになっていることである。武田薬品工業でいえば，国連グローバル・コンパクトの10原則などの国際的な規範をはじめ，2015年9月25日に国連総会で採択された「持続可能な開発目標」(Sustainable Development Goals：SDGs)[10]などの国際的な長期目標を参照し，PDCAサイクルを実行している。

　第3に，統合報告は企業の長期的な企業価値をアピールしているが，アニュアルレポートとCSR報告書を統合し，財務情報，非財務情報を統合報告書として公表している企業もあり，内容については企業によって差異があることである。そのため，評価方法をめぐっては検討を重ねる余地がある。

　統合報告書の記載の信頼性を確保する取り組みとして，内部統制や全社的リスクマネジメントに関するガイダンスを提供するトレッドウェイ委員会組織委員会（Committee of Sponsoring Organizations of the Treadway Commission：COSO）が2013年5月14日に内部統制の統合的フレームワークの改定版を公表した。改定版は従来のフレームワークにおける内部統制の定義や評価・管理方法を変えるものではなく，現在の複雑化したビジネス環境に合わせてフレームワークをアップデートしたものと位置づけられている。従来のフレームワークの「財務報告」目的が，今回の改定版で「報告」目的に変更されている。財務報告のみならず，非財務情報の報告も目的に含まれることになり，報告には内部向け報告と外部向け報告が含まれることが明示されている。

　非財務報告や内部向け報告の重要性は近年著しく高まっている。背景にあるのは経済・経営・市場のグルーバル化に加え，機関投資家からの要請などがあったことである。そのため，非財務情報を財務情報と統合し，明瞭簡潔で一貫した形で報告する統合報告書が注目されている。しかしながら，企業によってはネガティブ情報を公表することはほとんどなく，機械的な報告書に陥る可

能性が指摘できる。企業特有の利害関係者との長期的かつ良好な関係を構築するためにはさまざまな声を掬い上げ，経営に反映できるような社内での体制と経営者と従業員が一体になって取り組んでいく必要がある。特定の部署だけがCSRに取り掛かり，説明するのではなく，CSRを経営に組み込んだ事業を従業員に教育し，育成していく必要がある。CSR活動に終わりはなく，公表する統合報告書の開示方法とその評価をめぐっては利害関係者を意識して作成し，過去と比較してCSRの情報量が少ない場合は何が足りないかを考え，アクセスビリティにおいて活用しにくい，わかりにくい点があれば，その乖離を解消していくことを真摯に検討し，独自の報告書を作成，公表する必要がある。

今後の課題としては事例研究による実証分析や国際比較の観点からの考察があげられる。そのため統合報告書の開示方法に対する評価および企業価値に関する評価方法について研究を深めていく必要がある。

注
1) 企業価値については論者によって定義が異なる。本章では経営財務論の視点から考える企業価値を中心として論述している。企業価値について詳しくは，小椋（2008）を参照されたい。
2) ESGコミュニケーション・フォーラムは2004年7月に発行した伊藤忠エネクスの『アニュアル＆CSRレポート』を日本で最初の統合報告書としてカウントしている。
3) 国際統合報告評議会のフレームワークは英語，中国語，スペイン語などがある。日本語訳は日本公認会計士協会が翻訳し，2014年3月に発行した。
4) GRIは1997年に米国のNGOであるセリーズ（CERES）や国連環境計画（UNEP）が中心になって設立された国際機関であり，アムステルダムに本部を置いている。
5) Official Journal of the European Union, 17 June 2003.
http://eur-lex.europa.eu/legal-content/EN/TXT/PDF/?uri=CELEX:32003L0051&qid=1455991330757&from=EN　2015年7月1日アクセス。
6) 堀場製作所は企業文化を紹介し，さらなる価値を理解してほしい目的から事業や財務情報とともに財務諸表に載らない資産（見えない資産）についてアニュアルレポートとCSR報告書の情報をまとめた統合報告書を2013年版から作成している。

7) Porter, Michael E. and Kramer, Mark R. (2011), "Creating Shared Value", *Harvard Business Review*, January–February, pp. 1–17.
8) 受け入れを表明した機関投資家のリストは金融庁のホームページからダウンロードができる。
http://www.fsa.go.jp/status/stewardship/　2016年1月1日アクセス。
9) コーポレートガバナンス・コードの表記については東京証券取引所が公表した表記に基づいている。コーポレートガバナンス・コードは従来の上場会社コーポレート・ガバナンス原則（2004年3月16日公表，2009年12月22日改定版公表）を置き換える形で企業の持続的な成長と中長期的な企業価値の向上を図ることに主眼を置いている。
10) 2015年9月25日から9月27日，国連本部で「国連持続可能なサミット」が開催され，161の加盟国の首脳が出席し，193の加盟国によって「我々の世界を変革する：持続可能な開発のための2030アジェンダ」が9月25日に採択された。このアジェンダは2000年9月に採択したミレニアム開発目標の後継として，17の目標（ゴール）と169のターゲットから構成されている。

参 考 文 献
邦 語 文 献
青木　崇（2005）「コーポレート・ガバナンスの前提条件―コンプライアンスとCSR―」日本経営教育学会編『MOTと21世紀の経営課題―経営教育研究8―』学文社，205-230頁.
青木　崇（2013）「国際機関における企業行動指針の形成と展開―CSR企業行動指針の策定を中心として―」『日本労働研究雑誌』労働政策研究・研修機構，第640号，76-89頁.
青木　崇（2014a）「製薬会社の社会的責任の実態とその課題―統合報告を中心として―」『愛知淑徳大学論集ビジネス学部・ビジネス研究科篇』愛知淑徳大学，第10号，1-18頁.
青木　崇（2014b）「武田薬品工業の社会的責任の実践とその課題―統合報告から見た持続可能な発展と企業価値を中心として―」『現代社会研究』東洋大学現代社会総合研究所，第11号，95-104頁.
江森郁実（2011）「『ESGディスクロージャー』の比較可能性における現状分析と課題」『ディスクロージャーニュース』総合ディスクロージャー研究所，Vol. 11，81-91頁.
小椋康宏（2008）「企業価値創造と経営力―グローバル化時代の経営行動―」『経営行動研究年報』経営行動研究学会，第17号，16-21頁.
小椋康宏（2009）「現代経営者のミッション，ビジョンとCSR―『新・日本流経営の創造』を手掛かりとして―」日本経営教育学会編『経営教育研究』学文社，Vol. 12，No. 2，1-12頁.
飫冨順久・辛島　睦・小林和子・柴垣和夫・出見世信之・平田光弘（2006）『コーポレート・ガバナンスとCSR』中央経済社.

菊池敏夫・平田光弘・厚東偉介編著（2008）『企業の責任・統治・再生—国際比較の視点—』文眞堂．
国際統合報告評議会（2014）『国際統合報告フレームワーク日本語訳』国際統合報告評議会．
櫻井克彦（2000）「企業社会責任研究生成・発展・分化とその今日的課題」『経済科学』名古屋大学経済学部，第47巻第4号，29-49頁．
新日本有限責任監査法人・宝印刷株式会社（2013）「日本企業のコーポレート・ディスクロージャーの現状」『持続可能な成長への企業の挑戦—これからのディスクロージャー2013［企業価値，コミュニケーション，そしてCSR］—』新日本有限責任監査法人・宝印刷株式会社．
武田薬品工業（2015）『CSRデータブック』武田薬品工業株式会社．
谷本寛治（2013）『責任ある競争力—CSRを問い直す—』NTT出版．
平田光弘（2008）『経営者自己統治論—社会に信頼される企業の形成—』中央経済社．
古庄　修（2012）『統合財務報告制度の形成』中央経済社．

外国語文献

European Multi Stakeholder Forum (2004), *Final Results & Recommendations*, European Multi Stakeholder Forum.

Porter, Michael E. and Kramer, Mark R. (2011), "Creating Shared Value", *Harvard Business Review*, January-February, pp. 1-17.

UNEP Finance Initiative and UN Global Compact (2006), *Principles for Responsible Investment*, UNEP Finance Initiative and UN Global Compact.

第10章　結　　論
―価値創造経営のコーポレート・ガバナンス―

1　本研究結果の考察

　本研究では価値創造経営をベースとした経営理念を実践していくためのコーポレート・ガバナンスに焦点をあてて，経営者の個人学習，組織学習を通じて，経営者と従業員が同じ方向を向いて責任ある経営を行っていくための実践的条件について考察してきた。

　経営者から見た価値創造経営のコーポレート・ガバナンスの枠組みでは，①経営ビジョンと経営目標，②長期経営計画，③経営実践，経営者の事業活動，④ミドル・マネジメント，におよぶ範囲をフローチャートで示した。すなわち，①は社会に適応した持続可能な発展を目的とする経営理念に価値創造経営を注入し，価値創造経営をベースにした経営理念から経営ビジョンと経営目標が構想される。②は経営者の個人学習によって，長期経営計画が明確化する。③は経営者のリーダーシップによって，経営実践ならびに経営者の事業活動が行われることになる。④は企業の社会的責任活動を取り入れた経営実践がミドル・マネジメントに組織学習を通じて浸透していくという一連の過程を明らかにした。

　価値創造経営のコーポレート・ガバナンスは利害関係者（主として，株主）からのガバナンスではなく，経営者が誠実な企業あるいは社会に信頼される企業を目指していこうとする創造的に適応したコーポレート・ガバナンスであることについて論述してきた。価値創造経営のコーポレート・ガバナンスは経営者の個人学習，組織学習によって，①経営ビジョンと経営目標，②長期経営計画，③経営実践，④ミドル・マネジメントに至るまで，価値創造経営をベースとする経営理念が浸透することによって，経営者と従業員がベクトルを合わせ

た責任ある経営を行っていくことに特徴がある。ここで各章の要約的まとめを行うと以下の通りである。

第1章では社会に適応した持続可能な発展を目的とする価値創造経営のコーポレート・ガバナンスに着目し，価値創造経営に関する基礎的考察を行ったうえで経営者から見た価値創造経営のコーポレート・ガバナンスの枠組みとその全体像について考察を行った。具体的には価値創造経営のコーポレート・ガバナンスの枠組みから3つの仮説を提示した。経営者は価値創造経営をベースとする経営理念から明確な経営ビジョンと経営目標を打ち立て，長期経営計画に基づいて経営実践を行っていく必要性を指摘した。

第2章ではコーポレート・ガバナンスは人間の心のなかまではチェックすることができないことについて指摘した。人間の心をチェックできるのは人間である。その人間が経営する組織構造の中に確かにコーポレート・ガバナンスは必要である。しかし，コーポレート・ガバナンスの弱点を無視して，光のスポットだけを求めるのでは構造は変わらないことを強調しておきたい。

第3章ではコーポレート・ガバナンス問題として，経営者次第ですべての企業経営の行く末が決まることについて指摘した。換言すれば，経営者次第で持続可能な経営の形成と実践は歪められてしまうおそれがある。どんなに立派な経営理念を掲げていても，そのような経営者ではその実現はきわめて難しくなる。経営者はコーポレート・ガバナンスの前提条件として，コンプライアンスおよびCSRの理念をベースにしたリーダーシップが必要である。

第4章ではコーポレート・ガバナンスの制度作りに着目すると社外取締役，社外監査役のガバナンスの実効性が問われてくるが，企業不祥事はハード面を強化しても法制化しても最終的には自己の意識，行動，倫理観にかかわってくることを指摘した。今日，日本企業の大半は監査役設置会社を採用している。企業不祥事の抑止，防止に向けては社外取締役および社外監査役の増員に関する議論がある。しかしながら，重要なことは経営者が先頭に立って，経営のプロフェッショナルとしての確固たる経営理念と経営倫理に基づいたリーダーシップを発揮し，経営者自己統治ができる経営者とその育成が最重要課題の1

つである。

　第5章では経営者が価値創造経営をベースとする経営理念から明確な経営ビジョンと経営目標を打ち立て，長期経営計画に基づいて経営実践を行っていく必要性を指摘した。経営者はさまざまな利害関係者から期待と評価が晒されている中で経営の意思決定を行っていく必要がある。時代の期待と要請を鑑み，必要な場合は経営理念を修正し，それを構成員が共有し，経営実践していくことのできる責任ある経営者が求められている。経営者のリーダーシップから経営者の経営理念と組織全体が相互に作用しあい，経営者と従業員が同じベクトルを向けて企業活動を行っていくことが持続可能な発展を目指すうえで企業競争力の源泉になることについて考察を行った。

　第6章ではすべての長寿企業が経営理念を明文化しているわけではないが，口伝を含めて長寿企業に共通して見られるのは良質廉価，身の丈にあった経営を行ってきていることである。そのような経営には創業者の経営理念，経営哲学といった教え，教訓，家訓が経営指針となり，価値観の醸成，精神面での支柱となったからこそ今日まで長寿企業として存在している。3社の事例からは①企業理念に基づく経営を実践していること，②企業の社会的責任を戦略的事業として経営に組み込んでいること，③創業以来の企業理念（あるいは経営理念）が経営者と従業員の共通の価値観となり，絶えず対話やコミュニケーションを繰り返し，確固たる経営理念を経営実践していることが確認できた。

　第7章では跡を絶たない企業不祥事の中で経営者は真っ先に何をすべきなのかについて「社会に信頼される企業」(socially trustworthy company) に向けての考察を行った。3社の事例からは①経営活動には経営者の経営理念と経営倫理が深く結びついていること，②その経営理念と経営倫理が合致してはじめて倫理的価値判断が形成されること，③倫理的価値判断は経営者の経営行動と結びつくことにより企業行動規範に組み込まれ，企業全体の倫理（企業倫理）を形成することが確認できた。経営者の器，人間性，情と理といった概念や経営力（management capability）はバロメーターのように目に見えるものでないが，経営力については①企業の使命を探索し，企業の未来像を構築し，その

実現に向けた戦略を策定する能力と，②各職場や各部門の執行機能を連結し，企業全体の最適化を実現し，企業の存立と発展を図る能力と位置づけて検討を行った。

　第8章では企業は経済活動とCSRを結びつけた事業戦略として取り組み，企業価値の維持，向上を目指していることを確認し，経営者のパフォーマンスには人間性や知性のほかにリーダーシップを発揮するための経営者としての資質が重要になってくることを指摘した。また，企業価値をさまざまな利害関係者に伝えるため，財務情報だけでなく，経営戦略，環境対策，コーポレート・ガバナンスなどの非財務情報を統合的に開示する統合報告書（integrated report）をめぐる評価方法とその課題について私見を述べている。

　第9章では米国，EUをはじめ，海外では環境や社会に関する非財務情報の開示が規定されており，長期的な企業業績に影響を与える内容を開示することが求められていることを指摘した。企業はCSR実践において，経営者が真っ先に社会や利害関係者からの期待，要求を認識する必要がある。それに伴い利害関係者への情報開示と対話を行っていく必要がある。CSR実践は経営者の理念と行動で決まる。経営者は利害関係者との関係を問い直し，どのような期待，要請等が寄せられているかを知り，コミュニケーション関係を構築し（対話，情報開示，報告），どのように説明責任を果たしていくかが重要である。そのことを経営者が認識し，経営者が先頭に立って，リーダーシップを発揮して取り組んでいく必要があることについて考察を行った。

　以上をまとめると①価値創造経営のコーポレート・ガバナンスから持続可能な経営に向けた経営者の戦略的意思決定が必要であること，②価値創造経営のコーポレート・ガバナンスは企業全体が経営者の価値観を共有し，同じ方向でベクトルを合わせて，責任ある経営を行っていくことが重要になること，③経営者は創造的に適応したコーポレート・ガバナンスを確立することが求められ，創造的に適応したコーポレート・ガバナンスから知識コミュニティが形成され，対話と実践によって，経営者が戦略的意思決定を行っていくことが重要である。

　事例を通して共通していることはつぎの5点である。①創業以来の理念ある

いは哲学を時代に適応し，新たな価値観として経営理念を策定していること，②その経営理念を経営者と従業員が共有し，同じ方向でベクトルを合わせて経営を行っていること，③経営理念をもとに長期経営計画は構想され，経営の機軸になること，④その経営の中に企業の社会的責任活動が組み込まれていること，⑤創造的に適応したコーポレート・ガバナンスにより，社内の意識と企業体質が変革，改善し，経営力の源泉となる経営革新を創発し，収益性に結びつけていることである。経営者の価値観に基づく知識創造が絶えず行われ，それが組織化し，共有していくことによって価値創造経営は確立するのである。事例からは昨今の経営環境における経営者のリーダーシップのあり方を示唆している。経営者の戦略的意思決定と経営革新の方向性が合致していなければ，経営者の経営理念は企業全体に浸透してこないことが指摘できる。このことから価値創造経営のコーポレート・ガバナンスでは価値創造経営をベースとした経営理念を経営者が経営実践に結びつけていることが明らかになった。

2　本研究結果の含意

　本研究では価値創造経営に関する基礎的研究を行ったうえで経営者から見た価値創造経営のコーポレート・ガバナンスの枠組みを提示し，価値創造経営の視点から経営者理念，経営者のリーダーシップ，経営者の戦略的意思決定との関係について論述してきた。価値創造経営のコーポレート・ガバナンスを形成するコンプライアンスと企業の社会的責任活動についてはヒアリング調査と事例研究を通じて，持続可能な経営とコーポレート・ガバナンスの形成要因の詳細な検討を行った。

　今日，日本企業の大半は従来型の監査役設置会社を採用している。2014年7月24日現在，日本監査役協会によると委員会設置会社（現在は指名委員会等設置会社）に移行した企業は90社であり，委員会設置会社から監査役設置会社に再移行した企業は63社である。これまでトヨタ自動車，キヤノン，新日鐵住金などは従来型の監査役設置会社において，社外取締役を1名も選任していな

かった。ところが，コーポレート・ガバナンスの強化策として社外取締役の設置を求める声が高まってきたことを受け，2013年6月にトヨタ自動車は社外取締役を3名選任した。社外取締役の採用に慎重とみられていたキヤノンは2014年3月に社外取締役を2名選任し，新日鐵住金は2014年6月に社外取締役を2名選任した。

経営の効率化，意思決定の迅速化でいえば，特にトヨタ自動車は2003年6月，58名の取締役を27名に減らし，取締役ではない常務役員を新設した。これは全社のさまざまな機能のオペレーションに関し，取締役である専務が最高責任者の役割を担い，常務役員が実務を遂行するという仕組みになっている。専務を経営に特化させるのではなく，トヨタ自動車の強みである現場重視の考え方の下で経営と現場の繋ぎ役として位置づけていることが特徴である。その結果，現場意見の全社経営戦略への反映や経営意思決定事項のオペレーションへの迅速な展開を通じて，現場に直結した意思決定をすることが可能になっている。

社外取締役の導入によって多様な価値判断に基づき意思決定できる経営体制を整えられるのであれば，2004年6月に委員会設置会社に移行したソニー，東芝をはじめ，オリンパスは3名の社外取締役がいたにもかかわらず，経営者の長年の粉飾決算を見逃し続けてきた。

持続可能な発展を目指す企業の共通点としてはつぎの5点があげられる。①長期安定的な企業価値の向上に邁進すること，②内外の法およびその精神を遵守し，公正な企業活動を通じて，「社会から信頼される企業」となること，③その実現のためにはさまざまな利害関係者と良好な関係を築き，長期安定的な成長を遂げていくこと，④そのためのさまざまな施策を講じて，コーポレート・ガバナンスの充実を図っていくこと，⑤経営者は利害関係者に対し，金融・資本市場を意識した経営を行っていく必要がある。社会的存在である企業の経営を遂行していくことが経営者の社会的責任でもある。

繰り返しになるが，経営者は価値創造経営をベースとする経営理念から明確な経営ビジョンと経営目標を打ち立て，長期経営計画に基づいて経営実践を行っていく必要がある。そのうえで価値創造経営を目指す経営者の価値観，経

営観を従業員が共有，理解し，ベクトルを合わせて企業活動を行っていくためのコーポレート・ガバナンスの構築が求められてくるのである。

現在，コーポレート・ガバナンス・システムでは日本企業の大半が監査役設置会社を維持している。しかしながら，監査役設置会社，指名委員会等設置会社，監査等委員会設置会社のいずれにも弱点はある。弱点を踏まえたうえでその企業が創造的適応に合わせた独自のコーポレート・ガバナンスを構築し，実行していくことができる経営者であることが望ましい。経営者自らが環境によって変えていく創造的に適応した価値創造経営のコーポレート・ガバナンスを構築していくことに特徴がある。

価値創造経営のコーポレート・ガバナンスは価値創造経営をベースにした経営者の経営ビジョンと経営目標を明確化し，長期経営計画を経営実践に結びつけていることが特徴である。こうした一連の過程においては経営者から見たコーポレート・ガバナンスによって，経営者の事業活動をミドル・マネジメントまで責任をもって行っていることである。

第1章における3つの仮説設定からつぎの3点を導出することができる。①経営者は自社のあるべき姿を構想し，確固たる経営理念から経営ビジョンや長期経営計画を決める必要がある。②経営理念に基づく価値観を経営者と従業員が共有し，同じ方向で経営を行っていくためには創造的に適応したコーポレート・ガバナンスを確立する必要がある。③経営者の個人学習，組織学習によって，従業員の意識と企業体質とを変革し，経営者と従業員が責任ある経営を行っていくことが必要である。

一方，経済・市場・経営のグローバル化が進展する中で地球環境問題が深刻化し，環境問題への取り組みをはじめ，国や地域の文化を尊重した経営は欠かすことができなくなっている。このような経営環境において，経営者は経済・社会・環境に配慮した経営を行っていくことが求められている。経済・社会・環境に配慮した経営とは持続可能な発展を鍵概念とする価値観，経営観を実践していくことである。経営者は持続可能な発展を目的とする価値創造経営をベースとする経営理念とそれを実行するリーダーシップが求められている。

経営者の経営理念に基づく知識創造が絶えず行われ，それが組織化し，共有していくことによって価値創造経営は確立する。経営革新の源泉は経営者個人の経営理念に基づくものであるならば，経営者個人の経営理念とその人間性がきわめて重要になる。そのような経営者個人の経営理念と経営革新の分析には多様な視点と研究方法が必要である。今後の研究課題としてはそのような課題を中心として，研究を深めていきたい。

3 今後の研究課題

コーポレート・ガバナンスに関する研究は，今日では数多の研究成果が蓄積されている。ところが，主としてコーポレート・ガバナンスの研究対象とされるのは取締役会の制度比較や制度改革を中心とした研究である。また，企業不祥事への対処と企業競争力の強化の視点からコーポレート・ガバナンスを論証する研究も少なくない。だが，本来，コーポレート・ガバナンスには企業不祥事の抑止機能も企業競争力の促進機能もない，との指摘がなされている。著者の立場もこれに拠っている。本研究ではそうした立場から経営者から見た価値創造経営のコーポレート・ガバナンスの枠組みを提示し，価値創造経営をベースとした経営理念とコーポレート・ガバナンスを結びつけた研究設定として展開してきた。

一方，コーポレート・ガバナンス問題は関連諸学と関係し，これまでさまざまな議論と研究とがなされてきた。コーポレート・ガバナンス問題の研究方法では特に企業の社会的責任，コンプライアンス，企業倫理が関連する鍵概念として，持続可能な発展が注目されている。著者は，今後，コーポレート・ガバナンス研究について，企業の社会的責任，コンプライアンス，企業倫理に加え，持続可能な発展に向けた経営行動とその企業評価をめぐる問題について研究を深めていきたいと考えている。

具体的には価値創造経営から見たコーポレート・ガバナンスと企業価値に関する研究である。企業は自社の価値を高めるため，持続可能な発展に向けた取

り組みと財務情報を関連づけて開示する統合報告への関心が高まっている。しかしながら，価値創造経営から見たコーポレート・ガバナンスと企業価値について体系的に考察した先行研究はほとんどみられない。企業はどのようにして企業価値の向上に取り組み，その役割を果たしていくかは企業によって異なってくる。そこでコーポレート・ガバナンスに取り組む行動原則として，国際的なCSRに関する企業行動指針やISO26000をはじめ産業界，NGOなどからの政策提言，ガイドライン等が策定されている。こうした企業行動指針における策定背景，分類，役割などの特質を踏まえ，企業行動指針の浸透と企業への影響力について研究を行う。

　つぎなる研究課題としては本研究で明らかになった経営者から見た価値創造経営のコーポレート・ガバナンスの経験的事実をもとにして新規性のある研究分野に着手していきたい。

　最後にコーポレート・ガバナンス研究と実践での留意点について，学際的交流と学際的研究の必要性がしばしば指摘されている。日本では，例えばドイツや中国のそれと比較して，学際的交流の認識と重要度が高いとはいえない。なぜなら，ドイツでは大学教授と関連業界との産学交流が盛んに行われているのが実態だからである。近年の中国では国をあげての産官学のプロジェクトがあり，その燃えさかる勢いはとどまらず，このことは決してコーポレート・ガバナンスがブームではないことを表している。翻って，日本の大学ではコーポレート・ガバナンスという科目の講義が少ないことや研究機関，国・地方自治体，大学などとの産官学の学際的交流には遠い道のりと課題が待っているといえる。しかしながら，今後のコーポレート・ガバナンス研究を展望するとき，いつかは日本企業が世界のエクセレントカンパニーとして注目を集め，真の日本型経営を世界に発信していくことのできる経営者が出現することを祈念して，本研究の論を閉じることにしたい。

主要参考文献抄録

1 著 書

足達英一郎・金井 司（2004）『CSR経営とSRI―企業の社会的責任とその評価軸―』金融財政事情研究会．

伊丹敬之（2000）『日本型コーポレートガバナンス―従業員主権企業の論理と改革―』日本経済新聞社．

伊藤秀史編著（2002）『日本企業変革期の選択』東洋経済新報社．

稲盛和夫（2006）『敬天愛人―私の経営を支えたもの―』PHP研究所．

稲盛和夫（2007）『人生の王道―西郷南洲の教えに学ぶ―』日経BP社．

植竹晃久・仲田正機編著（1999）『現代企業の所有・支配・管理―コーポレート・ガバナンスと企業管理システム―』ミネルヴァ書房．

上田和勇（2003）『企業価値創造型リスクマネジメント―その概念と事例―』白桃書房．

梅澤 正（2000）『企業と社会―社会学からのアプローチ―』ミネルヴァ書房．

奥村惠一（1994）『現代企業を動かす経営理念』有斐閣．

奥村惠一編著（1997）『経営の国際開発に関する研究―現代企業を動かす経営理念の実証的研究―』多賀出版．

小椋康宏編著（2000）『経営教育論』学文社．

小椋康宏編著（2001）『経営環境論』学文社．

小椋康宏編著（2002）『経営学原理』学文社．

小椋康宏・柿崎洋一編著（2007）『企業論』学文社．

小原 明（2001）『松下電器の企業内教育―歴史と分析―』文眞堂．

飫冨順久（2000）『企業行動の評価と倫理』学文社．

飫冨順久・辛島 睦・小林和子・柴垣和夫・出見世信之・平田光弘（2006）『コーポレート・ガバナンスとCSR』中央経済社．

オリバー・シェルドン著企業制度研究会訳（1975）『経営のフィロソフィ―企業の社会的責任と管理―』雄松堂書店．

海道ノブチカ（2005）『ドイツの企業体制―ドイツのコーポレート・ガバナンス―』森山書店．

勝部伸夫（2004）『コーポレート・ガバナンス論序説―会社支配論からコーポレート・ガバナンス論へ―』文眞堂．

亀川雅人・高岡美佳編著（2007）『CSRと企業経営』学文社．

菊澤研宗（2004）『比較コーポレート・ガバナンス論―組織の経済学アプローチ―』有斐閣．

菊池敏夫（2006）『現代経営学』税務経理協会.
菊池敏夫（2007）『現代企業論―責任と統治―』中央経済社.
菊池敏夫・厚東偉介・平田光弘編著（2008）『企業の責任・統治・再生―国際比較の視点―』文眞堂.
菊池敏夫・新川 本・金山 権（2014）『企業統治論―東アジアを中心に―』税務経理協会.
菊池敏夫・平田光弘編著（2000）『企業統治の国際比較』文眞堂.
経営法友会マニュアル等作成委員会編（2002）『コンプライアンス・プログラム作成マニュアル』商事法務.
小島大徳（2004）『世界のコーポレート・ガバナンス原則―原則の体系化と企業の実践―』文眞堂.
小林俊治・百田義治編著（2004）『社会から信頼される企業―企業倫理の確立に向けて―』中央経済社.
佐久間信夫編著（2007）『コーポレート・ガバナンスの国際比較』税務経理協会.
櫻井克彦（1991）『現代の企業と社会―企業の社会的責任の今日的展開―』千倉書房.
櫻井克彦編著（2006）『現代経営学―経営学研究の新潮流―』税務経理協会.
島袋嘉昌編著（1999）『経営哲学の実践』森山書店.
清水龍瑩（1983）『経営者能力論』千倉書房.
清水龍瑩（1998）『日本型経営者と日本型経営―実証研究30年―』千倉書房.
清水龍瑩（2000）『社長のリーダーシップ』千倉書房.
関 孝哉（2006）『コーポレート・ガバナンスとアカウンタビリティー』商事法務.
十川廣國（2005）『CSRの本質―企業と市場・社会―』中央経済社.
髙 巖・日経CSRプロジェクト編著（2004）『CSR―企業価値をどう高めるか―』日本経済新聞社.
髙 巖編著（2001）『ECS2000このように倫理法令遵守マネジメント・システムを構築する―コンプライアンス・企業倫理の実践が機能する仕組み―』日科技連出版社.
高田 馨（1989）『経営の倫理と責任』千倉書房.
高橋俊夫編著（2006）『コーポレート・ガバナンスの国際比較―米，英，独，仏，日の企業と経営―』中央経済社.
田中宏司（2005）『コンプライアンス経営―倫理綱領の策定とCSRの実践―』生産性出版.
谷本寛治（2006）『CSR―企業と社会を考える―』NTT出版.
谷本寛治編著（2002）『SRI社会的責任投資入門―市場が企業に迫る新たな規律―』日本経済新聞社.
谷本寛治編著（2004）『CSR経営―企業の社会的責任とステイクホルダー―』中央経済社.
谷本寛治編著（2007）『SRIと新しい企業・金融』東洋経済新報社.
出見世信之（1997）『企業統治問題の経営学的研究―説明責任関係からの考察―』文眞堂.

東洋大学経営力創成研究センター（2007）『企業競争力の研究』中央経済社．
中井　透編著（2006）『価値創造のマネジメント』文眞堂．
中川敬一郎編著（1972）『経営理念』ダイヤモンド社．
中村久人（2006）『グローバル経営の理論と実態』同文舘出版．
中村瑞穂編著（2003）『企業倫理と企業統治―国際比較―』文眞堂．
野中郁次郎・紺野　登（1999）『知識経営のすすめ―ナレッジマネジメントとその時代―』ちくま新書．
野中郁次郎・竹内弘高著梅本勝博訳（1996）『知識創造企業』東洋経済新報社．
平田光弘（1982）『わが国株式会社の支配』千倉書房．
平田光弘（2008）『経営者自己統治論―社会に信頼される企業の形成―』中央経済社．
正井章笮（2003）『ドイツのコーポレート・ガバナンス』成文堂．
松下幸之助（1978）『実践経営哲学』PHP研究所．
松下幸之助（2002）『松下幸之助の哲学―いかに生き，いかに栄えるか―』PHP研究所．
松野　弘・堀越芳昭・合力知工編著（2006）『「企業の社会的責任論」の形成と展開』ミネルヴァ書房．
松行康夫・松行彬子（2002）『組織間学習論―知識創発のマネジメント―』白桃書房．
松行康夫・松行彬子（2004a）『価値創造経営論―知識イノベーションと知識コミュニティ―』税務経理協会．
松行康夫・松行彬子（2004b）『公共経営学―市民・行政・企業のパートナーシップ―』丸善．
水尾順一・田中宏司（2004）『CSRマネジメント―ステークホルダーとの共生と企業の社会的責任―』生産性出版．
水谷雅一編著（2003）『経営倫理』同文舘出版．
水村典弘（2004）『現代企業とステークホルダー―ステークホルダー型企業モデルの新構想―』文眞堂．
藻利重隆（1984）『現代株式会社と経営者』千倉書房．
森本三男（1994a）『企業社会責任の経営学的研究』白桃書房．
山城　章（1973）『経営学原理』白桃書房．
吉森　賢（2001）『日米欧の企業経営―企業統治と経営者―』放送大学教育振興会．
吉森　賢（2005）『経営システムⅡ―経営者機能―』放送大学教育振興会．
吉森　賢（2006）『グローバル経営戦略』放送大学教育振興会．
吉森　賢（2007）『企業統治と企業倫理』放送大学教育振興会．
米川伸一・平田光弘（1982）『企業活動の理論と歴史』千倉書房．

2　研究論文

青木　崇（2004）「コーポレート・ガバナンスと経営者問題―日米企業に焦点をあて

て―」日本経営教育学会編『企業経営のフロンティア―経営教育研究7―』学文社,49-78頁.
青木　崇（2005）「コーポレート・ガバナンスの前提条件―コンプライアンスとCSR―」日本経営教育学会編『MOTと21世紀の経営課題―経営教育研究8―』学文社, 205-230頁.
青木　崇（2006）「CSRに関する企業行動指針とCSRへの取り組み―企業独自のCSR指針策定と企業実践への課題―」『経営行動研究年報』経営行動研究学会, 第15号, 57-62頁.
青木　崇（2007）「国際機関のCSRに関する企業行動指針」『イノベーション・マネジメント』法政大学イノベーション・マネジメント研究センター, No. 4, 105-124頁.
青木　崇（2008a）「価値創造経営のコーポレート・ガバナンス」『経営行動研究年報』経営行動研究学会, 第17号, 128-133頁.
青木　崇（2008b）「現代企業の価値創造経営」『現代社会研究』東洋大学現代社会総合研究所, 第5号, 81-88頁.
青木　崇（2009a）「日本企業の不祥事と企業の社会的責任」『日本経営倫理学会誌』日本経営倫理学会, 第16号, 43-52頁.
青木　崇（2009b）「日本企業の経営理念と社会的責任活動」『マネジメント・ジャーナル』神奈川大学国際経営研究所, 創刊号, 129-140頁.
青木　崇（2010a）「企業不祥事のメカニズムと現代経営者の役割」『日本経営倫理学会誌』日本経営倫理学会, 第17号, 45-57頁.
青木　崇（2010b）「企業変革を導く組織間学習の形成とコーポレート・ガバナンスとの共進化―価値創造経営との関連で―」『東京国際大学論叢』東京国際大学, 第81号, 77-92頁.
青木　崇（2011a）「企業不祥事の事後的対応をめぐる経営者の意思決定―倫理的価値判断と経営力―」『高松大学研究紀要』高松大学, 第54・55合併号, 9-28頁.
青木　崇（2011b）「新たな企業の社会的責任と現代経営者の課題―持続可能な発展と企業価値―」『高松大学研究紀要』高松大学, 第54・55合併号, 29-45頁.
青木　崇（2013a）「国際機関における企業行動指針の形成と展開―CSR企業行動指針の策定を中心として―」『日本労働研究雑誌』労働政策研究・研修機構, 第640号, 76-89頁.
青木　崇（2013b）「企業不祥事をめぐる諸問題とコーポレート・ガバナンスの必要性―経営者自己統治に向けた課題―」『愛知淑徳大学論集ビジネス学部・ビジネス研究科篇』愛知淑徳大学, 第9号, 1-14頁.
青木　崇（2014a）「新たな企業の社会的責任と経営者の課題」『経営学論集』日本経営学会, 第84集, 1-12頁.
青木　崇（2014b）「製薬会社の社会的責任の実態とその課題―統合報告を中心として―」

『愛知淑徳大学論集ビジネス学部・ビジネス研究科篇』愛知淑徳大学，第10号，1-18頁．

青木　崇（2015a）「統合報告書から見た武田薬品工業の社会的責任活動の開示方法とその課題」『経営行動研究年報』経営行動研究学会，第24号，93-99頁．

青木　崇（2015b）「統合報告から見た企業の社会的責任と企業価値―武田薬品工業の事例を中心として―」『愛知淑徳大学論集ビジネス学部・ビジネス研究科篇』愛知淑徳大学，第11号，1-13頁．

青木　崇（2016）「統合報告書における企業の社会的責任活動の開示方法に関する一考察」『日本経営倫理学会誌』日本経営倫理学会，第23号，85-96頁．

上田廣美（2003）「ヨーロッパ会社法の成立とEUにおける従業員参加」『日本EU学会年報』日本EU学会，第23号，231-250頁．

梅津光弘（1997）「経営倫理学と企業社会責任論―その方法論的差異と統合の可能性をめぐって―」『日本経営倫理学会誌』日本経営倫理学会，第4号，21-31頁．

奥村悳一（1997）「経営理念と経営システム」『横浜経営研究』横浜国立大学経営学会，第18巻第3号，15-44頁．

奥村悳一（2000）「コーポレート・ガバナンスとリーダーシップに関わる経営理念と経営システム―経営者企業から市場価値企業への転換―」『立正経営論集』立正大学経営学会，第33巻第1号，45-119頁．

奥村悳一（2002）「アメリカの経営理念―GEの経営理念と新しい価値観の創造―」『立正経営論集』立正大学経営学会，第34巻第2号，1-68頁．

小椋康宏（2002）「経営環境とステークホルダー―企業価値創造との関連で―」『経営論集』東洋大学経営学部，第55号，59-73頁．

小椋康宏（2003）「E-CFOに関する一考察―企業価値創造との関連で―」『経営研究所論集』東洋大学経営研究所，第26号，1-9頁．

小椋康宏（2004）「戦略財務の基礎構造に関する一考察」『経営論集』東洋大学経営学部，第62号，69-83頁．

小椋康宏（2006）「経営力創成に関する一考察―企業競争力との関連で―」『経営力創成研究』東洋大学経営力創成研究センター，第2号，33-44頁．

飫冨順久（2002）「現代企業をめぐる諸問題」和光大学経営教育研究会編『21世紀の企業経営と経営教育』学文社，1-27頁．

飫冨順久（2007）「経営者の倫理と経営教育」日本経営教育学会編『経営教育の新機軸―経営教育研究10―』学文社，1-18頁．

海道ノブチカ（2003）「ドイツのコーポレート・ガバナンス改革」『商學論究』關西学院大学商学研究會，第50巻第3号，1-15頁．

川井伸一（2003）「中国上場会社の取引構造―『関連取引』の実証的検討―」『経営総合科学』愛知大学経営総合科学研究所，第80号，35-64頁．

菊澤研宗（2000）「コーポレート・ガバナンス問題とは何か―日米独コーポレート・ガバナンス問題の歴史と現状―」『ドイツ研究』日本ドイツ学会編集委員会，第31号，70-86頁．

菊池敏夫（1993）「最高経営組織とステイクホルダー関係の再構築」組織学会編『組織科学』白桃書房，第27巻第2号，14-23頁．

菊池敏夫（1995）「コーポレート・ガバナンス論における問題の分析―国際比較の視点―」『経済集志』日本大学経済学研究会，第64巻第4号，47-55頁．

菊池敏夫（1999）「コーポレート・ガバナンスにおける日本的条件の探求」経営行動研究学会編『経営行動研究年報』経営行動研究学会，第8号，7-10頁．

菊池敏夫（2002）「企業統治と企業行動―欧米の問題状況が示唆するもの―」『経済集志』日本大学経済学研究会，第72巻第2号，75-82頁．

菊池敏夫（2003）「企業の統治機構と自己規制力」『税経通信』税務経理協会，Vol. 58, No. 11, 2-3頁．

櫻井克彦（1999）「コーポレート・ガバナンスに関する一考察―企業の社会的責任との関連を中心に―」『経済科学』名古屋大学経済学部，第46巻第4号，29-42頁．

櫻井克彦（2000）「企業社会責任研究生成・発展・分化とその今日的課題」『経済科学』名古屋大学経済学部，第47巻第4号，29-49頁．

櫻井克彦（2001a）「現代経営学研究と『企業と社会』論的接近」『経済科学』名古屋大学経済学部，第49巻第3号，1-12頁．

櫻井克彦（2001b）「企業経営とステークホルダー・アプローチ」『経済科学』名古屋大学経済学部，第48巻第4号，1-18頁．

櫻井克彦（2002）「企業社会責任論と経営学研究」『経済科学』名古屋大学経済学部，第49巻第4号，1-7頁．

櫻井克彦（2005）「現代の経営環境と企業の社会的責任」『中京経営研究』中京大学経営学会，第15巻第1号，11-27頁．

佐々木恒男（1999）「経営か管理か，経営学の本質を問う」『経営学論集』龍谷大学経営学会，Vol. 39, No. 1, 72-79頁．

佐山展生（2003）「M&A（企業買収・合併）と企業価値―企業とインタンジブルズ価値の評価―」『管理会計学』日本管理会計学会，第11巻第2号，29-42頁．

清水　馨（1996）「企業変革に果たす経営理念の役割」『三田商学研究』慶應義塾大学商学会，第39巻第2号，87-101頁．

清水　馨（1999）「最高意思決定機関でのトップの役割と合意」『三田商学研究』慶應義塾大学商学会，第42巻第4号，117-131頁．

清水龍瑩（1995a）「経営者の人事評価（Ⅱ）―経営者能力―」『三田商学研究』慶應義塾大学商学会，第38巻第4号，1-30頁．

清水龍瑩（1995b）「経営者の人事評価（Ⅰ）―経営者機能―」『三田商学研究』慶應義

塾大学商学会, 第38巻第3号, 1-18頁.
清水龍瑩 (2000a)「社長のリーダーシップ―他人に任せられない経営者機能―」『三田商学研究』慶應義塾大学商学会, 第43巻第1号, 107-129頁.
清水龍瑩 (2000b)「優れたトップリーダーの能力」『三田商学研究』慶應義塾大学商学会, 第42巻第6号, 31-57頁.
清水龍瑩 (2002)「企業の変化対応力をベースにした新しい経営力評価―トップを中心にした大企業の変化対応力―」『三田商学研究』慶應義塾大学商学会, 第44巻第6号, 1-16頁.
神野雅人 (2003)「CSR (企業の社会的責任) 概念の展開」『みずほ総研論集』みずほ総合研究所, 創刊号, 1-32頁.
関 孝哉 (2003)「ドイツのコーポレート・ガバナンス改革とその背景」『商事法務』商事法務研究会, No.1675, 10月5日・15日号, 90-94頁.
高田 馨 (1979)「社会的責任論と経営目的論」『大阪大學經濟學』大阪大學經濟學會, 第28巻第4号, 1-13頁.
辻村宏和 (2002)「経営者育成の理論的基盤―経営技能の習得とケース・メソッド―」『桃山学院大学経済経営論集』桃山学院大学経済経営学会, 第44巻第1号, 89-115頁.
津田秀和 (2002)「『企業と社会』論における『責任』概念の再検討」『経営学研究』愛知学院大学経営学会, 第12巻第1号, 35-47頁.
出見世信之 (1998)「企業倫理と企業統治」『経営学紀要』亜細亜大学短期大学部学術研究所, 第5巻第2号, 39-64頁.
出見世信之 (2003)「英国における企業統治改革」『明大商学論叢』明治大学商学研究所, 第85巻第3号, 117-129頁.
鳥羽欽一郎・浅野俊光 (1984)「戦後日本の経営理念とその変化」組織学会編『組織科学』白桃書房, 第18巻第2号, 37-51頁.
中村久人 (2003)「日本国内企業の社会貢献―もう一つの企業フィランスロピー―」『経営論集』東洋大学経営学部, 第58号, 71-91頁.
中村瑞穂 (1994a)「『企業と社会』の理論と企業倫理」『明大商学論叢』明治大学商学研究所, 第77巻第1号, 103-118頁.
中村瑞穂 (1994b)「アメリカにおける企業倫理研究の展開過程―基本文献の確認を中心として―」『明大商学論叢』明治大学商学研究所, 第76巻第1号, 213-224頁.
中村瑞穂 (1998)「企業倫理と日本企業」『明大商学論叢』明治大学商学研究所, 第80巻第3・4号, 169-181頁.
中村瑞穂 (2001)「企業倫理実現の条件」『明治大学社会科学研究所紀要』明治大学社会科学研究所, 第39巻第2号, 87-99頁.
中村瑞穂 (2006)「企業の社会的責任を考える」『商学研究所報』専修大学商学研究所, 第37巻第5号, 1-17頁.

日本弁護士連合会国際人権問題委員会編（2003）「企業の社会的責任と行動基準―コンプライアンス管理・内部告発保護制度―」『別冊商事法務』商事法務研究会，No. 264.
野中郁次郎（2001）「綜合力―知識ベース企業のコア・ケイパビリティ―」一橋大学イノベーション研究センター『一橋ビジネスレビュー』東洋経済新報社，第49巻第3号，18-31頁.
野村千佳子（1999）「90年代における日本企業の経営理念の状況―環境の変化と経営理念の見直しと変更―」『早稲田商學』早稲田商學同攷會，第380号，47-73頁.
間　宏（1984）「日本の経営理念と経営組織」組織学会『組織科学』白桃書房，第18巻第2号，17-27頁.
平田光弘（2000）「1990年代の日本における企業統治改革の基盤作りと提言」『経営論集』東洋大学経営学部，第51号，81-106頁.
平田光弘（2001a）「OECDのコーポレート・ガバナンス原則―デジューレ・スタンダード―」『経営研究所論集』東洋大学経営研究所，第24号，277-292頁.
平田光弘（2001b）「21世紀の企業経営におけるコーポレート・ガバナンス研究の課題―コーポレート・ガバナンス論の体系化に向けて―」『経営論集』東洋大学経営学部，第53号，23-40頁.
平田光弘（2002a）「日米企業の不祥事とコーポレート・ガバナンス」『経営論集』東洋大学経営学部，57号，第1-15頁.
平田光弘（2002b）「日本における企業統治改革の現状と今後の方向」『経営論集』東洋大学経営学部，第56号，155-174頁.
平田光弘（2002c）「新世紀の日本における企業統治の光と影」『経営行動研究年報』経営行動研究学会，第11号，12-15頁.
平田光弘（2003a）「コンプライアンス経営とは何か」『経営論集』東洋大学経営学部，第61号，113-127頁.
平田光弘（2003b）「日本における取締役会改革」『経営論集』東洋大学経営学部，第58号，159-178頁.
平田光弘（2006a）「新たな企業競争力の創成を目指す日本の経営者の三つの課題」『経営力創成研究』東洋大学経営力創成研究センター，第2号，59-71頁.
平田光弘（2006b）「CSR時代と松下幸之助」『論叢松下幸之助』PHP総合研究所，第5号，25-53頁.
平田光弘（2007a）「不祥事企業の経営再生―三井物産と雪印乳業のケースから―」『研究紀要』星城大学経営学部，第4号，3-35頁.
平田光弘（2007b）「日本のコーポレート・ガバナンスを考える」『研究紀要』星城大学経営学部，第3号，5-26頁.
正井章筰（2002）「ヨーロッパにおけるコーポレート・ガバナンス―第1回ヨーロッパ・

コーポレート・ガバナンス会議での議論―」『早稲田法學』早稲田大學法學會, 第78巻第1号, 1-33頁.
水尾順一 (2001)「21世紀における経営倫理―コーポレート・ガバナンスにおけるステークホルダーアプローチ―」『日本経営倫理学会誌』日本経営倫理学会, 第8号, 25-38頁.
水谷雅一 (1994)「経営倫理学の必要性と基本課題」『日本経営倫理学会誌』日本経営倫理学会, 第1号, 1-16頁.
水村典弘 (2001)「『利害関係者』をめぐる経営学的研究の推移―『利害関係者理論』から『利害関係者管理』へ―」『日本経営学会誌』日本経営学会, 第7号, 36-47頁.
水谷内徹也 (2002)「インテグリティ・マネジメント序説―倫理志向の経営システムの探求―」『富大経済論集』富山大学経済学部, 第47巻第3号, 97-113頁.
水谷内徹也 (2005)「コンプライアンス経営の構築と経営者の責任―インテグリティ志向の経営行動の探求―」『経営行動研究年報』経営行動研究学会, 第14号, 3-6頁.
森本三男 (1994b)「企業の社会責任と社会戦略」『産業経営研究』日本大学経済学部産業経営研究所, 第15号, 7-21頁.
森本三男 (1999)「ドイツの企業統治」『青山国際政経論集』青山学院大学国際政治経済学会, 第48号, 9-29頁.
森本三男 (2002)「ステークホルダー・アプローチの展開と系譜」『創価経営論集』創価大学経営学会, 第26巻第2号, 35-45頁.
森本三男 (2004)「企業社会責任の論拠とステークホルダー・アプローチ」『創価経営論集』創価大学経営学会, 第28巻第1・2・3号合併号, 1-14頁.

3 外国語文献

Ackerman, R. W. and Bauer, R. A. (1976), *Corporate Social Responsiveness: The Modern Dilemma*, Reston.

Alavi, M. and D. E. Leidner (2001), "Review: Knowledge Management and Knowledge Management Systems: Conceptual Foundations and Research Issues", *MIS Quarterly*, Vol. 25, No. 1, pp. 109-136.

Argyris, Chris and Schön, Donald A. (1978), *Organizational Learning: A Theory of Action Perspective*, Addison-Wesley.

Argyris, Chris and Schön, Donald A. (1995), *Organizational Learning II: Theory, Method, and Practice*, Addison-Wesley.

Auerbach, Norman E. (1973), "Audit Committees: New Corporate Institution", *Financial Executive*, September, pp. 96-104.

Bass, Bernard M. (1985), *Leadership and Performance Beyond Expectations*, Collier Macmillan.

Benn, Suzanne and Dunphy, Dexter C. (eds.) (2006), *Corporate Governance and Sustainability: Challenges for Theory and Practice*, Routledge.

Berle, Adolf A. and Means, G. C. (1932), *The Modern Corporation And Private Property*, Macmillan.

Blackler, F. (1993), "Knowledge and the Theory of Organizations: Organizations as Activity Systems and the Reframing of Management", *Journal of Management Studies*, Vol. 30, No. 6, pp. 863-84.

Cadbury Report (1992), *Report of the Committee on the Financial Aspects of Corporate Governance*, Gee and Co. Ltd.

Carlie, P. R. (2002), "A Pragmatic View of Knowledge and Boundaries: Boundary Objects in New Product Development", *Organization Science*, Vol. 13, No. 4, July-August, pp. 442-455.

Carroll, Archie B. (1979), "A Three-Dimensional Conceptual Model of Corporate Performance", *Academy of Management Review*, Vol. 4, No. 4, pp. 497-505.

Carroll, Archie B. (1991), "The Pyramid of Corporate Social Responsibility: Toward the Moral Management of Organizational Stakeholders", *Business Horizons*, Volume 34, Issue 4, July-August, pp. 39-48.

Carroll, Archie B. (2006), Corporate Social Responsibility: A Historical Perspective, in: Marc J. Epstein and Kirk O. Hanson (eds.), *The Accountable Corporation: Corporate Social Responsibility*, Vol. 3, pp. 3-30, Praeger Publishers.

Carroll, Archie B. and Buchholtz, A. K. (2006), *Business and Society: Ethics and Stakeholder Management*, 6th ed, South-Western.

Clarke, Thomas (ed.) (2005), *Corporate Governance: Critical Perspectives on Business and Management*, Routledge.

Collins, James C. and Porras, Jerry I. (1994), *Built to Last: Successful Habits of Visionary Companies*, HarperBusiness.

Duncan, R. and Weiss, A. (1979), "Organizational learning: implications for organizational design", in: Staw, B. M. (eds.), *Research in Organizational Behavior*, JAI Press, Vol. 1. pp. 75-123.

EC (2001), *Promoting a European framework for Corporate Social Responsibility*, Green Paper, European Commission.

EC (2002), *Corporate Social Responsibility: A business contribution to Sustainable Development*, White Paper, European Commission.

EC (2006), *Implementing the Partnership for Growth and Jobs: Making Europe a Pole of Excellence on Corporate Social Responsibility*, European Commission.

Estes, Robert M. (1973), "Outside Directors: More Vulnerable Than Ever", *Harvard*

Business Review, January–February, pp. 107–114.
European Commission Internal Market Directorate General (2002), *Comparative Study of Corporate Governance Codes relevant to the European Union and its Member States*, Weil, Gotshal & Manges LLP.
European Multi Stakeholder Forum (2004), *Final Results & Recommendations*, European Multi Stakeholder Forum.
Frederick, W. C. (1986), "Toward CSR3: Why Ethical Analysis Is Indispensable and Unavoidable in Corporate Affairs", *California Management Review*, Vol. 28, No. 2, pp. 126–41.
Frederick, W. C. (1998), "Creatures, Corporations, Communities, Chaos, Complexity: A Naturological View of the Corporate Social Role", *Business & Society*, Vol. 37, No. 4, pp. 358–389.
Fusaro, Peter C. and Miller, Ross M. (2002), *What went wrong at Enron: everyone's guide to the largest bankruptcy in U.S. history*, J. Wiley.
Gold, A. H., A. Malhotra and A. H. Segars (2001), "Knowledge Management: An Organizational Capabilities Perspective", *Journal of Management Information Systems*, Vol. 18, No. 1, pp. 185–214.
Goodpaster, K. E. (1991), "Business Ethics and Stakeholder Analysis", *Business Ethics Quarterly*, Vol. 1, No. 1, January.
Goodpaster, K. E., Nash, L. L. and de Bettignies, Henri-Claude (2006), *Business Ethics: Policies and Persons*, 4th ed, McGraw-Hill.
Greenbury Report (1995), *Report of a Study Group chaired by Sir Richard Greenbury*, Gee and Co. Ltd.
Grover, V. and T. H. Davenport (2001), "General Perspective on Knowledge Management: Fostering a Research Agenda", *Journal of Management Information Systems*, Vol. 18, No. 1, pp. 5–21.
GRI (2013), *G4 Sustainability Reporting Guidelines*, Global Reporting Initiative.
Hamel, Gary and Prahalad, C. K. (1994), *Competing for the Future*, Harvard Business School Press.
Hampel Report (1997), *Committee on Corporate Governance*, Gee and Co. Ltd.
Hirata, Mitsuhiro (2001c), "How Can We Formulate a Theory of Corporate Governance?", *Keiei Ronsyu*, Toyo University, No. 54, pp. 37–44.
Hirata, Mitsuhiro (2004), "Compliance and Governance in Large Japanese Companies", *Keiei Ronsyu*, Toyo University, No. 62, pp. 29–46.
Hirata, Mitsuhiro (2006c), "The Fostering of Socially Trustworthy Companies and the Role of Top Executives: A Pathway from Unstable to Stable Companies in Japan",

Zeitschrift für Betriebswirtschaft, Gabler, Special Issue 1, SS. 73-96.

Holsapple, C. W. and K. D. Joshi (2002), "Knowledge Manipulation Activities: Results of a Delphi Study", *Information & Management*, Vol. 39, pp. 477-490.

Huber, G. P. (1991), "Organizational Learning: The Contributing Processes and the Literature", *Organization Science*, Vol. 2, No. 1, pp. 88-115.

Inkpen, Andrew C. (2005), "Learning Through Alliances: General Motors and NUMMI", *California Management Review*, Vol. 47, No. 4, pp. 114-136.

ICGN (2000), *Statement on Global Implementation of ICGN Share Voting Principles*, International Corporate Governance Network.

James, Geoffrey (1996), *Business Wisdom of the Electronic Elite: 34 Winning Management Strategies from CEOs at Microsoft, COMPAQ, Sun, Hewlett*-Packard, *and Other Top Companies*, Crown Business.

Kim, W. C. and R. Mauborgne (1998), "Procedural Justice, Strategic Decision Making, and the Knowledge Economy", *Strategic Management Journal*, Vol. 19, pp. 323-338.

Klaus J. Hopt (1998), "The German Two-Tier Board: Experience, Theories, Reforms", in: Klaus J. Hopt, Hideki Kanda et al. (eds.), *Comparative Corporate Governance— The State of the Art and Emerging Research*, Oxford.

Knight, K. E. (1967), "A Descriptive Model of the Intra-Firm Innovation Process", *Journal of Business*, Vol. 40, pp. 478-496.

Langley, A., Mintzberg, H., Pitcher, P., Posada, E. and Saint-Macary, J. (1995), "Opening up Decision Making: The View from the Black Stool", *Organization Science*, Vol. 6, No. 3, pp. 260-279.

Lawrence, Anne T., Weber, J. and Post, J. E. (2005), *Business and Society: Stakeholders, Ethics, Public Policy*, 11th ed, McGraw-Hill.

Lee, K. C., S. Lee and I. W. Kang (2005), "KMPI: Measuring Knowledge Management Performance", *Information & Management*, Vol. 42, pp. 469-482.

Leonard, Silk and David, Vogel (1976), *Ethics and Profits: The Crisis of Confidence in American Business*, Simon and Schuster.

Lord, M. D. and A. L. Ranft (2000), "Organizational Learning About New International Markets: Exploring the Internal Transfer of Local Market Knowledge", *Journal of International Business Studies*, Vol. 31, No. 4, pp. 573-589.

MacAvoy, Paul W. and Millstein, Ira M. (2003), *The Recurrent Crisis in Corporate Governance*, Palgrave Macmillan.

Madhavan, R. and R. Grover (1998), "From Embedded Knowledge to Embodied Knowledge: New Product Development as Knowledge Management", *Journal of Marketing*, October, Vol. 62, pp. 1-12.

Marquardt, M. (1996), *Building the Learning Organization: A Systems Approach to Quantum Improvement and Global Success*, McGraw-Hill.

Martin, X. and R. Salomon (2003), "Knowledge Transfer Capacity: Implications for the Theory of the Multinational Corporation", *Journal of International Business Studies*, Vol. 34, pp. 356-373.

McCahery, Joseph A., Moerland, Piet, Raaijmakers, Theo and Renneboog, Luc (eds.) (2002), *Corporate Governance Regimes: Convergence and Diversity*, Oxford University Press.

Monks, Robert A. G. and Minow, Nell (2004), *Corporate Governance*, Third Edition, Blackwell Publishing.

OECD (1976), *The OECD Guidelines for Multinational Enterprises*, Organisation for Economic Co-operation and Development.

OECD (1999), *OECD Principles of Corporate Governance*, Organisation for Economic Co-operation and Development.

OECD (2000), *The OECD Guidelines for Multinational Enterprises*, Organisation for Economic Co-operation and Development.

OECD (2004), *OECD Principles of Corporate Governance*, Organisation for Economic Co-operation and Development.

OECD (2005), *OECD Guidelines for Multinational Enterprises: 2005 Annual Meeting of the National Contact Points*, Organisation for Economic Co-operation and Development.

Peters, Tom (1994), *The Tom Peters Seminar: Crazy Times Call for Crazy Organizations*, Random House.

Porter, Michael E. and Kramer, Mark R. (2003), "The Competitive Advantage of Corporate Philanthropy", *Harvard Business Review on Corporate Responsibility*, Harvard Business School Press, pp. 27-64.

Schwartz, Mark S. and Carroll, Archie B. (2006), "Corporate Social Responsibility: A Three-Domain Approach", *Business Ethics Quarterly*, Vol. 13, No. 4, October, pp. 503-530.

Seivert, Sharon and Lee, Lee W. (2005), *Knowledge Leadership: The Art and Science of the Knowledge-based Organization*, Butterworth-Heinemann.

Shultze, U. and D. E. Leidner (2002), "Studying Knowledge Management in Information Systems Research: Discourses and Theoretical Assumptions", *MIS Quarterly*, Vol. 26, No. 3, pp. 213-242.

Szulanski, G. (2000), "The Process of Knowledge Transfer: A Diachronic Analysis of Stickiness", *Organizational Behavior and Human Decision Processes*, Vol. 82, Issue

1, pp. 9-27.
UN (2004), *The Ten Principles of the Global Compact*, United Nations.
UNEP Finance Initiative and UN Global Compact (2006), *Principles for Responsible Investment*, UNEP Finance Initiative and UN Global Compact.
Van der Spek, R. and A. Spijkervet (1997), "Knowledge Management: Dealing Intelligently with Knowledge", in J. Liebowiz and L. Wilcox (eds.), *Knowledge Management and its Integrative Elements*, CRC Press.
Wiig, K. (1993), *Knowledge Management Foundations*, Schema Press.
Wood, Donna J. (1991), "Corporate Social Performance Revisited", *Academy of Management Review*, Vol. 16, No. 4, pp. 691-718.
World Commission on Environment and Development (1987), *Our common future*, Oxford University Press.

4 アンケート調査・資料

環境省（2007）『環境報告書ガイドライン―持続可能な社会をめざして―（2007年版）』環境省総合環境政策局環境経済課.
関西経済連合会（2001）『企業と社会の新たな関わり方―地域社会の活性化に向けて―』関西経済連合会.
キヤノン（2007a）『サステナビリティ報告書2007』キヤノン株式会社.
キヤノン（2007b）『第106期報告書』キヤノン株式会社.
キヤノン（2007c）『ANNUAL REPORT』キヤノン株式会社.
キヤノン（2007d）『コーポレート・ガバナンスに関する報告書』キヤノン株式会社.
経済同友会（2000）『21世紀宣言』経済同友会.
経済同友会（2003a）『「市場の進化」と社会的責任経営―企業の信頼構築と持続的な価値創造に向けて―』経済同友会.
経済同友会（2003b）『欧州における企業の社会的責任―欧州調査報告―』経済同友会.
経済同友会（2004）『日本企業のCSR―現状と課題－自己評価レポート2003―』経済同友会.
経済同友会（2006a）『企業の社会的責任（CSR）に関する経営者意識調査』経済同友会.
経済同友会（2006b）『日本企業のCSR：進捗と展望―自己評価レポート2006―』経済同友会.
経済同友会（2007a）『経営者のあるべき姿とは―確固たる倫理観に立脚したプロフェッショナリズムとリーダーシップ―』経済同友会.
経済同友会（2007b）『CSRイノベーション―事業活動を通じたCSRによる新たな価値創造―』経済同友会.
コーポレート・ガバナンス国際比較研究会編（2000）『経営環境の変化と日本型コーポ

レート・ガバナンスの未来像に関するアンケート調査結果報告書』コーポレート・ガバナンス国際比較研究会.

武田薬品工業（2015）『CSRデータブック』武田薬品工業株式会社.

東京証券取引所上場部上場管理（2005）『コーポレート・ガバナンスに関するアンケート調査結果』東京証券取引所.

日本経済団体連合会（2010）『企業行動憲章実行の手引き（第6版)』日本経済団体連合会.

日本経済団体連合会社会的責任経営部会（2005）『CSR（企業の社会的責任）に関するアンケート調査結果』日本経済団体連合会.

日本経済団体連合会社会本部企業・社会グループ（2005）『CSR推進ツール』日本経済団体連合会.

日本インベスター・リレーションズ協議会（2007）『IR活動の実態調査』日本インベスター・リレーションズ協議会.

日本監査役協会ケース・スタディ委員会（2003）『「企業不祥事防止と監査役の役割」社長アンケート結果の概要報告』日本監査役協会.

日本監査役協会ケース・スタディ委員会（2006）『「内部統制システムに関する社長インタビュー」結果報告書』日本監査役協会.

松下グループ（2005）『松下グループ社会・環境報告』松下電器産業株式会社.

リコーグループ（2004）『社会的責任経営報告書2004』株式会社リコー.

リコーグループ（2005）『社会的責任経営報告書2005』株式会社リコー.

索　引

〔英文〕

COSO（Committee of Sponsoring Organizations of the Treadway Commission）…………141, 151, 188
Credo Survey（クレドサーベイ）……146
CSR………………………………60, 154
CSRに関する企業行動指針の系譜…185
CSRの研究系譜……………………61
CSRの定義…………………………63
CSRの問題提起……………………60, 61
CSR実践における情報開示…………165
CSR報告書…………………117, 165, 166
CSV（Creating Shared Value）……118
ESGコミュニケーション・フォーラム
　………………………………165, 189
ISO14001………………………130, 135
ISO26000………………………83, 183
OECD（経済協力開発機構）……43, 185
OECDコーポレート・ガバナンス原則
　………………………………………43
OECD多国籍企業ガイドライン
　………………………………65, 185

〔あ行〕

アダム・スミス……………………22
石田梅岩……………………………123
一元一層制…………………………28, 46
一元的企業概念……………………29
一元二層制…………………………28, 46
市村　清………………………130, 135
稲盛和夫……………………………6, 8
ウィリアムソン……………………22
英米型コーポレート・ガバナンス
　…………………………………28, 29
エンロン……………………………40, 71
欧州大陸型コーポレート・ガバナンス
　…………………………………28, 31
近江商人の三方よし………………119
大阪工場食中毒事件………………93, 144
オムロン………………………165, 180
オリンパス…………………………76

〔か行〕

海外における非財務情報開示規制…177
賀来龍三郎……………………129, 135
価値創造経営…………………4, 5, 96
価値創造経営の基本前提……………96
価値創造経営のコーポレート・ガバナンスの枠組み………………14, 109
価値創造経営の枠組み……………100
株主代表訴訟………………………37
環境適応によるコーポレート・ガバナンス………………………………107
環境報告書……………………117, 165
環境マネジメントシステム…………135
監査等委員会設置会社………………13
監査役設置会社………………………11

監視・牽制 …………………… 8, 22
外部者統治 ……………………… 89
企業概念 …………………… 27, 29
企業価値 ………………… 100, 113
企業価値創造 ………………… 100
企業共治 ………………………… 24
企業協治 ………………………… 24
企業行動規範の位置づけ ……… 59
企業行動憲章 ………… 160, 169, 185
企業統治 …………………… 24, 25
企業の社会的責任 ……… 60, 154
企業の社会的責任の鍵概念 …… 154
企業の社会的責任をめぐる論点 … 159
企業の所有者 …………………… 22
企業不祥事 ………… 24, 62, 71, 139
企業不祥事の要因 ………… 77, 140
企業変革 ……………… 4, 96, 98
企業倫理の課題事項 …………… 82
キッコーマン …………………… 65
キャドバリー委員会 …………… 30
キャドバリー委員会報告書 … 25, 30
キヤノン ……………………… 128
キヤノングループ環境憲章 …… 130
キヤノングループ行動規範 …… 128
キヤノンの共生 …………… 123, 135
キャロル ……………………… 159
京セラ ……………………………… 8
京セラフィロソフィ ……………… 8
共通価値創造 …………… 118, 167
共同決定法 ……………………… 31
牛肉偽装事件 ……………… 93, 144
グローバル・コンパクト …… 65, 185
グローバル・リポーティング・イニシアティブ（GRI） …………… 64, 185
経営者 …………………………… 7, 92
経営者から見た価値創造経営の
　コーポレート・ガバナンス ……… 5
経営者自己統治 ……………… 89, 112
経営者自己統治の課題 ………… 90
経営者自身の自己統治 ………… 75
経営者の経営理念 ………………… 6
経営者のソフトづくり ………… 39
経営者のリーダーシップ ………… 8
経営者の倫理観，道徳観 ……… 16
経営者の倫理的価値判断 ……… 147
経営者問題 …………………… 9, 25
経営体制法 ……………………… 32
経営理念と社会的責任活動 …… 125
経営力 …………………………… 84, 93
経済的・社会の組織体 ………… 55
経済同友会 …………… 87, 118, 161
敬天愛人 …………………… 8, 17
コー円卓会議の企業行動指針 …… 65
コーポレート・ガバナンスと経営者問題 ………………………… 21, 53
コーポレート・ガバナンスの本質と定義 …………………………… 26
コーポレート・ガバナンスの本質と目的 …………………………… 24
コーポレート・ガバナンスの問題提起 …………………………… 22
コーポレート・ガバナンス形態 … 27, 28
コーポレートガバナンス・コード ……………………………… 181, 190
国際統合報告評議会 …………… 175
個人学習 ……………………… 4, 96

コフィー・アナン……………………180
コンプライ・オア・エクスプレイ…182
コンプライアンス……………………55
コンプライアンスの定義……………56
コンプライアンスの目的……………55
コンプライアンス教育…………58, 60
コンプライアンス経営のサイクル……60
コンプライアンス経営の実践………58

〔さ行〕

西郷隆盛……………………………8, 17
サイモン………………………………22
サステナビリティ報告書………65, 165
三愛精神（人を愛し，国を愛し，勤めを愛す）………………………123, 135
三自の精神（自発・自治・自覚）
　………………………………123, 128
シェルドン……………………………61
渋沢栄一……………………………123
指名委員会等設置会社………………12
社会的責任投資…………………64, 159
社会に信頼される企業……………14, 75
社長アンケート……………………141
初代伊藤忠兵衛……………………123
所有と経営……………………………22
新日鐵住金……………………………10
自己規制力……………………………25
自己評価シート…………………170, 186
持続可能性…………………………154
持続可能な開発目標………………188
持続可能な経営の課題………………67
持続可能な経営フレームワークの構築
　………………………………………66

持続可能な発展…………………51, 155
ジョンソン・エンド・ジョンソン…143
スーパー正直………………………127
ステークホルダー・アプローチ……63
ステークホルダー経営……………167
責任投資原則………………………179
攻めのガバナンス………………75, 92
戦略的意思決定…………………4, 10
創造的・革新的経営者………………39
組織学習……………………4, 96, 112
組織間学習……………………96, 98, 112
組織間学習のプロセスと
　知識コミュニティ…………………98
ソニー…………………………………12

〔た行〕

タイレノール事件…………………81, 143
武田薬品工業………………………182
多元的企業概念………………………29
大王製紙………………………………76
大会社…………………………………70
ダブルループ・ラーニング………99, 112
地球社会の一員…………………51, 132
知識移転……………………………96, 97
知識イノベーション……………98, 99
知識獲得………………………………96
知識共有………………………………96
知識コミュニティ……………………98
知識コミュニティにおける対話………7
知識創造………………………………96
知識創発………………………………96
知識プロセスの構成要素……………97
知識流入………………………………96

知識連鎖・・・・・・・・・・・・・・・・・・・・・・・・・・・99
長寿企業の特徴・・・・・・・・・・・・・・・・・・・・119
ディスクロージャーツールの特徴・・・174
東京証券取引所・・・・・・・・・・・・・・・・・・・181
統合版アニュアルレポート・・・・・・・・・166
統合報告・・・・・・・・・・・・・・・・・・・・・・・・・・・165
統合報告書・・・・・・・・・・・・・・・・・・・・・・・・・165
統合報告の全体像・・・・・・・・・・・・・・・・・176
東芝の不適切会計・・・・・・・・・・・・・・・・・132
統治・経営制度・・・・・・・・・・・・・・・28, 46
トップリーダーの能力・・・・・・・・・・・・・・86
トヨタ自動車・・・・・・・・・・・・・・・・・・・・・・・10
豊田喜一郎・・・・・・・・・・・・・・・・・104, 123
豊田佐吉・・・・・・・・・・・・・・・・・・・・・・・・・・104
トレッドウェイ委員会組織委員会
　・・・・・・・・・・・・・・・・・・・・・・・141, 151, 188
ドイツ企業の経営機構・・・・・・・・・・・・・・31
独立取締役・・・・・・・・・・・・・・・・・・・・・・・・・92
独立役員・・・・・・・・・・・・・・・・・・・・・・・・・・・92

〔な行〕

内部者統治・・・・・・・・・・・・・・・・・・・・・・・・・89
内部統制システム・・・・・・・・・・・・・57, 70
南洲翁遺訓・・・・・・・・・・・・・・・・・・・・・・8, 17
二元一層制・・・・・・・・・・・・・・・・・・・・28, 33
二元的企業概念・・・・・・・・・・・・・・・・・・・・29
二代目伊藤忠兵衛・・・・・・・・・・・・・・・・・123
日経平均株価・・・・・・・・・・・・・・・・・・・・・・・21
日本経済団体連合会・・・・・・・・・・160, 169
二宮尊徳・・・・・・・・・・・・・・・・・・・・・・・・・・123
日本型コーポレート・ガバナンス・・・・・34
日本企業の不祥事・・・・・・・・・・・・・・・・・・62
日本版スチュワードシップ・コード
　・・・・・・・・・・・・・・・・・・・・・・・・・・・・・・・・・181

〔は行〕

バーナード・・・・・・・・・・・・・・・・・・・・・・・・・22
バーリ＝ミーンズ・・・・・・・・・・・・・・・・・・22
パナソニック・・・・・・・・・・・・・・・104, 125
パナソニックにおける社会的責任活動の
　目的・・・・・・・・・・・・・・・・・・・・・・・・・・・126
パナソニック行動基準・・・・・・・127, 135
日立製作所の経営機構・・・・・・・・・・・・・・12
フォルクスワーゲンの排ガス規制不正問
　題・・・・・・・・・・・・・・・・・・・・・・・・・・・・・132
福知山線列車事故・・・・・・・・・・・・・・・・・・76
粉飾決算・・・・・・・・・・・・・・・・・・21, 62, 71
米国企業の経営機構・・・・・・・・・・・・・・・・41
米国企業の経営者問題・・・・・・・・・・・・・・42
米国企業の不祥事・・・・・・・・・・・・・・・・・・41
法令遵守・・・・・・・・・・・・・・・・・・・・・・・・・・・55
堀場製作所・・・・・・・・・・・・・・・・・180, 189
本田技研工業・・・・・・・・・・・・・・・・・・・・・・・38
ボーエン・・・・・・・・・・・・・・・・・・・・・・・・・・159

〔ま行〕

マーク・クラマー・・・・・・・・・・・・・・・・・118
マイケル・ポーター・・・・・・・・・・・・・・・118
松下幸之助・・・・・・・・・・・・・・・・・104, 145
マネジメント・プロフェッショナル（経
　営者および管理者）の育成・・・・・・・・87
御手洗　毅・・・・・・・・・・・・・・・・・・・・・・・129
御手洗富士夫・・・・・・・・・・・・・・・・・・・・・129
モンタン共同決定法・・・・・・・・・・・・・・・・32

〔や行〕

安川電機の経営機構……………13
山路敬三………………………129
雪印食品…………………81, 144
雪印乳業…………………81, 144

〔ら行〕

利益第一主義…………………16, 129
利益の享受者……………………22
リコー…………………………130
リコーグループCSR憲章と
行動規範制定のプロセス…………131
リコーの経営理念と社会的責任活動
………………………………130
リコール（回収，無償修理）隠し
…………………………77, 92
リスボン戦略………………156, 157
倫理的価値判断………………85, 91
ロバート・ウッド・ジョンソンJr.…143

〔わ行〕

ワールドコム……………………21, 71
我が信条（Our Credo）……………143

著者紹介

青木　崇（あおき　たかし）
2008年3月　東洋大学大学院経営学研究科経営学専攻博士後期課程修了
博士（経営学）
東洋大学経営学部非常勤講師，東京国際大学商学部非常勤講師，産業能率大学情報マネジメント学部兼任教員，高松大学経営学部講師を経て，現在，愛知淑徳大学キャリアセンター助教。東洋大学現代社会総合研究所客員研究員。
専攻　経営学，コーポレート・ガバナンス，企業倫理，企業の社会的責任，コンプライアンス

著者との契約により検印省略

平成28年3月30日　初　版　発　行	価値創造経営の コーポレート・ガバナンス

著　者	青　木　　　崇
発行者	大　坪　嘉　春
製版所	美研プリンティング株式会社
印刷所	税経印刷株式会社
製本所	牧製本印刷株式会社

発行所　株式会社　税務経理協会
東京都新宿区下落合2丁目5番13号
郵便番号　161-0033　振替　00190-2-187408　電話（03）3953-3301（編集部）
FAX（03）3565-3391　　　　　　　　（03）3953-3325（営業部）
URL　http://www.zeikei.co.jp/
乱丁・落丁の場合はお取替えいたします。

ⓒ 青木　崇 2016　　　　　　　　　　　　　　　　　　Printed in Japan

本書の無断複写は著作権法上の例外を除き禁じられています。複写される場合は，そのつど事前に，㈳出版者著作権管理機構（電話03-3513-6969，FAX03-3513-6979，e-mail：info@jcopy.or.jp）の許諾を得てください。

JCOPY ＜㈳出版者著作権管理機構 委託出版物＞

ISBN978-4-419-06353-5　C3034